図解でわかる 提案融資に活かす

「法人税申告書」の
見方・読み方

2024年度版

税理士法人 中央総研 編

経済法令研究会

はしがき

● ●

　日本の証券取引市場における史上最高値は、1989年末の「大納会」でつけた3万8915円87銭でした。それから30年が経過し、時代も平成から令和へと変わりましたが、いまだに株式市場は最高値を3割ほど下回ったまま低迷を続けています。

　この「失われた30年」といわれるデフレによる超低成長のなかで、消費者物価2％の上昇を目指した「異次元の金融緩和」を2013年からスタートし、歴代政権と日銀は10年にわたりこれに取り組んできましたが、結果として2％という目標はなかなか実現できないまま、政府債務の急激な膨張という将来への課題だけを残すこととなってしまいました。

　これに追い打ちをかけるように、2020年の初頭からは新型コロナウイルスという新たな脅威が猛威を振るい、経済活動の急停止を余儀なくされました。その後、2023年5月には感染症法上の位置づけが、季節性インフルエンザなどと同じ「5類」に移行し、ようやく正常化に向けて動き出しつつあるものの、コロナ経済対策として日本が投じた総額は2020年度だけでも77兆円となり、財政健全化への道のりは、ますます厳しいものとなりました。さらに、ここにきて働き手不足や円安、原料高等を背景とした急激な物価上昇が見られるようになっていることに加え、コロナ禍で実施した中小企業に対する実質無利子・無担保の「ゼロゼロ融資」の返済も始まり、今後も中小企業にとって厳しい経済環境が続くことが予想されます。

　そのため、金融機関の行職員は、新たな不良債権の発生を防ぐとともに、日本経済を根底で支えている中小企業の潤滑油である融資を推進するためにも、決算書のみならず法人税申告書などの十二分の理解が必要となってまいりました。

　そこで、本書では、法人税申告書を構成する各種の別表をはじめとして、計算書類とその科目内訳書の仕組みや、粉飾を見破るための具体的な読み方などを事例によって解説をいたしました。

　とくに、申告書のなかで最も重要であるにもかかわらず、難解であるが故に金融機関の行職員が苦手としています法人税申告書『別表4』や『別表5（1）』、『別表5（2）』の仕組みをやさしく説明するとともに、融資担当者イチロー君と税理士であるK先生との日常会話を通じて、粉飾発見の着眼点や申告書と損益計算書や貸借対照表とのチェック方法のポイントを解説いたしました。

　したがって、渉外や融資業務を通じて取引先の実態把握にかかわっている金融機関の行職員の方々が、本書によって何か得るところがあると感じていただければ、これに過ぎる喜びはありません。

　最後になりましたが、本書の企画・編集・構成にあたってご尽力をいただきました出版事

業部の櫻井寿子さん、出版事業部の榊原雅文氏をはじめ経済法令研究会の皆さん、本書の別表の作成などにご協力をいただいた税理士法人中央総研の伊藤由香さんに心からお礼申し上げます。

令和 6 年 5 月

監査法人　東海会計社　　小島 浩司

税理士法人　中央総研　　松本 幸代

● ●

contents

```
法 人 税 申 告 書
```

勘定科目内訳書

「決算書」と「法人税申告書」で粉飾決算を見破れ！！

粉飾決算しているかも……。

　さわやか銀行の融資担当者であるイチローは、担当先であるＡＢＣ卸販売株式会社（以下「Ａ社」という）の経理部長から運転資金を融資してほしい旨の依頼を受けた。コロナ禍の影響もあり、なかなか融資額が増加しない厳しい環境の下で、ありがたい話ではあるが、売上高はやや低下傾向にあるものの黒字であるＡ社の運転資金がショートするのはどうも納得がいかないし、腑に落ちない。

　「ひょっとすると粉飾決算をしているかもしれない！？」

と、直感したイチローは、Ａ社から入手している決算書をあらためて見直すことにした。また、Ａ社からは決算書以外に「法人税申告書」も入手している。これを適切に読むことができれば、粉飾を見破ることができると聞いている。しかし、決算書はどうにか読めるものの「法人税申告書」は正直に言うと自信がない……。

　そこで、イチローは、さわやか銀行の顧問である税理士法人のＫ先生を訪問し、アドバイスを受けることにした。Ｋ先生と銀行とは守秘義務契約を交わしているうえ、既に何回か税務相談を持ち込んでいてお互いに信頼関係も構築されているので、Ａ社から入手した決算書と申告書をＫ先生に提示し、指導を受けることにした。

> 　Ａ社の決算書は、157〜162頁に掲載しています。
> 　「法人税申告書」の金額と照合させながら、読み進んでいき、Ａ社の粉飾を見破ってください。
> 　なお、解説中の★印（★１、★２…）の付いた用語は、各項目末の「用語の解説」において掲載しています。

イチロー 先生、お忙しいところ、お時間をとっていただきありがとうございます。

　　　今日は、当行の取引先であるＡ社の決算書や法人税申告書をもとに、決算書や法人税申告書が粉飾されていないかを見抜く着眼点を教えていただきたいと思って、先生にお時間をとってもらいました。

Ｋ先生 相変わらず、イチロー君は勉強熱心だね。どれどれ、決算書と申告書を見せてください。

　　　（Ａ社の決算書と申告書を眺めてすぐに）

　　　直感ですが、間違いなくこの会社はかなり粉飾をしていますよ。

イチロー えー！　本当ですか？　先生、どこを見て、その直感になったのですか？

Ｋ先生 この会社の決算書や申告書には、粉飾の痕跡がたくさん残っていますから、順番に説明しましょう。ところで、イチロー君、会社は何のために粉飾をすると思いますか？

イチロー そりゃー、金融機関からお金を借りるためでしょう？

K先生 そうですよね。黒字でないとお金を借りにくいから、粉飾をして黒字にするんですよね。でも、赤字決算を粉飾して黒字にしても、本当は儲かっていないわけだから、税金を支払うのは辛いでしょう？

イチロー そりゃー、そうですよね。

K先生 ですから、税金の支払い能力を考慮して、粉飾をすることになるわけですよ。

このＡ社の場合、年商は約25億円にもかかわらず、経常利益は売上高に対して0.4％の1,091万円というのは、あまりにも利益が少ないうえ、損益計算書の法人税・住民税・事業税額は211万円と税負担は規模の割に少ないですよね。でも、税金を支払う立場からすると、ほどほどの水準でしょう？

《 粉飾決算は、計上すべき利益をまず決めてから行う 》

イチロー なるほど！　あまり大きな黒字にすると税負担が大変だからですね。

そういえば、利益が毎年100万円から200万円程度の会社って結構いますよ。ということは、粉飾をするときは、税金をいくらくらいまでなら支払うことができるかを考え、計上すべき利益を決めているのでしょうか？

K先生 ズバリ正解ですよ。資金調達するためには、どのくらいの利益をあげておくことが必要か考えて粉飾をするんですよ。ですから、毎年、100万円か200万円程度の利益を安定的に出している会社の多くは常に粉飾をしていると考えてもよいでしょうね。

イチロー まずいなー！　確かに、売上高が小さな会社は、体力に合わせて赤字を小さな黒字にして、支払可能な範囲の税金を支払っているんでしょうね。

でも、売上高が50億円とか100億円とか規模が大きくなってくると、信用を維持するために、粉飾をしてでも大きな利益を計上せざるを得なくなりますよね？

K先生 イチロー君の言うとおり、会社の規模が大きくなれば、計上すべき利益も大きくすることになりますね。そうなると、赤字資金のみならず、納税資金の負担が重くなり、破綻を早めることになりますね。

ですから、資金負担を回避するために、いろいろな方法を考えることになるんですよ。

《 粉飾をしても法人税申告書を操作して、税負担を軽くするケースもある 》

イチロー いろいろな方法って？　黒字にしても、税負担を軽くする方法があるんですか？

K先生 たとえば、このA社の申告書の『別表4』（30頁参照）には、投資有価証券譲渡益500万円が申告減算されていますね。これは、平成22年度の税制改正によって導入されたグループ法人税制を使っています。100％グループ会社に資産を売却した売却益を営業外収益に計上することによって経常利益を大きくし、グループ間取引の課税を繰延べる特例を使って税負担を軽くしているという粉飾ですよ。

イチロー グループ法人税制という制度があることは知っていましたが、この税制を利用する方法もあるのですね。

K先生 ご承知と思いますが、オーナー一族または1つの法人が発行済み株式の100％を保有している場合には、簿価1,000万円以上の資産をグループ間で売買しても、その売却損益は税務上の所得金額にしないとか、一法人で100％株式を保有している場合には、親子会社間の贈与による受贈益は所得に入れない等の特例を利用することができるようになっているんです。

　ですから、利益のなかにこれらの利益が含まれていないか申告書でチェックすることが必要ですね。

イチロー なるほど、グループ間でしたら益出しをしやすいですから、粉飾のターゲットになりそうですね。でも、このグループ法人税制を適用できるグループ会社がないような場合は、決算書で大きな利益を出しながら、どんな方法で税負担を軽くしているのでしょうか？

K先生 規模が大きくて比較的多額の税金が出るような粉飾をした場合は、本当に税金を支払ったら一気に資金ショートすることになりますね。だから、ニセの法人税申告書を作ることになるんですよ。

イチロー 本当ですか！　決算書だけでなく、申告書も粉飾するんですか？

K先生 そうなんですよ。税務申告書は本当の赤字の数字をもとに作成して、税額をゼロにしておきながら、金融機関には粉飾した黒字の決算書をもとにニセの申告書を作成して提出しているケースがあるんですよ。ひどい場合は、銀行別に決算書や申告書を作成している場合もありますよ。

イチロー わー！　正直言って、決算書や申告書を見るのが怖くなりました。先生！　そのようなニセの申告書かどうかをチェックする方法はあるんでしょうか？

K先生 もちろん、ありますよ。決算書と申告書との間に整合性があるかどうかをチェックすれば粉飾を見破ることは可能ですよ。

《 粉飾会社の経理部長は、経常利益と流動比率を意識して粉飾をする 》

イチロー なるほど。少し安心しました。それでは、先生、まず最初に会社はどのような方法で粉飾
をするのでしょうか？

K先生 粉飾決算を行っている会社の経理部長や経理課長は、粉飾をするときは、２つのことを意
識しているんです。１つ目は、経常利益を赤字なら黒字に、あるいは、小さな黒字から大
きな黒字にしようとします。２つ目は、流動比率を100％以上にしようとしますね。

イチロー あー、そうか！　だから、このＡ社は、雑収入が大きく膨らんでいるんですね。

K先生 よい着眼点ですね。法人税申告書の科目内訳のなかに記載されている雑収入の内訳（202
頁参照）を見てみると、雑収入の中味がわかりますから確認してください。

イチロー （科目内訳を見て）生命保険解約金1,200万円と子会社株式譲渡益500万円が、雑収入の主
なものですね。これらは、本当は特別利益に計上すべきものではないのでしょうか？

K先生 そうなんですよ。これらの雑収入を特別利益に計上したら、経常利益は赤字になってしま
うでしょう？　ということは、意識的に経常利益をかさ上げしているんだと思います。

イチロー ということは、２つ目のポイントである流動比率のチェックも必要ですね。

K先生 さすがに理解が早いですね。流動資産のなかにある短期貸付金があやしいですね（短期貸
付金の内訳：174頁参照）。やはり、社長やグループ会社に対する貸付金ですね。これらの
実態は長期貸付金でしょうね。

イチロー なるほど。わかりました。この短期貸付金を流動資産から除いて実態どおり長期貸付金に
しますと……、流動比率は、95.2％です。やはり、100％を切りますね。
　　先生が、この決算書をご覧になった途端に、この決算書には粉飾の痕跡がたくさん残っ
ているとおっしゃったのは、このことなんですね。

《 顧問税理士は「償却不足は税法上問題ない」と言っている 》

K先生 そうなんですよ。さらに、売上債権や貸付金が多額にある割に貸倒引当金が少ないうえ、
有形固定資産が多い割に減価償却費が少ないですね。それなのに経常利益が1,091万円もあ
るのは、おかしいですね。無理して利益をかさ上げしていると判断することができるでしょ
う？

イチロー 先生！　貸倒引当金や減価償却費の計上を取り止めたり、税法限度額に比べて少なめに計
上することは、問題なのでしょうか？　取引先の決算書に貸倒引当金や減価償却費が計上

されていないので指摘すると、取引先の経理担当者から「顧問税理士に確認したところ、税法上問題がないと言っています」という回答をもらうことが過去に何度もありました。

K先生 イチロー君、そういう話はよく耳にします。しかし、税務と会計とは考え方が違う*¹んですよ。というのは、税法は税金を徴収するサイドに立っています。ですから、貸倒引当金や減価償却費などは税法が定める貸倒引当金繰入限度額や償却限度額の範囲内ならいくら計上しても構わないんです。貸倒引当金や減価償却費が計上不足になることによって利益が大きく出て、税金を多く納めることになっても税務当局にとっては問題はないわけですね。

イチロー ということは、税法上は合法的ということなのですね。

K先生 確かに、税法上の問題はありません。しかし、決算書は会社法に基づいて作成することが必要なんです。会社法では、会社の経営成績や財政状態を決算書に正しく表示することを求めています。そのため、貸倒引当金や減価償却費をキチンと計上しなければならないんです。いいかえると、税法上の問題と会計上妥当であるかどうかということは別問題ということなんです。

イチロー なるほどー。税務と会計とは考え方が違うわけですね。やはり、正しい決算書を作成するという会計の立場からすると貸倒引当金や減価償却費の計上不足は、粉飾として認識することが必要なのですね。

《粉飾決算の90%は、初歩的な粉飾とオーソドックスな粉飾である》

K先生 そうなんです。このような貸倒引当金繰入額や減価償却費の計上を取り止めたり、税法限度額に比べて少なめに計上するいわゆる「初歩的な粉飾」は、粉飾の初期段階に多いと思いますよ。

イチロー 確かに、このケースは、よく目にしますね。中小企業の決算書を見ると、貸倒引当金や減価償却費が計上されていないケースがかなり多いですね。

K先生 この初歩的な粉飾とならんで、粉飾会社の大半が手を染めるのは、「オーソドックスな粉飾」といわれる「在庫のかさ上げ」「売上債権の上乗せ」「買掛債務のカット」の3つの方法です。この3つのオーソドックスな粉飾と先ほどの2つの初歩的な粉飾が、粉飾決算の90%を占めていると言っていいでしょうね。

イチロー このオーソドックスな粉飾の手法は、融資の研修会で習いました。確か、棚卸資産や売掛債権などの回転期間や回転率のチェックによって粉飾を発見できると勉強しましたが、わ

ずかな回転期間の変化をみて粉飾かどうかを判断することは、実際には難しいというのが、現場での実感です。

K先生 イチロー君の言われるとおり、確かに難しいですが、オーソドックスな粉飾をすると、売上が増えて、売上原価が小さくなりますから「売上総利益率が上昇」したり、売上債権や在庫が増え、買掛債務が減りますから「運転資金の額」が大きくなりますね。ですから、その原因を追及していくと粉飾かどうかという判断ができるようになると思います。

イチロー 売上総利益率がよくなった原因を追及するという意味でしょうか?

K先生 そうです。たとえば、売上総利益率をアップすることは、この過当競争の時代には難しいでしょう? ですから、なぜ売上総利益率が改善されたのかを検討することが必要なんですよ。商品構成や販売ルートが変わらないのに、売上総利益率が上昇するのは異例のことですから、粉飾ではないかと考えるべきでしょうね。

同様に、売上高が上昇しているときは、運転資金が増加するのが普通ですが、売上高が横ばいや下落しているときに、運転資金が増加するのは異常と感じることが必要ですね。

《 サービス業などでは、費用の固定資産計上や負債の簿外処理が多い 》

イチロー なるほど! 理屈に合わない異常な兆候を捉えないと粉飾は見破れないということですね。ところで、売掛金や在庫が少ないホテルや飲食店、あるいはサービス業では、オーソドックスな粉飾を行うことは難しいと思いますが、そのような業界では、どのような方法で粉飾をしているんでしょうか?

K先生 それらの業界では、売掛金や在庫が少ないですから、修繕費などの費用を固定資産勘定に計上したり、買掛金や借入金等の負債を簿外処理するケースが多いですね。

イチロー ということは、取引先の業種も意識して決算書を読むことが必要なんですね。しかも、利益が大きい会社の場合は、申告書がニセ物ではないかというチェックも必要でしたね。そのチェック方法も、ぜひ教えていただきたいと思います。

K先生 さすがに勉強熱心ですね。常に着眼点を意識して決算書を読み、さらに、法人税申告書と決算書との整合性のチェックを行えば、粉飾を見破る強力な武器になると思います。

それでは、一緒に法人税申告書の着眼点をみていきましょう。

用語の解説

★1　税務と会計とは考え方が違う

　建物や機械装置などの固定資産は、使用や時の経過に伴って経済的価値が下落していく一方で、長期間にわたって売上高の獲得や費用の削減に利用されていきます。そこで、新たに取得した固定資産は、取得時に即時に費用とするのではなく、利用可能な期間にわたって規則的・継続的に各期の費用に配分することとされており、この手続きを減価償却といいます。

　このように減価償却は取得価額の費用配分の手続きであって、各期の収益に対応する費用を計上することによって適切な期間損益計算を行うことができるといえます。

　会社法や金融商品取引法に基づいて作成される計算書類や財務諸表は、その企業の財政状態や経営成績を正しく表して債権者や投資家を保護することを目的としています。そのため、たとえば「企業会計原則」においては、減価償却について次のとおり定めており、適切な期間損益計算や資産評価のために行うべき手続きの一つとして位置付けています。

> 【企業会計原則 - 第三 貸借対照表原則 - 五 資産の貸借対照表価額】
> 資産の取得原価は、資産の種類に応じた費用配分の原則によって、各事業年度に配分しなければならない。有形固定資産は、当該資産の耐用期間にわたり、定額法、定率法等の一定の減価償却の方法によって、その取得原価を各事業年度に配分し、無形固定資産は、当該資産の有効期間にわたり、一定の減価償却の方法によって、その取得原価を各事業年度に配分しなければならない。

　ただし、減価償却方法、すなわち費用配分の方法は、固定資産の利用形態や企業環境等によって様々な方法が考えられ、その選択は実務上困難であるうえ、恣意性が入るおそれもあります。

　そこで、法人税法に規定する減価償却方法（定額法や定率法など）に従った減価償却費の計算も、企業会計上（監査上）容認することとされており、実務においてもこれに従うことが一般的となっています。

　一方、法人税法においては、減価償却費の計上について、「償却限度額に達するまでの金額を償却費として計上すれば損金として処理することができる」旨定めています。

　すなわち、税務では減価償却費の計上は一定の限度額の範囲内であれば企業側の任意であるという立場をとっており、適正な期間損益計算のために当然に計上すべきとする会計の立場とは大きく異なっています。そのため、費用計上された償却費が税務上の償却限度額よりも少ない、いわゆる償却不足の部分は、いわば納税者である企業側の権利放棄として取扱われ、切り捨てられることとなります。

　このように税務と会計とは考え方が異なっています。そのため、税務上は償却不足であっても合法的であるとされていますが、会社法などでは会計上からみると償却不足は合法的ではないということになります。

　この考え方の違いは、将来発生することが予想される貸倒れによる損失に備えるために設定される貸倒引当金についても同様です。企業会計上は、適正な期間損益や債権評価のために一定の貸倒引当金を計上することが求められますが、法人税法においては、一定の貸倒引当金の繰入限度額のみを定め、その範囲内であれば企業側の引当金の計上を任意としているのです。

法人税申告書 別表1

―取引先のアウトラインをつかむ―

別表1の役割

　この別表は、次の事項を記載するとともに法人税申告書の表紙の役割を果たすものです。

● この法人税申告書を作成した会社のアウトライン

　申告書を作成した会社の納税地（会社の本社所在地）、法人名（会社名）、代表者記名（会社の代表取締役の氏名）、代表者住所（代表取締役の自宅住所）、事業種目（主たる事業の業種）、資本金（期末現在の資本金額または出資金額）、資本金1億円以下の普通法人のうち中小法人等に該当しないもの（非中小法人等★1）、同非区分（同族会社か否か）など会社のアウトラインが記載されています。

● 事業年度の期間や法人税申告書の種類

　いつの期の申告書であるのか、確定申告書であるのか中間申告書であるのか、あるいは、修正申告書であるのかが明示されています。

● 法人税額の計算過程

　所得金額に対して法人税が課税されますが、当期の所得金額を基礎に課される法人税額の計算過程とこの申告書に基づき納付すべき法人税額、あるいは、還付金額が記載されています。

● 地方法人税額の計算過程

　住民税額とは、国税である「地方法人税額」と地方税である「都道府県民税額」と「市町村民税額」との合計額のことです。このうち地方法人税額は、地方公共団体間の税収格差を是正する目的で創設され、平成26年10月1日以後に開始する事業年度から適用されていますが、その計算過程が明示されています。

重要ポイント！ 法人税申告書 別表1

PICK UP 1 税務署受付印

PICK UP 2 事業年度の期間と申告書の種類

PICK UP 3 税理士法第30条・33条の2の書面提出

PICK UP 4 所得金額又は欠損金額

PICK UP 5 法人税額

PICK UP 7 地方法人税額

法人税申告書 別表1（記入例）

- 署受付印
- 令和　年　月　日　名古屋　税務署長殿
- 納税地　名古屋市中区丸の内　電話(　)　-
- (フリガナ) エービーシーオロシハンバイカブシキガイシャ
- 法人名　ABC卸販売株式会社
- 法人番号
- (フリガナ) ナゴヤタロウ
- 代表者　名古屋太郎
- 代表者住所　名古屋市中区丸の内
- 添付書類

- 03　4990　00　※
- 法人区分　卸売業
- 事業種目
- 期末現在の資本金の額又は出資金の額　10,000,000円
- 同上が1億円以下の普通法人のうち中小法人に該当しないもの　非中小法人等

- 青色申告　一連番号
- FB0613
- 整理番号　12345678
- 事業年度(至)
- 売上金額
- 申告年月日

- 令和 5 年 4 月 1 日　事業年度分の法人税　確定　申告書
- 課税事業年度分の地方法人税　確定　申告書
- 令和 6 年 3 月 31 日　(中間申告の場合　令和　年　月　日　から　令和　年　月　日　まで)

項目	金額
所得金額又は欠損金額 (別表四「52の①」) 1	93 14 0 22
法人税額 (48)+(49)+(50) 2	15 04 8 48
法人税額の特別控除額 (別表六(六)「5」) 3	30 09 69
税額控除超過額相当額等の加算額 4	
土地譲渡税額 課税土地譲渡利益金額 5	0 0 0
同上に対する税額 (62)+(63)+(64) 6	
留保金 課税留保金額 (別表三(一)「4」) 7	0 0 0
同上に対する税額 (別表三(一)「8」) 8	
法人税額計 (2)+(3)+(4)+(6)+(8) 9	12 03 8 79
10	
仮装経理に基づく過大申告の更正に伴う控除法人税額 11	
控除税額 12	1 47 9 68
差引所得に対する法人税額 (9)-(10)-(11)-(12) 13	10 55 9 00
中間申告分の法人税額 14	6 07 6 00
差引確定法人税額 15	4 48 3 00

項目	金額
控除税額の計算 所得税の額 (別表六(一)「6の③」) 16	1 47 9 68
外国税額 (別表六(二)「23」) 17	
計 (16)+(17) 18	1 47 9 68
控除した金額 (12) 19	1 47 9 68
控除しきれなかった金額 (18)-(19) 20	0
所得税額等の還付金額 (20) 21	
中間納付額 (14)-(13) 22	
欠損金の繰戻しによる還付請求税額 23	
計 (21)+(22)+(23) 24	

課税標準法人税額の計算	
所得の金額に対する法人税額 28	12 03 8 79
課税留保金額に対する法人税額 29	
課税標準法人税額 (28)+(29) 30	1 20 3 000
地方法人税額 (53) 31	1 23 9 09
税額控除超過額相当額の加算額 32	
課税留保金額に係る地方法人税額 (54) 33	
所得地方法人税額 (31)+(32)+(33) 34	1 23 9 09
仮装経理に基づく過大申告の更正に伴う控除地方法人税額 36	
外国税額の控除額 37	
差引地方法人税額 (34)-(35)-(36)-(37) 38	1 23 9 00
中間申告分の地方法人税額 39	3 04 00
差引確定地方法人税額 40	9 3 5 00

還付金額	
この申告が修正申告である場合の法人税額 25	0 0
欠損金等の当期控除額 26	
翌期へ繰り越す欠損金 (別表七(一)「5の合計」) 27	
還付外国税額 (67) 41	
中間納付額 (39)-(38) 42	
計 (41)+(42) 43	
この申告が修正申告である場合の地方法人税額 44	0 0

剰余金・利益の配当（剰余金の分配）の金額

税理士法第30条の書面提出有　税理士法第33条の2の書面提出有

税理士署名　税理士法人 中央総研

別表1の重要項目とその解説

PICK UP 1 税務署受付印

　法人税申告書を税務署に提出したときは、申告書が提出済みであるという証明として会社側の控えに「税務署受付印」を税務署に捺印してもらいます。この捺印があれば、その法人税申告書は税務署に提出した申告書と同じであるという証しになります。ただし、「税務署受付印」ですが、政府の政策であるデジタルトランスフォーメーション（DX）推進の一環から、令和7年1月からは申告書等控に収受日付印の押印は行わないこととなりました。電子申告をした場合には受付印はありませんが、代わりに税務署から電子申告を受け付けたという「メール詳細」（または、電子申告終了報告書）があります。このメール詳細には、受付番号・受付時間・所得金額・確定法人税額が記載されていますので、このメール詳細を入手することによって法人税申告書とチェックすることが可能です。

（平成30年度の税制改正により、令和2年4月1日以後開始する事業年度より大法人については、電子申告が義務化されました）

PICK UP 2 事業年度の期間と申告書の種類

　この申告書の対象期間と、この申告書が「確定申告書★2」であるのか「中間申告書★2」であるのか、あるいは、「修正申告書★3」であるのかがわかります。

PICK UP 3 税理士法第30条・33条の2の書面提出

　法人税申告書に次の書面が添付されているか否かを明らかにするものです。
　①税理士法第30条の書面とは「税務代理権限証書」のことで、いわば納税者から税理士に対する委任状に相当するものです。また、②税理士法第33条の2の書面とは税務書類の作成における税理士の関与や審査状況が記載された書類のことで、税理士からみて申告内容に自信がある場合に添付されるのが一般的です。そのため、この書面の添付があれば、信頼度が高い申告書であると考えてもよいでしょう。

PICK UP 4 所得金額又は欠損金額 （1欄）

　この期の所得金額または欠損金額を示します。『別表4』（30頁参照）で計算された数字（『別表4』の52①欄に記載されている金額）が転記されたものです。この所得金額を基礎に法人税額の計算が行われます。

PICK UP 5 法人税額 （2欄）

　この期の所得金額に対する法人税額は、『別表1』の2欄に記載されますが、その具体的な計算は『別表1次葉』で行われます。

PICK UP 7 地方法人税額の計算

事業年度等	令和 5．4．1 令和 6．3．31	法人名	ＡＢＣ卸販売株式会社							別表一次葉

法　人　税　額　の　計　算								
(1) のうち中小法人等の年８００万円相当額以下の金額 ((1) と８００万円×$\frac{12}{12}$ のうち少ない金額) 又は (別表一付表「5」)	45	8,000,000	(45) の 15.0 ％ 相 当 額	48				1,200,000
(1) のうち特例税率の適用がある協同組合等の年10億円相当額を超える金額 (1) −10億円×$\frac{12}{12}$	46	000	(46) の 　　 ％ 相 当 額	49				
そ の 他 の 所 得 金 額 (1) − (45) − (46)	47	1,314,000	(47) の 23.2 ％ 相 当 額	50				304,848

地　方　法　人　税　額　の　計　算								
所得の金額に対する法人税額 (28)	51	1,203,000	(51) の 10.3 ％ 相 当 額	53				123,909
課税留保金額に対する法人税額 (29)	52	000	(52) の 10.3 ％ 相 当 額	54				

令五・四・一以後終了事業年度等分

PICK UP 6 法人税額の計算

こ の 申 告 が 修 正 申 告 で あ る 場 合 の 計 算						
法人税額の計算	この申告前の	法 人 税 額	55		地方法人税額の計算	この申告前の	確 定 地 方 法 人 税 額	58	
		還 付 金 額	56	外			還 付 金 額	59	
							欠損金の繰戻しによる還 付 金 額	60	
		この申告により納付すべき法人税額又は減少する還付請求税額 ((15−55) 若しくは (15＋56))又は (56−(24))	57	外 00			この申告により納付すべき地 方 法 人 税 額 ((40−58)) 若しくは ((40＋59)＋(60))又は ((59)−(43))＋((60)−(43の外書)))	61	00

土　地　譲　渡　税　額　の　内　訳						
土 地 譲 渡 税 額 (別表三 (二) 「25」)	62	0	土 地 譲 渡 税 額 (別表三 (三) 「21」)	64		00
同　　　　　　上 (別表三 (二の二) 「26」)	63	0				

地　方　法　人　税　額　に　係　る　外　国　税　額　の　控　除　額　の　計　算					
外 国 税 額 (別表六 (二) 「56」)	65		控 除 し き れ な か っ た 金 額 (65) − (66)	67	
控 除 し た 金 額 (37)	66				

別表1次葉の重要項目とその解説

PICK UP 6 法人税額の計算 （45〜50欄）

　法人税額は、所得金額に税率を乗じることによって計算されますが、資本金が1億円以下の中小法人（非中小法人★1および適用除外事業者★4を除く）か、その他の法人か否かによって適用税率が次のとおり異なっています。

法人税率				
	中小法人	資本金1億円以下の法人 （45〜47、48〜50欄で計算）	年800万円以下の部分（注）	19%（15%）
			年800万円超の部分	23.2%
	その他の法人	資本金1億円超の法人等 （47、50欄で計算）	所得金額すべて	23.2%

（注）中小法人の所得金額のうち年800万円以下の部分に対する法人税率は、平成24年4月1日から令和7年3月31日までの間に開始する期について19%から15%に軽減されています。なお、適用除外事業者★4の年800万円以下の部分の所得に対する税率は、19%が適用されます。

　なお、法人税以外の住民税や事業税の課税を含めた法定実効税率★5は、これまで少しずつ引き下げられてきており、令和6年3月期では29.74%となっています（外形標準課税適用法人の場合〈標準税率ベース〉）。

PICK UP 7 地方法人税額の計算 （51〜54欄）

　地方法人税額は、『別表1次葉』において次のとおり計算されます。

① 「所得金額に対する法人税額」に課税される地方法人税額

　所得の金額に対する法人税額（51欄）×10.3%（注2）＝ 地方法人税額（53欄）
　↑──『別表1』の2欄から3欄を控除した金額を転記

② 「課税留保金額に対する法人税額」に課税される地方法人税額

　課税留保金額に対する法人税額（52欄）×10.3%（注2）＝ 地方法人税額（54欄）
　↑──『別表1』の8欄から転記

（注2）現在の地方法人税率10.3%は、令和元年9月30日以前開始事業年度までの4.4%に比べ5.9ポイント引上げられていますが、都道府県民税率と市町村民税率の合計税率は5.9ポイント引下げられていますので、法人の住民税率の負担は変わりません。

　このように『別表1次葉』で計算された地方法人税額は、『別表1』の31〜38欄に転記され、中間申告分の地方法人税額を控除して「差引確定地方法人税額」（『別表1』40欄）が算出されます。

法人税申告書別表1

01

PICK UP **8** 法人税額の特別控除額

PICK UP **9** 土地譲渡利益金額に対する税額

PICK UP **10** 留保金額に対する税額

PICK UP **11** 法人税額計

PICK UP **12** 控除税額

FB0613

別表一

各事業年度の所得に係る申告書──内国法人の分……令五・四・一以後終了事業年度等分

名古屋 税務署長殿

納税地 名古屋市中区丸の内
電話( ) ‐

(フリガナ) エービーシーオロシハンバイカブシキガイシャ
法人名 ＡＢＣ御販売株式会社

法人番号

(フリガナ) ナゴヤタロウ
代表者 名古屋太郎

代表者 名古屋市中区丸の内
住所

03 4990 00 ※

法人区分
事業種目 卸売業
10,000,000円

青色申告 一連番号
整理番号 1 2 3 4 5 6 7 8
事業年度(至)
売上金額
申告年月日

税理士法第30条の書面提出有
税理士法第33条の2の書面提出有
適用額明細書提出の有無

令和 5 年 4 月 1 日
令和 6 年 3 月 31 日

事業年度分の法人税 確定 申告書
課税事業年度分の地方法人税 確定 申告書

所得金額又は欠損金額 (別表四「52の①」) 1	9 3 1 4 0 2 2	所得税の額 (別表六(一)「6の③」) 16	1 4 7 9 6 8
法人税額 (48)+(49)+(50) 2	1 5 0 4 8 4 8	外国税額 (別表六(二)「23」) 17	
法人税額の特別控除額 (別表六(六)「5」) 3	3 0 0 9 6 9	計 (16)+(17) 18	1 4 7 9 6 8
税額控除超過額相当額等の加算額 4		控除した金額 (12) 19	1 4 7 9 6 8
課税土地譲渡利益金額 (別表三(二)「24」)+(別表三(二)の二「25」) 5	0 0 0	控除しきれなかった金額 (18)−(19) 20	0
同上に対する税額 (62)+(63)+(64) 6	0 0 0	所得税額等の還付金額 21	
課税留保金額 (別表三(一)「4」) 7	0 0 0	中間納付額 (14)−(13) 22	
同上に対する税額 (別表三(一)「8」) 8	0 0 0	欠損金の繰戻しによる還付請求額 23	
法人税額計 (2)−(3)+(4)+(6)+(8) 9	1 2 0 3 8 7 9	計 (21)+(22)+(23) 24	
10		この申告により納付すべき法人税額又は減少する還付請求税額 (57) 25	0 0
仮装経理に基づく過大申告の更正に伴う控除法人税額 11		欠損金等の当期控除額 (別表七(一)「4の計」)+(別表七(四)「10」) 26	
控除税額 12	1 4 7 9 6 8	翌期へ繰り越す欠損金額 (別表七(一)「5の合計」) 27	
差引所得に対する法人税額 (9)−(10)−(11)−(12) 13	1 0 5 5 9 0 0	還付外国税額の還付金額 (67) 41	
中間申告分の法人税額 14	6 0 7 6 0 0	中間納付額 (39)−(38) 42	
差引確定/中間申告の場合はその税額とし、マイナスの場合は(22)へ記入 法人税額 (13)−(14) 15	4 4 8 3 0 0	計 (41)+(42) 43	
所得金額 課税標準法人税額 (28) 28	1 2 0 3 8 7 9		
課税留保金額に対する法人税額 29			
課税標準法人税額 (28)+(29) 30	1 2 0 3 0 0 0		
地方法人税額 (53) 31	1 2 3 9 0 9		
税額控除超過額相当額の加算額 (別表六(二)付表六「14の計」) 32			
課税留保金額に係る地方法人税額 (54) 33			
所得地方法人税額 (31)+(32)+(33) 34	1 2 3 9 0 9		
35		この申告が修正申告である場合のこの申告により納付すべき地方法人税額 44	0 0
仮装経理に基づく過大申告の更正に伴う控除地方法人税額 36		剰余金・利益の配当(剰余金の分配)の金額	
外国税額の控除額 37		残余財産の最後の分配又は引渡しの日	決算確定の日
差引地方法人税額 (34)−(35)−(36)−(37) 38	1 2 3 9 0 0	還付を受けようとする金融機関等 銀行 本店・支店 金庫・組合 出張所 農協・漁協 本所・支所	ゆうちょ銀行の貯金記号番号
中間申告分の地方法人税額 39	3 0 4 0 0	口座番号 ※税務署処理欄	
差引確定/中間申告の場合はその地方法人税額 地方法人税額 (38)−(39) 40	9 3 5 0 0		

税理士署名 税理士法人 中央総研

≫ 別表1の重要項目とその解説

PICK UP 8　法人税額の特別控除額（3欄）

　「租税特別措置法」（適用期限の定めのある法律）によって定められた試験研究費の特別控除、雇用者に支給する給与が増加した場合の特別控除など、法人税額から控除される特別控除額が記載されます。これらの特例は、法人税申告書に明細を記載することを条件としていますので、『別表6（17）』（60頁参照）などの別表が添付されています。

　この事例の場合は、『別表6（26）』（64頁参照）において計算された「給与等の支給額が増加した場合の法人税額の特別控除額」が記載されています。

PICK UP 9　土地譲渡利益金額に対する税額（6欄）

　法人が有する土地を譲渡した場合には、通常の法人税とは別に、土地譲渡利益金額に対して重ねて法人税が課税される「土地重課制度」による税額が記載されますが、令和8年3月31日までの譲渡についてはその適用が停止されています。

PICK UP 10　留保金額に対する税額（8欄）

　特定同族会社（『別表2』＜24頁＞参照）のその期の所得金額のうち留保した金額（『別表4』の52②欄＜30頁＞参照）が、所定の金額を上回る場合には、その超過額（課税留保金額という）に対して特別に課される税額が記載されます。

PICK UP 11　法人税額計（9欄）

　住民税額のうち地方税である「都道府県民税」と「市町村民税」は、法人税額に対して税率を乗じることによって計算されますが、この法人税額計が地方税である住民税の計算の基礎（課税標準という）となる法人税額に該当します。

PICK UP 12　控除税額（12欄）

　受取配当金や受取利息に対して課された所得税・復興特別所得税額、あるいは外国税額は法人税額の前払い税金ですから、そのうち一定額を納める税金から控除することができます。そこで、この欄には、この法人税額から控除される金額が記載されます。控除しきれない場合は20欄に記載され、控除しきれない所得税等が還付されます。

　なお、控除額の詳細な内容は、『別表6（1）』（54頁参照）などにおいて計算されます。

重要ポイント！ 法人税申告書 別表1

PICK UP 13 中間申告分の法人税額

PICK UP 15 欠損金等の当期控除額

PICK UP 16 翌期へ繰り越す欠損金額

PICK UP 14 差引確定法人税額

PICK UP 17 決算確定の日

法人税申告書 別表1（記入例）

- 納税地：名古屋市中区丸の内
- 法人名：ABC卸販売株式会社
- 代表者氏名：名古屋太郎
- 代表者住所：名古屋市中区丸の内
- 事業種目：卸売業
- 売上金額：10,000,000円

令和5年4月1日 事業年度分の法人税 確定 申告書
令和6年3月31日 課税事業年度分の地方法人税 確定 申告書

主な記入数値：
- 所得金額又は欠損金額（1）：9314022
- 法人税額（2）：1504848
- 法人税額の特別控除額（3）：300969
- 法人税額計（9）：1203879
- 控除税額（12）：147968
- 差引所得に対する法人税額（13）：1055900
- 中間申告分の法人税額（14）：607600
- 差引確定法人税額（15）：448300
- 所得税の額（16）：147968
- 控除した金額（19）：147968
- 課税標準法人税額（30）：1203000
- 地方法人税額（31）：123909
- 所得地方法人税額（34）：123909
- 差引地方法人税額（38）：123900
- 中間申告分の地方法人税額（39）：30400
- 差引確定地方法人税額（40）：93500

税理士署名：税理士法人 中央総研

FB0613

青色申告 整理番号：12345678

>> 別表1の重要項目とその解説

PICK UP 13 中間申告分の法人税額 （14欄）

中間申告において支払った法人税額を控除します。控除しきれない場合は22欄に記載され、控除しきれない中間納付額が還付されます。

なお、中間申告分の法人税額がない場合は、前期が赤字であった可能性が高いので、取引先から入手した前期の決算書を確認し、この申告書との間の整合性をチェックすることが必要です。

PICK UP 14 差引確定法人税額 （15欄）

この申告において納付すべき法人税額です。

決算書の未払法人税等とは、法人税・住民税・事業税額（特別法人事業税額を含む）の未払額のことですが、そのうちの法人税額の未払額に該当します。

PICK UP 15 欠損金等の当期控除額 （26欄）

青色申告書を提出した期に生じた欠損金額は、その後10年（平成30年4月1日以前に終了した期に生じた欠損金額については9年）以内の期の所得金額から控除できます。そのため、当期において『別表4』の44欄（30頁参照）で控除した欠損金額を記載します。

PICK UP 16 翌期へ繰り越す欠損金額 （27欄）

当期以前に生じた欠損金額のうち、翌期の所得金額から繰越控除することが可能である金額が記載されており、その明細は『別表7（1）』（72頁参照）にあります。

PICK UP 17 決算確定の日

この法人税申告書に係る決算書を承認または報告した株主総会の開催日を記載します。

K 先 生 & イチロー　イチロー君が別表1で留意すべき点

イチロー K先生！　先ほど（プロローグ参照）お伺いしたことを要約すると、会社が粉飾をする場合は、もともと資金繰りが苦しいため税金を支払える範囲内で利益を計上するんでしたね。

K 先生 そのとおりです。ですから、わずかな利益を毎年計上している会社には、粉飾が累積している可能性が高いと申し上げました。しかし、規模が大きくなると規模に応じて比較的大きな利益を計上せざるを得なくなりますでしょう？　だから、金融機関に提出する決算書には大きな黒字を計上し、税務署には赤字の申告をすることになるんですよ。

イチロー 思い当たる取引先がありますね。決算書は出してくれるんですが、なかなか申告書はいただけないケースって結構ありますよ。

K 先生 そうでしょうね。法人税申告書を提出したら、赤字ということが一発でバレてしまいますからね。ですから、金融機関がしつこく提出するように要請すると、粉飾した黒字の決算書に合わせて、パソコンでニセの法人税申告書を作成して提出してくることになるわけですよ。

イチロー 確かに、私たちも仕事ですから、申告書をいただきたいと何度も督促をしますと、渋々というか、嫌々という感じで法人税申告書が出てくるケースがありますが、今思うとあの申告書はニセ物であったかもという気がします。うーん！　とても心配になってきました。
　　ところで、先生！　どこを見たら、本物か、ニセ物かがわかるんでしょうか？

《ニセの申告書かどうかを見分ける2つのチェック・ポイント》

K 先生 チェック・ポイントは、大きく分けて2つあります。1つ目は、『別表1』を見て申告書が本物かどうか確認すること、2つ目は、『別表4』をはじめ5(1)、5(2)、6(1)などの別表と決算書との間に整合性があるかどうかをチェックすることが必要ですね。

イチロー なるほどー、わかりました。では先生、この申告書の『別表1』のどこに着眼したらよいのでしょうか？

K 先生 第一印象として、この申告書は、本物の可能性が高いと思いますね。というのは、所得金額と税額が比較的少ないからです。ニセの申告書を作るのは、ある程度大きな所得や大きな税額のケースが多いんですよ。

イチロー あー！　そうでしたね。規模が大きくて、利益や税負担が大きいときは、納税資金の流出を嫌ってニセの申告書を作成するんでしたね。

K 先生 しかし、この『別表1』を見てください。税務署受付印がありませんね。しかも、顧問税理士の押印もありませんね。このような申告書は要注意ですね。

イチロー なるほど！　でも、税務署受付印は、必ずもらうものなのでしょうか？

K先生 申告期限内に申告をしたという証拠になりますから、受付印をもらうのが普通ですね。もっとも最近は電子申告が増えてきましたが、電子申告の場合は受付印がありません。ですから、電子申告をしたかどうか取引先に確認し、税務署から電子申告を受け付けたことを示す「メール詳細（または電子申告終了報告書）」を提出してもらって本物かどうかチェックすることが必要ですね。

イチロー よくわかりました。すると、税務署受付印やメール詳細などがあれば、ひとまず安心ということですね。

《 中間申告分の法人税額がないというケースはヤバい！ 》

K先生 イチロー君！　まだまだ安心してはいけませんよ。『別表1』の14欄の中間申告分の法人税額と前期の決算書の税額との整合性があるかどうか確かめることが大切ですよ。

イチロー えー！　私は、その点はノーマークでしたが、どのようにチェックするんですか？

K先生 中間申告分の法人税というのは、前期の法人税額（前期の『別表1』の14欄）の2分の1、または、仮決算をして上半期の所得に対応する税金を納付することになっています。ところが、ほとんどの法人は前期の2分の1の法人税額を支払うのが普通ですから、中間申告分の法人税額が前期の決算書とリンクしているか確認することが必要ですね。

イチロー なるほど、なるほど……。前期が黒字決算なのに、中間申告分の法人税がないというヤバいケースが考えられますね。

K先生 さすがー。鋭いですね。こんなところから粉飾決算がバレることもあるでしょうね。さらに、本物かニセ物かを判定する2つ目のポイントである決算書と申告書との整合性のチェック（それぞれの別表の項で解説します）は必ず行っていただきたいと思います。

イチロー 先生がおっしゃったチェック・ポイントを全部確認して決算書と申告書との関係にOKが出たとしても、赤字なのに決算書を黒字に粉飾し、その粉飾した決算書に基づいて黒字の申告書を提出して税金を納めている会社は問題ですよね。

K先生 そうなんですよ。資金繰りが苦しいから粉飾をして資金調達をしようという会社なのに、納税資金が発生して、さらに資金繰りが苦しくなって、いつかは破綻に追い込まれることになるわけですよ。

《 粉飾決算の後始末は時間がかかる！ 》

イチロー 先生、粉飾決算を行って納めた法人税の還付を受けることはできないのでしょうか？

K先生 さすがイチロー君！　なかなかするどい質問ですね。

たとえば、売上の前倒し計上をしたり架空の在庫を計上したりするなど、利益をかさ上げるような粉飾決算（仮装経理）を行うと、実態は赤字であるのに黒字申告を行うことになります。本来は支払う必要のない税金を納めることになる訳ですから、業績が好転した時や資金繰りがいよいよ厳しくなった時には、後から「更正の請求」という手続きを行い、過去の申告の誤りを訂正することで払い過ぎた税金の還付を受けようとすることがあります。

　通常、更正の請求が認められれば、払い過ぎた税金はすぐに返してもらえますが、仮装経理によって払い過ぎた法人税の過大納付額については、ただちに還付されず、更正があった日の属する事業年度開始の日から５年以内に支払われる法人税額から順に控除する方法で還付されることとなっています。

　このように、過去の仮装経理に基づく過大申告による更正の請求が行われ、還付を受ける法人税額について当事業年度の法人税額から控除される場合に、この欄に記載されるのです。

イチロー　なるほどー、払いすぎた法人税を後から返してもらおうとしても、仮装経理の場合は、すぐに返してもらえないんですね。粉飾の後始末も時間がかかるんですね。

Ｋ先生　そうです。仮装経理は決して良い行為とはいえませんから、ペナルティとしての意味もあって、このような取扱いになっているのです。しかも、更正の請求期限は原則として申告期限から５年間ですから、それ以前の過大納付については、請求すらできなくなってしまいます。粉飾は、会社にとっても大きなリスクをはらんでいるのです。

用語の解説

★1　非中小法人等

たとえ期末の資本金が１億円以下であっても、資本金５億円以上の大会社の100％子会社等（非中小法人等という）は、実質的には大法人と同一であるため、次の中小法人の特例の適用がないものとされています。

	特例制度	特例の内容
①	軽減税率	年800万円以下の部分の所得金額の税率が15％に軽減される制度
②	特定同族会社の特別税率の不適用	特定同族会社に対する留保金課税が、不適用となる制度
③	貸倒引当金の繰入れ	貸倒引当金の繰入れができる制度
④	貸倒引当金の法定繰入率	貸倒引当金の繰入限度額の計算にあたって、法定割合を選択できる制度
⑤	交際費の損金不算入制度における定額控除限度額	交際費支出額と年800万円のうち少ない金額を損金に算入することができる制度
⑥	欠損金の繰越控除	繰越欠損金の繰越控除において、事業年度の所得金額の100％を控除できる制度
⑦	欠損金の繰戻し還付	当期に欠損金額が生じた場合、前期に納付した法人税額の還付を受けることができる制度

★2　確定申告書と中間申告書

法人税申告書は、大きく分けて確定申告と中間申告書の２種類があります。

	内　容	提出期限
確定申告書	株主総会の承認を受けた決算書に基づいて作成された法人税申告書	決算期末から２か月以内に税務署へ提出（２か月以内に総会の開催が困難な場合には申告期限を１か月（一定の場合には４か月間まで）延長することも可能）
中間申告書	仮決算をした上半期分の決算書に基づいて作成された法人税申告書（前期の２分の１の税額を申告する予定申告でもよい）	上半期末から２か月以内に税務署に提出

★3　修正申告書

法人税申告書を提出した後に、決算書や申告書に誤りがあったため所得金額や法人税額が過小であることが判明した場合には、提出済みの確定申告書を訂正し、新たに申告書を提出することになります。この申告書のことを修正申告書といいます。

逆に、所得金額や法人税額が過大であった場合には、申告期限から５年以内に限り更正の請求を行うことによって、過大納付額の還付を求めることができます。

★4　適用除外事業者

適用除外事業者とは、その事業年度開始の日前３年以内に終了した各事業年度の所得金額の合計額をその各事業年度の月数の合計額で除し、これに12を乗じて計算した金額が15億円を超える法人をいい、中小法人であっても★１表中の①、④、⑦の特例制度は適用できないものとされています。

★5　法定実効税率

損益計算書に計上される「法人税・住民税・事業税額」のなかで、法人税と住民税は損金に算入されない税金ですが、事業税は損金に算入される税金です。そのため、事業税を損金に算入した場合の法人税・住民税・事業税の所得金額に対する実際の税負担割合を『法定実効税率』といい、令和元年10月１日以後開始事業年度の外形標準課税適用法人（資本金１億円超）の標準税率による実効税率は、

次のように算出されます。

$$法定実効税率 = \frac{法人税23.2\% + 地方法人税23.2\% \times 10.3\% + 住民税23.2\% \times 7\% + 事業税3.6\%}{1 + 事業税3.6\%} = 29.74\%$$

（注）法定実効税率の推移

	平成23年度	平成24年度	平成26年度	平成27年度	平成28年度	平成30年度以降
法定実効税率	39.54%	37.00%	34.62%	32.11%	29.97%	29.74%

法人税申告書 別表2

―株主構成をつかみ、事業承継対策の提案を行う―

別表2の役割

　ごく少数の株主によって支配されている会社は、少数の株主の利益だけを考慮した、いわゆる「お手盛り」の経営を行いがちです。

　そのため、この別表は、次の事項を記載することによって少数の株主だけで構成されている同族会社か否かを明らかにし、会社の株主構成に応じた税務上の規制を行うことを目的としています。

● 会社の株主構成

　会社の株主名と所有株式数や議決権数などが記載されているため、大株主は誰か、何株所有しているかなど、オーナー一族をはじめ同族以外の役員や従業員持株会などの保有状況がわかります。

● 同族会社か否か

　会社は、ある特定の株主グループだけで、あるいは、上位3つの株主グループで50％超の株式等を保有しているか否かにより「特定同族会社」「同族会社」「非同族会社」の3種類に分類され、それぞれ税法上の取扱いが次のとおり異なります。

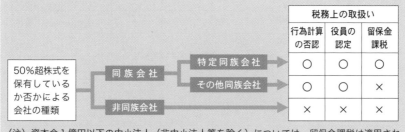

	税務上の取扱い		
	行為計算の否認	役員の認定	留保金課税
特定同族会社	○	○	○
その他同族会社	○	○	×
非同族会社	×	×	×

（注）資本金1億円以下の中小法人（非中小法人等を除く）については、留保金課税は適用されません。

重要ポイント！ 法人税申告書 別表2

PICK UP 1 同族会社の判定

PICK UP 2 特定同族会社の判定

PICK UP 3 判定結果

同族会社等の判定に関する明細書

| 事業年度 | 令和 5 . 4 . 1
令和 6 . 3.31 | 法人名 | ＡＢＣ卸販売株式会社 | 別表二 |

令五・四・一以後終了事業年度分

同族会社の判定	期末現在の発行済株式の総数又は出資の総額	1	内 200,000	株
	(19)と(21)の上位3順位の株式数又は出資の金額	2	197,000	
	株式数等による判定 (2)/(1)	3	98.5	%
	期末現在の議決権の総数	4	内 200,000	
	(20)と(22)の上位3順位の議決権の数	5	197,000	
	議決権の数による判定 (5)/(4)	6	98.5	%
	期末現在の社員の総数	7		
	社員の3人以下及びこれらの同族関係者の合計人数のうち最も多い数	8		
	社員の数による判定 (8)/(7)	9		%
	同族会社の判定割合 (3)、(6)又は(9)のうち最も高い割合	10	98.5	%

特定同族会社の判定	(21)の上位1順位の株式数又は出資の金額	11		株
	株式数等による判定 (11)/(1)	12		%
	(22)の上位1順位の議決権の数	13		
	議決権の数による判定 (13)/(4)	14		%
	(21)の社員の1人及びその同族関係者の合計人数のうち最も多い数	15		
	社員の数による判定 (15)/(7)	16		%
	特定同族会社の判定割合 (12)、(14)又は(16)のうち高い割合	17		%

| 判定結果 | 18 | 特定同族会社
同族会社
非同族会社 |

判定基準となる株主等の株式数等の明細

順位		判定基準となる株主(社員)及び同族関係者		判定基準となる株主等との続柄	株式数又は出資の金額等			
株式数等	議決権数	住所又は所在地	氏名又は法人名		被支配会社でない法人株主等		その他の株主等	
					株式数又は出資の金額 19	議決権の数 20	株式数又は出資の金額 21	議決権の数 22
1	1	名古屋市中区丸の内	名古屋太郎	本 人	株		株 110,000	110,000
1	1	名古屋市中区丸の内	名古屋花子	妻			35,000	35,000
1	1	東京都××区	名古屋太一郎	長 男			30,000	30,000
1	1	東京都××区	名古屋咲子	長男の嫁			5,000	5,000
1	1	名古屋市中区丸の内	名古屋次郎	二 男			10,000	10,000
2	2	名古屋市東区	中部一郎	本 人			5,000	5,000
3	3	名古屋市西区	東海三郎	本 人			2,000	2,000

別表2の重要項目とその解説

PICK UP 1 同族会社の判定 （1～10欄）

　同族会社とは、その会社の発行済株式数または議決権総数、あるいは「社員数★¹」の50%超が、上位3つのグループ以下で保有されている会社をいい、上位3つのグループ以下の保有割合が50%以下の会社を非同族会社といいます。

　したがって、この『別表2』の株主構成に基づき同族会社か否かの判定を行います。

　なお、ここでいうグループというのは、ある株主とその親族（6親等内の血族と3親等内の姻族）やその親族の持株割合が50%超である会社を1グループとして考えます。

PICK UP 2 特定同族会社の判定 （11～17欄）

　特定同族会社とは、同族会社（非中小法人等に該当しない資本金1億円以下の法人は除く）のうち、その会社の発行済株式総数等の50%超を1グループの株主等（被支配会社でない法人株主等★²を除く）に保有されている会社をいいます。

　したがって、株主構成に基づき特定同族会社に該当するか否かの判定を行います。

　なお、この会社は1グループで発行済株式等の50%超を保有していますが、資本金1億円以下の法人に該当するため特定同族会社の判定を行っていません。

PICK UP 3 判定結果 （18欄）

　同族会社の判定（10欄）の結果、上位3グループで98.5%と50%超保有していますので、この会社は同族会社に該当します。一方、この会社は資本金1億円以下の中小法人ですから、特定同族会社の判定（17欄）は行っていません。

　判定の結果、同族会社に該当しますので、「同族会社に適用される3つの特別規定★³」のうち行為計算の否認と役員の認定の2つの特別規定が適用されます。

　なお、判定の結果、特定同族会社に該当する場合は、留保金課税を含む3つの特別規定の適用があります。その場合には、『別表3（1）特定同族会社の留保金額に対する税額の計算に関する明細書』（注：本書では『別表3（1）』は未掲載）において、当期の内部留保金額がある一定額を上回っているかどうかを計算し、上回っているときはその超過額に対して課される特別な税金が計算されます。

法人税申告書別表2

02

K先生 & イチロー　イチロー君が別表2で留意すべき点

イチロー　K先生。『別表2』は、株主構成がわかりますので、この会社が同族会社かどうかを判定するものですね。

K先生　そうです。同族会社の場合は行為計算の否認規定とか役員の認定、あるいは、特定同族会社の場合はこれらに加えて留保金課税など、法人税固有の特別な規定が適用されますので、それを判定するための別表ですね。

イチロー　よくわかります。実は、私が担当している会社のほとんどが同族会社ばかりですから、そのあたりのことは大体理解しているつもりです。ところが、問題は、この『別表2』のどのような点に着眼したらよいかがわからないことなのですが……。

K先生　まず、株主構成からオーナー社長の持株割合、オーナーの家族構成や後継者の有無、役員の持株割合、外部株主の状況などを確認することですね。確認の結果、オーナー社長の持株割合が高い場合は、事業承継対策の提案をするとよいと思いますよ。とくに、非上場株式の贈与税や相続税の納税猶予制度（法人版事業承継税制）が導入されたわけですから、融資案件を絡めた事業承継対策の提案をすることを考えるべきですね。

イチロー　えっ！　融資に結び付けることができるんですか？　納税猶予制度は、導入されたときに勉強しましたからアウトラインはわかるんですが……。

《 贈与の直前に自社株式の評価額を下げておくことがポイント 》

K先生　念のため納税猶予制度を説明すると、この制度は、後継者である相続人等が、円滑化法の認定を受けている非上場株式を贈与や相続等で取得した場合に、その際にかかる贈与税や相続税について、一定の要件のもとに納税が猶予され、猶予された税額は、後継者の死亡等により免除されるという制度です。これには「一般措置」と「特例措置」の2つの制度があり、特例措置は適用期限がありますが、納税猶予の対象となる株数が全株式（一般措置の場合は3分の2まで）、納税猶予割合が100％（一般措置の相続税は80％まで）という特徴があります。

　　特例措置について、たとえば、この会社の発行済み株式は200,000株ですね。このうちオーナー社長が保有する110,000株を後継者に一括贈与しても、贈与税は相続が発生するまで全額納税猶予されます。その後、相続が発生したときに相続税を支払うか、さらに相続税の納税猶予に切り替えるかを選択することができる仕組みです。これは、オーナー社長だけでなく、その妻等の保有する株式についても適用をすることが可能です。

イチロー　特例措置を活用すれば自社株式部分の相続税が納税猶予されることは知っていますが……。

K先生　この制度のポイントは、贈与した時の自社株式の評価額で、将来発生する相続の時の自社株式を評価する点です。ですから、贈与の直前に自社株式の評価額を徹底的に下げておくことが着眼点となります。

イチロー　なるほど！　贈与を行う前に、融資案件を絡めた自社株式の引下げ提案を行えばよいのですね。相続税を心配している優良中小企業のオーナーなら、株価が下がる提案に耳を傾けるでしょうね。

K 先生 とくに、財政再建のための増税のターゲットは相続税であり、平成27年から基礎控除が引下げられるとともに相続税率が引上げられました。しかも令和5年度改正により、今後の贈与については生前贈与加算の期間が3年から7年に延長され、さらには相続時精算課税を適用した場合でも暦年課税における基礎控除（110万円）と同様の措置を受けることができるようになり、精算課税の使い勝手が格段に良くなりました。ですから、自社株式対策は融資提案の狙い目ですね。ところで、イチロー君は非上場株式の評価方法をご存知ですね？

イチロー えーと……。確か非上場株式の評価方法には、「純資産価額」と「類似業種比準価額」と「これらの併用価額」がありましたね……。そうか！ アベノミクス以降の金融緩和政策とコロナ禍からの回復により最近は上場株式の株価が上昇しているので、上場株式の株価に連動する類似業種比準価額などに対する自社株式対策を提案することができますね。

K 先生 さすが！ すばらしい着眼点ですよ！ 類似業種比準価額の比準要素である「1株当たりの利益」を特定経営力向上設備等などを取得した場合の特別償却や役員退職金の支給等によってゼロにし、かつ、「1株当たりの配当」をゼロにすれば、類似業種比準価額は一気に安くなりますね。ですから、そこに融資提案を絡めることができますよね。

イチロー なるほどー。面白いです。工夫すれば、いろいろな株価引下げ策と融資案件をセットにすることができるのですね。

《 ホールディング・カンパニーや持株会社などは融資案件を作りやすい 》

K 先生 そうですよ！ 最近は、ホールディング・カンパニーが増えていますが、それらの会社は株式の保有割合が高い「株式保有特定会社」に該当しますから、類似業種比準価額を併用することはできませんね。ですから、このような会社も資産価額を大きくする融資を行うことによって、株式保有特定会社を脱却する提案を行うことができるんですよ。

イチロー その提案も融資に使えそうですね。先生！ 逆に、オーナー一族の株式が親族のみならず仕入先・納入先・元従業員などに分散し、外部株主がいるような場合はどのような点に注意したらよいでしょうか？

K 先生 そのように外部株主がいる場合は、業績に対するプレッシャーが強くなりますから、信用維持や保身のために粉飾につながることがあります。ですから、外部株主が経営にどの程度関与しているかを確認しておくことが必要ですね。

イチロー 確かに外部株主がいれば、業績へのプレッシャーとなりますね。このように株式が分散している場合の融資提案は、どうしたらよいでしょうか？

K 先生 そのような場合は、後継者の議決権を強固にすることが必要ですから、後継者が大株主の持株会社を作って、その会社が親族や元従業員などから株式を買い取るという工夫をすれば、融資案件が出てきますよ。

イチロー ありがとうございます。何とか『別表2』から融資案件につなげるように考えていきたいと思います。

用語の解説

★1　社員数

　合名会社、合資会社、合同会社などの役員を「社員」といい、同族会社の判定にあたっては、出資金額など以外に、その役員と同族関係者の人数で社員数の50％超となるか否かでも「同族会社」か「特定同族会社」かの判定が行われます。

★2　被支配会社でない法人株主等

　被支配会社というのは、その会社の発行済株式等の50％超を1グループの株主に持たれている会社をいいます。ということは、「被支配会社でない法人株主等」というのは、50％超を1グループで保有されていない会社のことであり、非同族会社である上場会社やその関係会社などが該当します。

　そのため、このような同族色が薄い会社は、特定の株主グループの利益のために配当を抑制するようなことはないと想定されますので、特定同族会社の判定の対象には含めていません。

★3　同族会社に適用される3つの特別規定

　同族会社には、次の3つの特別規定が適用されます。このうち、特定同族会社に該当しない同族会社には留保金課税の適用はありません。

①　行為計算の否認

　同族会社は、少数の株主によって支配されているため、非同族会社では通常行わないような行為や計算によって税負担を著しく軽減することが考えられます。そのため、そのような場合には、税務署長は同族会社のその行為や計算を否認して、非同族会社が通常行うであろう行為や計算で課税をすることになります。

②　役員の認定

　同族会社の一定の大株主については、使用人であっても役員と認定したり、使用人兼務役員になれない制限規定が設けられています。

　なお、一定の株主というのは、持株割合が大きい株主グループの持株を合計したところ、はじめて50％超に達したグループに属し、かつ、その属するグループの持株割合が10％を超えているとともに本人（配偶者等を含む）の持株割合が5％を超えている者で、その法人の経営に従事する者を指します。

③　留保金課税

　特定同族会社は、1グループの株主に支配されていますので、累進税率が課される株主個人の税負担を考慮して、儲かっていても剰余金の分配を抑える傾向があります。そのため、当期の内部留保金額が、一定限度を超えている場合には、その超過額に対して10〜30％の特別な法人税額が課されることになっています。

　この特別な税額計算を行う表が『別表3(1)』ですが、この別表が添付されている会社は内部留保が厚い優良会社であると判断することができます。

法人税申告書 別表4

―所得金額の大きさとその中味がわかる―

別表4の役割

　企業会計における当期純利益は、収益から原価・費用・損失を控除して計算します。一方、法人税法上の所得金額は、社会政策や経済政策に左右されるため、当期純利益と所得金額とは必ずしもイコールではありません。

　そこで『別表4』は、企業会計と法人税法との間の食い違う部分を調整する次のような役割を担っており、「税務上の損益計算書」ともいわれています。

● 企業会計の当期純利益金額をもとに所得金額を算出

　株主総会で承認を受けた損益計算書上の「当期純利益」を基礎に、『別表4』の縦軸において、企業会計と法人税法とが不一致である部分をプラス（加算という）・マイナス（減算という）することによって法人税法上の「所得金額」を算出します。

　この加算・減算を法人税申告書の『別表4』で行うため「申告調整」といいます。

● 当期利益と申告調整額を留保と社外流出に分類

　『別表4』の横軸においては、当期利益（当期欠損）や申告調整額を「留保★¹」と「社外流出★¹」に分類し、法人税法上、翌期以降の所得金額の計算に影響を与える項目（留保項目）と当期で所得金額の計算が完結する項目（社外流出項目）とに分類表示しています。

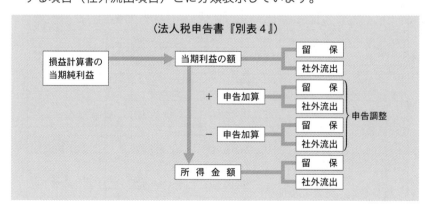

（法人税申告書『別表4』）

重要ポイント！ 法人税申告書 別表4

PICK UP 1 当期利益又は当期欠損の額

PICK UP 2 加算小計

PICK UP 3 減算小計

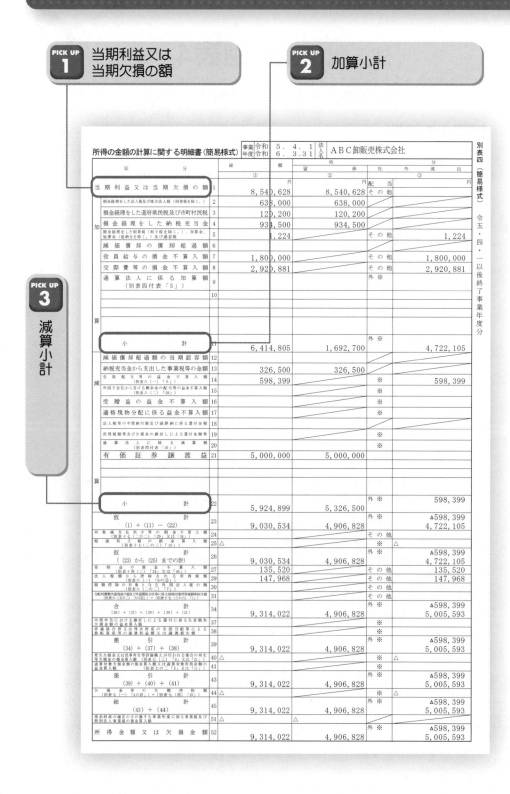

所得の金額の計算に関する明細書（簡易様式）

事業年度	令和 5.4.1 令和 6.3.31	法人名	ABC卸販売株式会社

別表四（簡易様式） 令五・四・一以後終了事業年度分

区　　分		総　　額 ①	処　　　　分		
			留　保 ②	社　外　流　出 ③	
当 期 利 益 又 は 当 期 欠 損 の 額	1	円 8,540,628	円 8,540,628	配　当 その他	円
加	損金経理をした法人税及び地方法人税（附帯税を除く。）	2	638,000	638,000		
	損金経理をした道府県民税及び市町村民税	3	120,200	120,200		
	損 金 経 理 を し た 納 税 充 当 金	4	934,500	934,500		
	損金経理をした附帯税（利子税を除く。）、加算金、延滞金（延納分を除く。）及び過怠税	5	1,224		その他	1,224
	減 価 償 却 の 償 却 超 過 額	6				
	役 員 給 与 の 損 金 不 算 入 額	7	1,800,000		その他	1,800,000
	交 際 費 等 の 損 金 不 算 入 額	8	2,920,881		その他	2,920,881
	通 算 法 人 に 係 る 加 算 額 （別表四付表「5」）	9			外 ※	
算		10				
	小　　　　　計	11	6,414,805	1,692,700	外 ※	4,722,105
減	減 価 償 却 超 過 額 の 当 期 認 容 額	12				
	納税充当金から支出した事業税等の金額	13	326,500	326,500		
	受 取 配 当 等 の 益 金 不 算 入 額 （別表八（一）「5」）	14	598,399		※	598,399
	外国子会社から受ける剰余金の配当等の益金不算入額 （別表八（二）「26」）	15			※	
	受 贈 益 の 益 金 不 算 入 額	16			※	
	適 格 現 物 分 配 に 係 る 益 金 不 算 入 額	17			※	
	法人税等の中間納付額及び過誤納に係る還付金額	18				
	所得税額等及び欠損金の繰戻しによる還付金額等	19			※	
	通 算 法 人 に 係 る 減 算 額 （別表四付表「10」）	20			※	
	有 価 証 券 譲 渡 益	21	5,000,000	5,000,000		
算						
	小　　　　　計	22	5,924,899	5,326,500	外 ※	598,399
仮　　　　計 (1) + (11) - (22)		23	9,030,534	4,906,828	外 ※	▲598,399 4,722,105
対象純支払利子等の損金不算入額 （別表十七（二の二）「29」又は「34」）		24			その他	
超 過 利 子 額 の 損 金 算 入 額 （別表十七（二の三）「10」）		25	△		※	△
仮　　　　計 （（23）から（25）までの計）		26	9,030,534	4,906,828	外 ※	▲598,399 4,722,105
寄 附 金 の 損 金 不 算 入 額 （別表十四（二）「24」又は「40」）		27	135,520		その他	135,520
法 人 税 額 か ら 控 除 さ れ る 所 得 税 額 （別表六（一）「6の③」）		29	147,968		その他	147,968
税額控除の対象となる外国法人税の額 （別表六（二の二）「7」）		30			その他	
分配時調整外国税相当額及び外国関係会社等に係る控除対象所得税額等相当額（別表六（五の二）「5の②」）+（別表十七（三の六）「1」）		31			その他	
合　　　　計 (26) + (27) + (29) + (30) + (31)		34	9,314,022	4,906,828	外 ※	▲598,399 5,005,593
中間申告における繰戻しによる還付に係る災害損失欠損金額の益金算入額		37			※	
非適格合併又は残余財産の全部分配等による移転資産等の譲渡利益額又は譲渡損失額		38			※	
差　　引　　計 (34) + (37) + (38)		39	9,314,022	4,906,828	外 ※	▲598,399 5,005,593
更生欠損金又は民事再生等評価換えが行われる場合の再生等欠損金の損金算入額（別表七（三）「9」又は「21」）		40	△		※	△
通算対象欠損金額の損金算入額又は通算対象所得金額の益金算入額		41			※	
差　　引　　計 (39) + (40) + (41)		43	9,314,022	4,906,828	外 ※	▲598,399 5,005,593
欠 損 金 等 の 当 期 控 除 額 （別表七（一）「4の計」）+（別表七（四）「10」）		44	△		※	△
総　　　　計 (43) + (44)		45	9,314,022	4,906,828	外 ※	▲598,399 5,005,593
残余財産の確定の日の属する事業年度に係る事業税及び特別法人事業税の損金算入額		51	△	△		
所 得 金 額 又 は 欠 損 金 額	52		9,314,022	4,906,828	外 ※	▲598,399 5,005,593

別表4の重要項目とその解説

PICK UP 1　当期利益又は当期欠損の額（1欄）

　『別表4』の「当期利益又は当期欠損の額」は、株主総会で承認（確定決算という）された損益計算書の末尾の当期純利益または当期純損失が記載されます。

　さらに、この「当期利益又は当期欠損の額」は、貸借対照表の純資産額に内部留保として蓄積される留保★1と内部留保とならない社外流出★1に分けられます。

PICK UP 2　加算小計（11欄）

　企業会計では費用や損失として処理したが、税務上は損金と認められないものを当期純利益にプラス（申告加算という）したものの合計額が記載されます。この『別表4』では、費用に計上した法人税や交際費などが税務上損金とはならないものとして申告加算されています。

　この申告加算した項目も、貸借対照表の純資産額に影響するかどうかによって留保となるものと社外流出となるものに分けられます。

PICK UP 3　減算小計（22欄）

　企業会計では収益として処理したが、税務上は益金とは認められないものなどを当期純利益からマイナス（申告減算という）したものの合計額が記載されます。この『別表4』では、企業会計において投資有価証券譲渡益（損益計算書では雑収入に含む）として収益に計上したもののグループ法人税制★2の適用により税務上は益金に算入されない有価証券譲渡益や、受取配当等の益金不算入額が申告減算されています。

　なお、申告書を提出したときに損金に算入される事業税等が納税充当金（未払法人税等のことを税務では納税充当金という）を取崩して支払われたため、損金に算入する目的で申告減算したものが「納税充当金から支出した事業税等の金額」です。

　このように申告減算した項目も留保と社外流出に分けられます。

所得の金額の計算に関する明細書（簡易様式）

事業年度 令和 5.4.1 ～ 令和 6.3.31　法人名 ＡＢＣ卸販売株式会社

別表四（簡易様式）令五・四・一以後終了事業年度分

区　分		総額 ①	処分 留保 ②	社外流出 ③
当 期 利 益 又 は 当 期 欠 損 の 額	1	8,540,628 円	8,540,628 円	配当 その他
損金経理をした法人税及び地方法人税（附帯税を除く。）	2	638,000	638,000	
損金経理をした道府県民税及び市町村民税	3	120,200	120,200	
損金経理をした納税充当金	4	934,500	934,500	
損金経理をした附帯税（利子税を除く。）、加算金、延滞金（延納分を除く。）及び過怠税	5	1,224		その他 1,224
減価償却の償却超過額	6			
役員給与の損金不算入額	7	1,800,000		その他 1,800,000
交際費等の損金不算入額	8	2,920,881		その他 2,920,881
通算法人に係る加算額（別表四付表「5」）	9			外※
	10			
小　　　計	11	6,414,805	1,692,700	外※ 4,722,105
減価償却超過額の当期認容額	12			
納税充当金から支出した事業税等の金額	13	326,500	326,500	
受取配当等の益金不算入額（別表八（一）「5」）	14	598,399		※ 598,399
外国子会社から受ける剰余金の配当等の益金不算入額（別表八（二）「26」）	15			※
受贈益の益金不算入額	16			※
適格現物分配に係る益金不算入額	17			※
法人税等の中間納付額及び過誤納に係る還付金額	18			
所得税額等及び欠損金の繰戻しによる還付金額等	19			※
通算法人に係る減算額（別表四付表「10」）	20			※
有 価 証 券 譲 渡 益	21	5,000,000	5,000,000	
小　　　計	22	5,924,899	5,326,500	外※ 598,399
仮　　計 (1) + (11) − (22)	23	9,030,534	4,906,828	外※ △598,399 4,722,105
対象純支払利子等の損金不算入額（別表十七（二の二）「29」又は「34」）	24			その他
超過利子額の損金算入額	25	△		※ △
仮　　計 (23) から (25) までの計	26	9,030,534	4,906,828	外※ △598,399 4,722,105
寄附金の損金不算入額（別表十四（二）「24」又は「40」）	27	135,520		その他 135,520
法人税額から控除される所得税額（別表六（一）「6の③」）	29	147,968		その他 147,968
税額控除の対象となる外国法人税の額	30			その他
分配時調整外国税相当額及び外国関係会社等に係る控除対象所得税額等相当額（別表六（五の二）「5の②」）＋（別表十七（三の六）「1」）	31			その他
合　　計 (26) + (27) + (29) + (30) + (31)	34	9,314,022	4,906,828	外※ △598,399 5,005,593
中間申告における繰戻しによる還付に係る災害損失欠損金額の益金算入額	37			※
非適格合併又は残余財産の全部分配等による移転資産等の譲渡利益額又は譲渡損失額	38			※
差　引　計 (34) + (37) + (38)	39	9,314,022	4,906,828	外※ △598,399 5,005,593
更生欠損金又は民事再生等評価換えが行われる場合の再生等欠損金の損金算入額（別表七（三）「9」又は「21」）	40	△		※
通算対象欠損金額の損金算入額又は通算対象所得金額の益金算入額（別表七の二「5」又は「11」）	41			
差　引　計 (39) + (40) + (41)	43	9,314,022	4,906,828	外※ △598,399 5,005,593
欠 損 金 等 の 当 期 控 除 額（別表七（一）「4の計」＋別表七（四）「10」）	44	△		※
総　　計 (43) + (44)	45	9,314,022	4,906,828	外※ △598,399 5,005,593
残余財産の確定の日の属する事業年度に係る事業税及び	51	△	△	
所 得 金 額 又 は 欠 損 金 額	52	9,314,022	4,906,828	外※ △598,399 5,005,593

PICK UP 5　欠損金等の当期控除額

PICK UP 6　所得金額又は欠損金額

PICK UP 4　仮計

》 別表4の重要項目とその解説

4 仮計 （23および26欄）

　儲かっている会社に対しては寄附金の依頼が来ることが多いものです。ところが、寄附金には損金算入限度額が設けられているため、所得金額を算出する途中段階で当期利益に申告加算項目をプラス、申告減算項目をマイナスすることによって仮締めの所得金額を算出します（99頁参照）。

　この仮締めの所得金額のことを「仮計」といい、仮計の金額をもとに寄附金の損金算入限度額を計算します。

5 欠損金等の当期控除額 （44欄）

　青色申告書を提出した期で発生した欠損金額は、その後10年以内（平成30年4月1日前に終了した期に生じた欠損金額は9年）の期の所得金額と通算することができます。そのため、繰越欠損金額がある場合は、差引計（43欄）の金額を限度として繰越欠損金を『別表4』の44欄において控除できます。

　しかし、中小法人（非中小法人等を除く）以外の法人は、『別表4』の「差引計」の所得金額に下記割合を乗じた金額（繰越控除限度額）しか欠損金額の控除を行うことはできません。

事業年度	平成27年4月1日以後に開始する期	平成28年4月1日以後に開始する期	平成29年4月1日以後に開始する期	平成30年4月1日以後に開始する期
繰越控除限度額	65%	60%	55%	50%

6 所得金額又は欠損金額 （52欄）

　所得金額は、税金の対象となる課税標準を表していますので、この所得金額が『別表1』の1欄（10頁参照）に転記され、当期に納付すべき法人税額が計算されます。

　この所得金額は、留保と社外流出とに分けられますが、企業の健全度をみるためには、次の算式によって所得金額のうち、どの程度が企業内に内部留保として蓄積されるのかチェックすることが必要です。

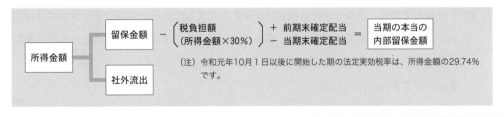

K先生 & イチロー　イチロー君が別表4で留意すべき点

イチロー　先生！　私はこの『別表4』の所得金額だけは必ず見ることにしているのですが、ほかにどんな点に気を付けたらよいでしょうか？

K先生　所得金額を見る前に、まずこの法人税申告書が本物かどうか確認することが必要ですね。ですから、『別表4』の一番上の当期利益が、損益計算書の一番下の当期純利益と一致しているかどうかチェックすべきですね。

イチロー　そうなんですか！　私はチェックしたことはありませんでした。確かに大事な作業ですね。もし不一致なら、決算書か法人税申告書のどちらかがインチキということになるのですね。

K先生　そうなんですよ！　民事再生法などを申請した会社などへ調査に行くと、粉飾をしていることが多いので、このような不一致にお目にかかることがよくありますよ。たとえば、粉飾の経理をした経理担当者が、『別表4』の一番上の税引後利益を書くべき「当期利益」の欄に、うっかり税引前の当期利益を記載しているケースすらあったんですが、意外なことに金融機関の職員は気が付いていませんでしたね。

イチロー　わ～。私も見落としているかもしれません。私を含めて金融機関の職員の多くは『別表4』とか『別表5』の仕組みがわかっていないので、ノーマークなんですよ。

K先生　そうでしょうね。決算書と『別表4』や『別表5』との構造的な関連を理解していないとチェックしようがないんでしょうね。

イチロー　ちょっと待ってください。あ～よかった！　この会社の損益計算書（159頁参照）の当期純利益金額8,540,628円は、『別表4』の当期利益に一致していました！

K先生　よかったですね。そのように決算書と法人税申告書との関連項目をチェックして、両者の間に整合性があることをまず確かめることが、法人税申告書の中味をみるためのスタートです。そう思いませんか？

イチロー　参りました！　先生のおっしゃるとおりです。

《グループ法人税制が導入されたから、『別表4』の着眼点は2つある》

K先生　先ほどイチロー君は、『別表4』の所得金額だけは必ず見ると言われましたが、それでは不十分ですよ。問題は、その中味ですよ。

イチロー　えっ？　中味もチェックするのですか？

K先生　そうなんですよ。グループ法人税制[*2]が導入されましたから、中味のチェックは2つの観点で行うことが必要になりました。第1点は、グループ法人税制を利用した益出しをしていないか？　第2点は、所得金額のうち留保になっているのはどのくらいあるか？　のチェックですね。

イチロー 平成22年10月１日からグループ法人税制が導入されていることは知っていましたが、グループ法人税制は益出しに利用することもあるんですね。

K先生 この申告書の『別表４』は、代表的な事例ですね。ご承知と思いますが、グループ法人税制の「グループ」というのは、個人とその親族などを頂点に100%支配されている会社グループと、１つの法人を頂点に100%支配されている会社グループに大別されます。

イチロー なるほど。グループ法人税制には、２つのタイプがあるんですね。ということは、グループのタイプによって適用される税制が異なってくるんでしょうか？

K先生 よい着眼点ですね。そのとおりです。２つのタイプのグループいずれにも適用されるグループ法人税制の１つは、直前の簿価1,000万円以上の固定資産、土地、有価証券などをグループ法人に売却しても、その損益はなかったものとして法人税の申告書で申告調整をするという税制ですが、購入したグループ法人がその資産を売却等するまで課税が繰延べられるわけです。２つ目は、グループ法人からの配当は申告減算によって、全額所得に入れないことができるという税制です。

イチロー わかりました。この会社のようにグループ会社に有価証券を売って営業外収益に計上することによって経常利益をかさ上げしておいて、申告書で減算すれば税負担は発生しないということなんですね。

K先生 さすがに理解が早いですね！　今、私は２つのグループ法人税制を申し上げましたが、３つ目のグループ法人税制はグループ法人間の寄附金の取扱いです。この税制は法人を頂点とするグループ法人間しか適用されませんが、寄附を行ったサイドは「寄附金全額が損金不算入」となり、受贈サイドは「受贈益全額が益金不算入」として課税されないという税制です。

イチロー なるほどー。そのために『別表４』の減算欄に「受贈益の益金不算入額」（16欄）という項目があるんですね。

《 グループ法人税制を利用した事業の選択と集中のための融資提案 》

K先生 ところで、このグループ法人税制は融資提案に利用するとよいと思いますよ。

イチロー えっ！　それは是非伺いたいですね。融資案件が減って困っていますから……。

K先生 私の顧問会社をみていると、グループ会社間で事業が重複しているケースが結構あるんです。たとえば、Ａ社にＸ事業とＹ事業があるのに、グループ会社でＹ事業を行っているというようなケースでは、事業の選択と集中の一環としてＡ社のＹ事業関連の資産をグループ会社に売却しても、その売却益は申告減算することによって課税が繰延べられますね。

このような事業の選択と集中を絡めた提案を金融機関サイドから行えば、融資に結び付けることは可能でしょうね。

イチロー 確かに、今までは事業の統合をする過程で課税問題が出てきましたが、グループ法人税制を利用すると課税が繰延べられますので、取引先へのアドバイスに利用できますね。

《 所得のうち会社にいくら残るかがポイント 》

K先生 さて、『別表4』の着眼点の2つ目についてお話しましょう。『別表4』の一番下にある所得金額は、留保と社外流出に分かれているでしょう？　この留保というのは、税務上の内部留保のことですから、所得金額のうち内部留保が多いほど中味が濃い所得ということがいえるんです。

イチロー なるほど、今まで留保とか社外流出について、私はまったく目配りをしていませんでした。

K先生 たとえば、申告加算項目のうち社外流出となる経費に落ちない交際費や役員給与がたくさんあるために所得金額が多いのでは、意味がないですよね。これらは所得金額といっても使ってしまった費用に過ぎないんですよ。

イチロー なるほど。交際費の損金不算入などは、資金流出しているのにその額に税金が課されるわけだから、所得金額といっても価値がないのですね。

K先生 そうですよ。だから、所得金額を見るだけではダメなんですよ。所得のうち会社にどのくらい残るかが大切ですね。

イチロー そうすると、受取配当等の益金不算入のように社外流出の申告減算というのは、社外流出のマイナスだから資金流入ということで、企業にとってはプラス要因なんですね。

K先生 さすがに金融機関の職員は鋭いなー。資金は流入しているのに所得には含まれていない分だけ、資金繰りはラクになっているわけですよ。

イチロー なるほどー。すると、この会社の『別表4』を見ると所得金額は約931万円ですね。その内訳は留保が約491万円で社外流出は約440万円（500万円－59.8万円）ですから、この491万円が内部留保として会社に残る金額と考えたらよいのでしょうか？

K先生 それは違います。この留保金額である491万円から税金を払うことが必要ですよ。会社の所得にかかる法定実効税率（21頁参照）は、およそ所得の30%程度です。ですから、税金を所得931万円の30%とすると約280万円ですから、所得のうち内部留保となる491万円から税金280万円を支払うと211万円しかこの会社には残らないことになりますね。

イチロー 厳しいなー。黒字でも会社にはあまり残らないということもあるのですね。『別表4』を読むときは、所得金額の多寡だけでなく留保と社外流出に分けて考えることが必要なのですね。

用語の解説

★1　留保と社外流出

　企業会計において、貸借対照表の純資産の部における利益の蓄積額を内部留保とよんでいます。具体的には、利益準備金、別途積立金、繰越利益剰余金などの科目で積み立てられています。

　しかし、貸倒引当金を税法限度額を超えて設定した場合、その限度超過額相当額だけ繰越利益剰余金は小さくなります。ということは、税法からみれば貸倒引当金の限度超過額は留保金額とみることができます。このように申告調整項目のなかで貸借対照表の純資産額の大きさに影響する項目を「留保」といい、貸借対照表に影響を及ぼさないものを「社外流出」とよんでいます。

　たとえば、『別表４』の留保と社外流出とは、次のようなものを指します。

	留保となるもの	社外流出となるもの
当期利益又は 当期欠損の額	利益準備金・任意積立金 繰越利益剰余金	剰余金の分配額
申告加算額	減価償却超過額・貸倒引当金限度超過額・賞与引当金・退職給付引当金など	交際費損金不算入・役員給与損金不算入・寄附金損金不算入など
申告減算額	減価償却認容・充当金支出事業税・引当金戻入認容など	受取配当等益金不算入・所得税還付金益金不算入・収用等特別控除額

★2　グループ法人税制

　100％グループ法人の法人間取引について、次のような100％グループ法人税制が導入されています。

（1）100％グループ法人

　100％グループ法人には、①１人の個人株主（その個人株主の６親等の血族、３親等の姻族などを含む）を頂点として発行済み株式を100％保有されているグループ法人（A〜D社）、②１つの法人株主（X社）を頂点として発行済株式を100％保有されているグループ法人（X〜Z社）の２つのタイプがあり、グループ法人税制が適用されます。

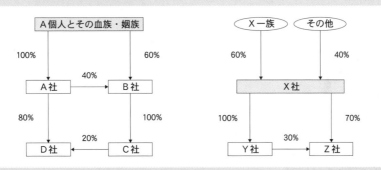

（2）100％グループに適用される税制

　100％グループ法人間の資産の譲渡取引、受取配当等、寄附金について、次のとおり取扱われます。

　①　100％グループ内の法人間の資産の譲渡損益の繰延べ

　　100％グループ内の法人間において、次の資産を売買したときは、次のとおりその譲渡損益が繰延べられます。

繰延べ対象となる資産	譲渡サイドの法人	購入サイドの法人	備考
直前の簿価1,000万円以上の固定資産、土地、有価証券、繰延資産など	譲渡損益を決算書に計上し、申告調整によって課税を繰延べる	資産に計上し、減価償却等を行う	購入した法人が、その資産を譲渡等したら繰延べた損益は実現する

② 100％グループ法人間の配当は全額益金不算入

　100％グループ法人間の配当は、受け取った法人サイドで決算書の営業外収益に計上されますが、法人税申告書において全額申告減算（受取配当等の益金不算入）することによって所得金額に計上されないことになります。

③ 100％グループ法人間の寄附金と受贈益の益金不算入

　100％グループ法人間の寄附金は、次のとおり取扱われます。この規定は法人を頂点とするグループ法人にしか適用されず、個人を頂点とするグループ法人には適用されません。

寄附金を支出したサイドの法人	寄附金を受領したサイドの法人
寄附金は全額損金不算入として申告加算	受領金は受贈益益金不算入として申告減算

法人税申告書 別表5(1)

─税務上の純資産額の大きさがわかる─

別表5(1)の役割

『別表5(1)』は、「Ⅰ　利益積立金額の計算に関する明細書」と「Ⅱ　資本金等の額の計算に関する明細書」から構成されています。

● 利益積立金額

Ⅰの「利益積立金額★¹」とは、『別表4』（30頁参照）の所得金額のうち留保した金額である「利益準備金や繰越利益剰余金など当期純利益のうち内部留保した金額」と「退職給付引当金や減価償却超過額など申告調整額のうち内部留保した金額」の合計額から、当期の所得金額に対する法人税・住民税額を控除した金額をいいます。

この利益積立金の創業以来の累積的残高の当期における増減状況を記載しているのが、『別表5(1)』です。いわば、税務上の内部留保金額を表しますので、この金額が大きい企業ほど財務内容がよいと判断することができます。

● 資本金等の額

Ⅱの「資本金等の額★²」というのは、主に資本金額や資本準備金額のことですから、所得金額から留保した金額とは区別して、その増減の状況が記載されます。

したがって、『別表5(1)』は、税務上の内部留保金額と資本取引である資本金額や資本準備金等との合計額である「税務上の純資産額」を明らかにする役割を担っています。そのため、税務上の損益計算書とよばれる『別表4』と比較して、この『別表5(1)』は「税務上の貸借対照表」とよばれています。

重要ポイント! 法人税申告書 別表5(1)

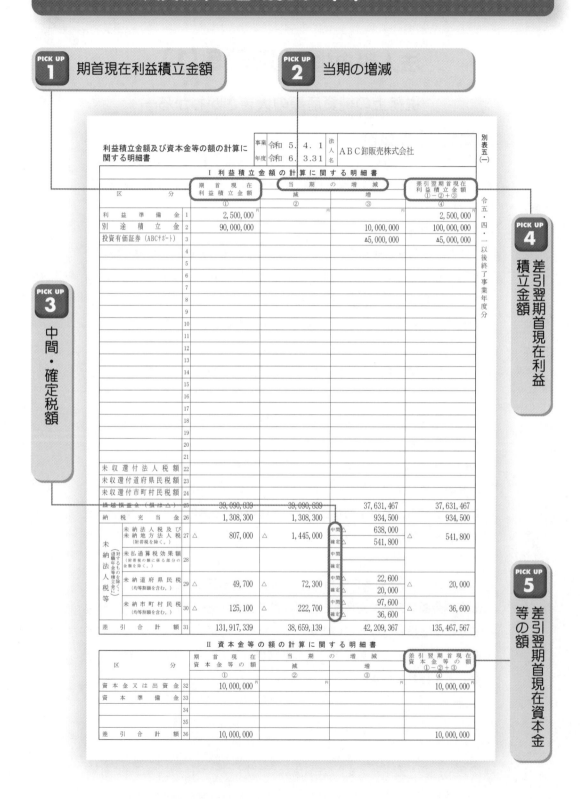

PICK UP 1 期首現在利益積立金額

PICK UP 2 当期の増減

PICK UP 3 中間・確定税額

PICK UP 4 差引翌期首現在利益積立金額

PICK UP 5 差引翌期首現在資本金等の額

利益積立金額及び資本金等の額の計算に関する明細書

| 事業年度 | 令和 5. 4. 1
令和 6. 3.31 | 法人名 | ＡＢＣ卸販売株式会社 | 別表五(一) |

Ⅰ 利益積立金額の計算に関する明細書

区 分		期首現在 利益積立金額 ①	当期の増減 減 ②	当期の増減 増 ③	差引翌期首現在 利益積立金額 ①-②+③ ④
利 益 準 備 金	1	2,500,000			2,500,000
別 途 積 立 金	2	90,000,000		10,000,000	100,000,000
投資有価証券（ABCﾚﾎﾟｰﾄ）	3			△5,000,000	△5,000,000
	4				
	5				
	6				
	7				
	8				
	9				
	10				
	11				
	12				
	13				
	14				
	15				
	16				
	17				
	18				
	19				
	20				
	21				
未 収 還 付 法 人 税 額	22				
未 収 還 付 道 府 県 民 税 額	23				
未 収 還 付 市 町 村 民 税 額	24				
繰越損益金（損は△）	25	39,090,839	39,090,839	37,631,467	37,631,467
納 税 充 当 金	26	1,308,300	1,308,300	934,500	934,500
未納法人税及び未納地方法人税（附帯税を除く。）	27	△ 807,000	△ 1,445,000	中間△ 638,000 確定△ 541,800	△ 541,800
未払通算税効果額	28			中間 確定	
未納道府県民税（均等割額を含む。）	29	△ 49,700	△ 72,300	中間△ 22,600 確定△ 20,000	△ 20,000
未納市町村民税（均等割額を含む。）	30	△ 125,100	△ 222,700	中間△ 97,600 確定△ 36,600	△ 36,600
差 引 合 計 額	31	131,917,339	38,659,139	42,209,367	135,467,567

Ⅱ 資本金等の額の計算に関する明細書

区 分		期首現在 資本金等の額 ①	当期の増減 減 ②	当期の増減 増 ③	差引翌期首現在 資本金等の額 ①-②+③ ④
資 本 金 又 は 出 資 金	32	10,000,000			10,000,000
資 本 準 備 金	33				
	34				
	35				
差 引 合 計 額	36	10,000,000			10,000,000

令五・四・一以後終了事業年度分

40

》》 別表5（1）の重要項目とその解説

PICK UP 1 期首現在利益積立金額 （①欄）

　創業以来の内部留保である利益積立金額の期首現在の金額が記載されており、その内訳は次の３つから構成されています。

　① 　企業会計上の内部留保である利益準備金、別途積立金、繰越損益金（これらの金額は、期首の貸借対照表の純資産の部の金額に必ず一致する）

　② 　貸倒引当金繰入超過額など申告調整額のうち留保した金額

　③ 　前期末において未払となっている法人税額・住民税額

（注）企業会計上の内部留保である繰越利益剰余金のことを『別表５（1）』では繰越損益金といいます。

PICK UP 2 当期の増減 （③・②欄）

　税務上の内部留保である利益積立金額の当期の増減額、すなわち、『別表４』（30頁参照）の当期利益のうち留保額、申告加算額のうち留保額、申告減算額のうち留保額が、それぞれ記載されます。

PICK UP 3 中間・確定税額 （27③欄、28③欄、29③欄、30③欄）

　当期の所得金額に課される法人税額、地方法人税額、都道府県民税額、市町村民税額の年税額が記載されます。具体的には、『別表５（2）』（48頁参照）の「当期発生税額」の中間・確定の税額が記載されます。

PICK UP 4 差引翌期首現在利益積立金額 （④欄）

　創業以来の内部留保である期首現在利益積立金額に対して、当期に増加・減少した利益積立金額をプラス・マイナスした結果、翌期に繰り越す利益積立金額が記載されます。
　そのため、『別表５（1）』の右端の金額のうち企業会計上の内部留保となるものと当期末（令和６年３月31日現在）の貸借対照表の純資産の部の金額と一致しているかチェックすることが必要です。

PICK UP 5 差引翌期首現在資本金等の額 （④欄）

　差引翌期首現在資本金等の額（④欄）の内訳項目が、当期末の貸借対照表の資本金や資本準備金の金額と一致しているかチェックすることが必要です。

K 先 生 & イチロー　イチロー君が別表5(1)で留意すべき点

イチロー 先生。正直言って、私は恥ずかしながら『別表5(1)』はあまりわかっていないので、ほとんど見ていないのです。

K 先 生 見ていない？　でも、想定内ですよ。この別表をあまりチェックしていない金融機関の職員は多いと思いますね。

イチロー やっぱり想定の範囲内でしたか？　でも本当に、この『別表5(1)』というのは、何を表しているのかサッパリわかっていないのです。

K 先 生 無理もないですよ。この別表は難しいから、粉飾している会社の経理担当者も粉飾決算書に合わせてニセの法人税申告書を作成するのは大変なんですよ。

イチロー ということは、決算書とこの『別表5(1)』を照合することにより、法人税申告書の真偽の鑑定もできるのですね。

K 先 生 そのとおりです。まず、『別表5(1)』とは何かから説明しましょう。

　　この『別表5(1)』は、企業会計上の純資産額と税務上の内部留保額との2つが記載されている表なんです。たとえば、この『別表5(1)』の右端の「差引翌期首現在利益積立金額」として記載されている企業会計上の内部留保である利益準備金、別途積立金、繰越損益金、「差引翌期首現在資本金等の額」に記載されている資本金や資本準備金は、当期末の貸借対照表の純資産の部の金額と必ず一致するはずです。

　　ですから、取引先から入手した決算書の貸借対照表の純資産の部に記載されている各金額と申告書の『別表5(1)』の金額が一致しているかどうかチェックすれば、決算書と申告書との間に整合性があることが確認できますね。

イチロー なるほどー。チェックした結果が一致すれば、法人税申告書はわれわれが入手した決算書に基づいて作られていると判断できるのですね。どれどれ、この会社の貸借対照表（158頁参照）の純資産の部の各項目と『別表5(1)』の右端（1欄、2欄、25欄、32欄、33欄）をチェックすると……、合っていますね。なーんだ、簡単ですね。私は、もっと難しいものと考えていました。

《『別表5(1)』は取引先の本当の財務体質を示す》

K 先 生 次に『別表5(1)』に記載される税務上の内部留保について説明しましょう。たとえば、退職金制度があるにもかかわらず、税法が認めていないため、従業員の退職に備えた退職給付引当金を貸借対照表に計上していない会社が多いでしょう？　しかし、負債としてキチンと退職給付引当金を計上すると貸借対照表の純資産額はその額だけ小さくなりますね。この計上額は税務上損金として認められませんので『別表5(1)』に載ってくるのですが、

退職給付引当金を計上しなければ純資産額はもっと大きくなりますね。ということは、退職給付引当金は税務からみれば実質的には企業会計の内部留保と同じものであると考えることができますね。

イチロー そうか！　有税で設定した退職給付引当金や賞与引当金がなければ、もっと純資産額が大きくなるからなのですね。確かに、財務体質のよい会社ほど『別表5(1)』に役員退職慰労引当金などがたくさん並んでいますね。

K先生 よい着眼点です。『別表5(1)』は取引先の本当の財務体質を示すわけですから、自己資本比率というと決算書の純資産額を資産の部の金額で除して算出していますが、会社を比較するときは、『別表5(1)』の利益積立金額と資本金等の金額の合計額を資産の部で除したほうが本当の姿となりますね。

《修正申告をした場合は『別表5(1)』の期首現在利益積立金が変わる！》

イチロー よくわかりました。これからは『別表5(1)』と決算書のチェックとともに、本当の内部留保の大きさをつかんでいきたいと思います。

　　　ところで先生！　初歩的な質問で恐縮ですが、当期の『別表5(1)』の左端の「期首現在利益積立金額」は、前期の『別表5(1)』の右端の「差引翌期首現在利益積立金額」とは必ず一致するのでしょうか？

K先生 大変よい質問ですね。申告書の連続性をチェックするために一致しているか確認することが必要ですね。しかし、原則として一致するはずですが、前期の法人税申告書を提出した後に税務調査があり修正申告書を提出している場合は、修正申告した部分は不一致となりますね。

イチロー やはり、不一致になることがあるのですね。数年前のことですが、取引先の申告書の『別表5(1)』の別途積立金の金額に連続性がないことに気が付いたので、取引先の経理部長に質問したところ「修正申告により訂正したためである」という回答をもらったことがあります。修正申告をすると、別途積立金などが変わるのでしょうか？

K先生 別途積立金が不一致というのはおかしいですね。修正申告というのは、税務調査などによって売上高や在庫が計上漏れとなっていることが指摘された場合に、修正申告書の『別表4』において申告加算を行うことにより所得金額を増やし、それに伴って増えた税金を追加して納めることをいいます。そのため、利益準備金や別途積立金など企業会計上の内部留保は変化しませんが、計上漏れとなっていた売上高や在庫など税務上の内部留保（利益積立金）となるものが『別表5(1)』に追加して記載されるとともに、追加払いすべき法人税

法人税申告書別表5(1)

04

43

や住民税を『別表5（1）』の下方にある△印の金額（税金を控除することを意味する）に上乗せして控除されることになるんです。

イチロー　なるほど、なるほど……。ということは、計上漏れとなっていた売上高や在庫などと支払うべき税金の金額が変わるだけなのですね。いわば、税務上の金額だけが変わり、企業会計上の純資産を構成する別途積立金や繰越利益剰余金は変わらないのですね。勉強不足の私は、簡単にだまされたのですね。

K先生　残念ながらそういうことになりますね。企業会計上の内部留保は株主総会で決めることになるわけですから、原則として前期の『別表5（1）』の右端と当期の『別表5（1）』の左端は一致することになるんですよ。

《上場会社は過年度遡及会計基準が導入されている》

イチロー　うーん。やはり、そうですかー。でも「原則として」ということは例外もあるということなのでしょうか？

K先生　そうなんです。少し難しくなりますが、過年度遡及会計基準*3という会計ルールが設けられていて、上場会社や会社法上の大会社などでは修正申告した売上漏れや在庫漏れを翌期の法人税申告書『別表5（1）』の期首現在利益積立金額において繰越損益金（繰越利益剰余金）に含めて記載することになっています。そのため、上場会社などでは繰越利益剰余金が不一致となるケースも出てきますね。

イチロー　なるほど、上場会社などの繰越利益剰余金に限られる話なのですね。そういった会社は監査法人などの監査を受けていますので、決算書や申告書についてあまり心配していませんが、非上場会社の場合は『別表5（1）』と決算書の純資産の部との整合性のチェックとともに、『別表5（1）』の前期からの連続性のチェックが必要であることがよくわかりました。

用語の解説

★1　利益積立金額

　利益積立金額というのは、事業活動を通じて稼得した所得金額のうち内部留保した金額のことです。具体的には、企業会計上の内部留保である次のⒶの金額と税務上の内部留保であるⒷの金額との合計額からⒸの金額を控除した金額のことです。

- Ⓐ　当期純利益から純資産の部に積み立てられた利益準備金や任意積立金、繰越利益剰余金などの金額
- Ⓑ　貸借対照表において賞与引当金などとして負債に計上したものの、税務上認められないために『別表4』において申告加算（減算）した金額。税務からみれば貸借対照表の純資産額と実質的には同じものであり、税務上の内部留保とみなされる。
- Ⓒ　当期の所得金額に対して課される税金（法人税額、住民税額）

　この利益積立金額は、『別表5（1）』において下図のとおり創業以来の内部留保である「期首現在の所得金額のうち留保した金額（期首現在の利益積立金額）」に対して当期の増減額をプラス・マイナスすることによって「翌期首現在の利益積立金額」というかたちで算出されます。

（法人税申告書別表5（1））

期首現在の所得金額 のうち留保した金額	当期の増減 （『別表4』・留保）	翌期首現在の 利益積立金額
A 前期までの当期純利益のうち留保した金額 　　利益準備金 　　○○積立金 　　繰越利益剰余金 など B 前期までの申告調整額のうち留保した金額 　　退職給付引当金 　　減価償却超過額 など C 未納法人税等 　　△未納法人税 　　△未納住民税	⊕ 当期利益の留保 ⊕ 申告加算の留保 ⊖ 申告減算の留保 △当期の所得金額に対する法人税・住民税 （『別表5（2）』当期発生税額）	A 創業以来の当期純利益のうち留保した金額 　　利益準備金 　　○○積立金 　　繰越利益剰余金 など B 創業以来の申告調整額のうち留保した金額 　　退職給付引当金 　　減価償却超過額 など C 未納法人税等 　　△未納法人税 　　△未納住民税
差引合計（A＋B－C）		差引合計（A＋B－C）

（上段左と右の間は「＋」「－」「＝」で結ばれている）

★2　資本金等の額

　企業会計の貸借対照表の純資産の部の株主資本は、資本金、資本剰余金、利益剰余金に大別されますが、資本剰余金は資本金の増減取引などによって生じ、その内訳は資本準備金、その他の資本剰余金に区分されます。

　『別表5（1）』は、資本取引と損益取引区分の原則にしたがって、これらの資本金額や資本準備金など資本剰余金の「期首現在資本金等の額」をスタートにその増減の状況が明らかにされています。

★3　過年度遡及会計基準

　会計方針や表示方法を変更したり、過去の処理に誤りがあった場合に過去の財務諸表に遡って処理することを求める新しい会計基準のことを「会計上の変更及び誤謬の訂正に関する会計基準（過年度遡及会計基準）」といい、上場会社などにおいて適用されています。

　ところが、法人税の確定申告は「確定した決算」に基づいて行うことになっています。そのため、遡及処理が行われた場合でも過年度の確定決算を修正するものではありませんので、過年度の所得金

額や税額に影響を及ぼしません。

　しかし、過年度に売上高や棚卸資産の計上漏れなどがあり、誤った課税所得金額の計算が行われている場合には、次の事例のように遡及処理によって繰越利益剰余金（『別表5(1)』では繰越損益金）の確定申告の翌期首現在と当期首現在が次のように不一致となります。

（事例）

　X期に行われた税務調査において、前期（X−1期）に計上すべき売上高（売掛金）500が計上漏れとなっていることが判明しました。そのため、X−1期について修正申告によって『別表4』において500が申告加算され、修正申告の『別表5(1)』には売掛金計上漏れが税務上の内部留保として記載されます。

　過年度遡及会計基準が適用された場合は、X期の確定申告の『別表5(1)』の繰越損益金の期首現在利益積立金額は、売掛金計上漏れ500を含めた2,500が計上されます。

　その結果、X−1期の確定申告の『別表5(1)』の繰越損益金の翌期首現在利益積立金額2,000とX期の確定申告の『別表5(1)』の繰越損益金の期首現在利益積立金額2,500とは不一致となります。

（X−1期の確定申告の『別表5(1)』）

区　　分	期首現在	減	増	翌期首現在
別途積立金	5,000			5,000
繰越損益金	1,700	1,700	2,000	2,000

> X−1期について修正申告があると、遡及会計基準の影響でX期の期首現在と不一致となる。

（X−1期の修正申告の『別表5(1)』）

区　　分	期首現在	減	増	翌期首現在
別途積立金	5,000			5,000
売掛金漏れ			500	500
繰越損益金	1,700	1,700	2,000	2,000

> X期の確定申告では繰越損益金の期首現在は2,500となる。

（X期の確定申告の『別表5(1)』）

区　　分	期首現在	減	増	翌期首現在
別途積立金	5,000			5,000
繰越損益金	2,500	2,500	2,900	2,900

> X−1期の確定申告の翌期首現在2,000と不一致となる。

法人税申告書 別表5 (2)

─税金の納付や経理処理状況がわかる─

別表5 (2) の役割

　企業会計の損益計算書には、税引前当期純利益金額の次に、所得金額に対して課される税金である「法人税、住民税及び事業税額」（以下「法人税等」という）が記載されますが、『別表5 (2)』は、この法人税等の納付状況★1や経理処理の状況を記載する役割を担っています。

● 前期末に計上した「未払法人税等」の納付とその経理処理の状況

　　前期の決算において未払計上した「未払法人税等★2」（期首現在未納税額）を当期において納付することになりますが、当期中の納付はどのような経理処理によって行ったかを明らかにしています。

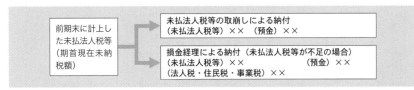

● 当期中に発生した「法人税等やその付帯税等」の納付とその経理処理の状況

　　当期の上半期に負担すべき中間納付額等がいくら発生し、どのような経理処理によって納付したか、当期の確定法人税等がいくら発生したか（当期発生税額）などを明らかにしています。

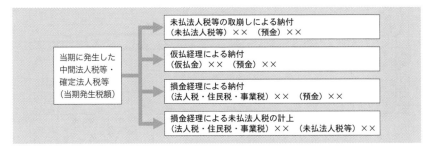

（注）未払法人税等のことを税務では納税充当金とよんでいます。

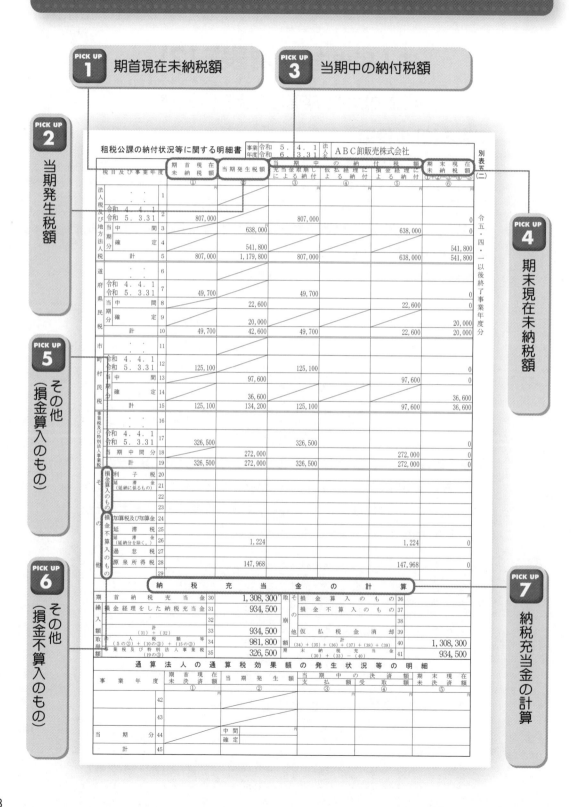

≫ 別表5(2)の重要項目とその解説

PICK UP 1 期首現在未納税額 (①欄)

当期首現在において未納である法人税等を発生した期別に記載します。

PICK UP 2 当期発生税額 (②欄)

当期の所得金額に対して課される法人税等を、中間と確定に分けてその発生税額を記載します。

PICK UP 3 当期中の納付税額 (③～⑤欄)

上記 PICK UP 1 の期首現在の未払法人税等を、未払法人税等を取崩して（充当金取崩しによる納付）支払ったのか、損金経理により法人税等として支払ったのかを明らかにします。さらに、当期の中間法人税等や付帯税を、未払法人税等を取崩して支払ったのか、仮払金として支払ったのか、損金経理によって支払ったのかを明らかにします。

PICK UP 4 期末現在未納税額 (⑥欄)

当期末現在、法人税等がいくら未払いになっているかを明らかにします。

PICK UP 5 その他（損金算入のもの）(20～23欄)

会計監査人の監査を受けるなどの理由により申告期限を1か月延長している場合に、本来の申告期限に比べて納付期限が1か月遅れるため、金利として納付する利子税や延納にかかる延滞金など、損金算入の税金の発生額と納付の経理処理状況を記載します。

PICK UP 6 その他（損金不算入のもの）(24～29欄)

過少申告加算税、延滞税などペナルティとして課される税金は、損金不算入の税金として発生額とその納付の経理処理状況を記載します。

PICK UP 7 納税充当金の計算 (30～41欄)

未払計上した未払法人税等を税務では納税充当金とよんでいますが、その期首納税充当金の取崩し納付状況や当期に計上した「損金経理をした納税充当金」を記載します。

K先生 & イチロー イチロー君が別表5(2)で留意すべき点

K先生 イチロー君！　君は『別表5(2)』のどこに注目していますか？

イチロー 参ったなー。『別表5(1)』と一緒で、どことどこをチェックするのかわかっていないので、この別表もあまり検討したことはありません。

K先生 そうでしょうね。この別表も理解できれば、損益計算書の税引前当期純利益の下の「法人税、住民税及び事業税」（以下「法人税等」という）と一致しているかチェックすることができるんですよ。

イチロー そうなんですか？　ぜひ、チェック方法を教えてください。

K先生 まず、基本的なことを確認しますが、会社は法人税などの税金をいつといつに支払うかご存知ですか？

イチロー えーと……。納税資金をご融資するのは、3月決算の場合は5月か6月ですからそのあたりでしょうか？

K先生 そうですね。3月決算の場合は、確定の税金は原則として決算期末から2か月以内である5月末に納付することが必要ですね。申告期限を1か月延長している場合には6月末が納期限となりますね。これ以外に上半期末から2か月以内までに中間納付が必要となりますね。

イチロー 中間申告には、1か月の延長はないのですね。

K先生 ありませんね。ところで、損益計算書の税引前当期純利益の次に記載される「法人税等」の中味は何と何から構成されているかご存知ですか？

イチロー えーと……、法人税・住民税・事業税の中間納付額と損金経理により期末に計上する「未払法人税等」との合計額ですか？

K先生 大体OKですね。今、イチロー君があげた2つ以外にも、預金利息や受取配当金から天引きされた源泉所得税や復興特別所得税なども法人税の前払いですから「法人税等」に入るんです。

イチロー その源泉所得税や復興特別所得税は、どの別表に載っているのですか？

K先生 源泉所得税と復興特別所得税額は合算されて、『別表6(1)』（54頁参照）に記載されています。

《P／Lの法人税等を『別表5(2)』と『別表6(1)』でチェックできる》

イチロー すると、この『別表5(2)』と『別表6(1)』から、損益計算書の法人税等とのチェック[★3]が可能なのですね。

K先生 そのとおりです。では、この会社のケースで照合してみましょう。『別表5(2)』の⑤欄の

損金経理により納付した法人税（地方法人税を含む）、都道府県民税、市町村民税、事業税を合計してみてください。

イチロー ４つの損金経理納付額の合計は、1,030,200円です。

K先生 今イチロー君が合計した『別表５(2)』の「損金経理による納付額1,030,200円」は、当期に発生した法人税、都道府県民税、市町村民税、事業税の中間納付額の合計額ですね。この金額に、さらに未払計上した納税充当金、すなわち『別表５(2)』の下のほうの31欄の「損金経理をした納税充当金」934,500円と、『別表６(1)』の６②欄の金額である147,968円の３つの金額を合計するといくらになりますか？

イチロー えーと……。３つの合計額は2,112,668円ですが……。

K先生 この会社の損益計算書（159頁参照）の「法人税、住民税及び事業税」は、いくらですか？

イチロー ちょっと待ってください。損益計算書の「法人税、住民税及び事業税」ですね……。あっ！ 2,112,668円です！　合っていますね！　なるほど……税引前当期純利益の下の「法人税、住民税及び事業税」の中味はこのような構成になっているのですね。

K先生 このように決算書の数字と『別表５(2)』の数字に矛盾がなければ、決算書と申告書との間に整合性があると判断することができますね。

イチロー よくわかりました。これで自信をもって損益計算書と法人税申告書との照合ができますが、ついでに、『別表５(2)』の数字と貸借対照表の「未払法人税等」とのチェック方法も教えてください。

K先生 イチロー君、よいところに目を付けましたね。『別表５(2)』の41欄の「期末納税充当金934,500円」が、貸借対照表（158頁参照）の「未払法人税等」と一致するはずですよ。

イチロー はい、合っています。おかげでチェックポイントがわかりました。

用語の解説

★1　法人税等の納付状況

　所得金額にかかる税金である「法人税、住民税及び事業税」の納付の原則的なルールを、令和6年3月期の法人税（地方法人税を含む）で事例に示すと次のとおりです。

　①令和5年3月31日に未払計上した確定法人税（『別表5(2)』2①欄の807,000円）

　　……令和5年5月31日までに申告納付（『別表5(2)』2③欄で未払法人税等を取り崩して807,000円納付）

　②令和5年9月末までの上半期の法人税（『別表5(2)』3②欄で638,000円が発生）

　　……令和5年11月30日までに申告納付（『別表5(2)』3⑤欄で発生した中間法人税638,000円を損金経理により納付）

　③令和6年3月末に未払計上した確定法人税（『別表5(2)』4②欄で541,800円が発生）

　　……令和6年5月31日までに申告納付（『別表1』15欄で計算した確定法人税448,300円と確定地方法人税93,500円の合計額541,800（『別表5(2)4②欄』）円を期末に未払計上）

　（注）申告期限・納期限が、土曜日、日曜日、国民の祝日、12月29日から翌年1月3日までの場合は、その翌日が期限となります。

★2　未払法人税等

　未払法人税等とは、法人税、住民税、事業税（特別法人事業税額を含む）の未払金額をいい、税務では「納税充当金」とよんでいます。『別表5(2)』の31欄の数字934,500円が、当期末に計上した未払法人税等に該当します。

★3　損益計算書の法人税等とのチェック

　法人税申告書の次の①～③の金額を合計したものが、損益計算書の「法人税、住民税及び事業税」の額2,112,668円に一致します。

　①『別表5(2)』の⑤欄の「損金経理による納付」した額　1,030,200円

　　（注）法人税638,000円＋都道府県民税22,600円＋市町村民税97,600円＋事業税272,000円＝1,030,200円（中間納付額など）

　②『別表5(2)』の31欄の「損金経理をした納税充当金」　934,500円

　　（注）企業が損金経理により未払計上した未払法人税等

　③『別表6(1)』の6②欄の「①について課される所得税額」の合計　147,968円

　なお、会社によっては、源泉所得税147,968円を租税公課に含めているケースがあります。その場合は、それらの金額だけ合わないことがあります。

法人税申告書 別表6（1）

―法人税の前払いである所得税額がわかる―

別表6（1）の役割

● 前払い法人税額を計算する

　預貯金の利子や剰余金の配当などを受けた場合★1には、次のように所得税額（復興特別所得税額を含む）が源泉徴収され、国庫に納付されます。受取利息や配当金には、源泉徴収の有無にかかわらず一定の法人税がかかりますので、この所得税額は、法人税の前払いとなります。

　法人税は損金に算入されないこととされているため、所得税額も同様に損金不算入額として『別表4』（30頁参照）で申告加算するとともに、納める法人税額から控除されます。

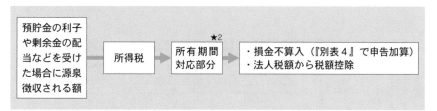

（注1）所得税額には、所得税額に対して2.1％課される復興特別所得税が含まれていますが、この復興特別所得税額は平成25年1月1日から令和19年12月31日までの間に生ずる所得税額に課税されます。

（注2）預貯金の利子や公社債の利子などの都道府県民税利子割は、平成28年1月1日以後に支払われるものについては源泉徴収されなくなりました（併せて法人税割額からの利子割額の控除が廃止されている）。

● 所有期間に対応する金額★2が前払い法人税額とされる

　この『別表6（1）』では、預貯金の利子や配当金額から天引きされた所得税額（復興特別所得税額を含む）のうち所有期間に対応する金額を前払い法人税額として算出することで、『別表4』の29欄（30頁参照）において「法人税額から控除される所得税額等」として申告加算するとともに、『別表1』の12欄（10頁参照）において法人税額から控除することができる所得税額を明らかにする役割を担っています。

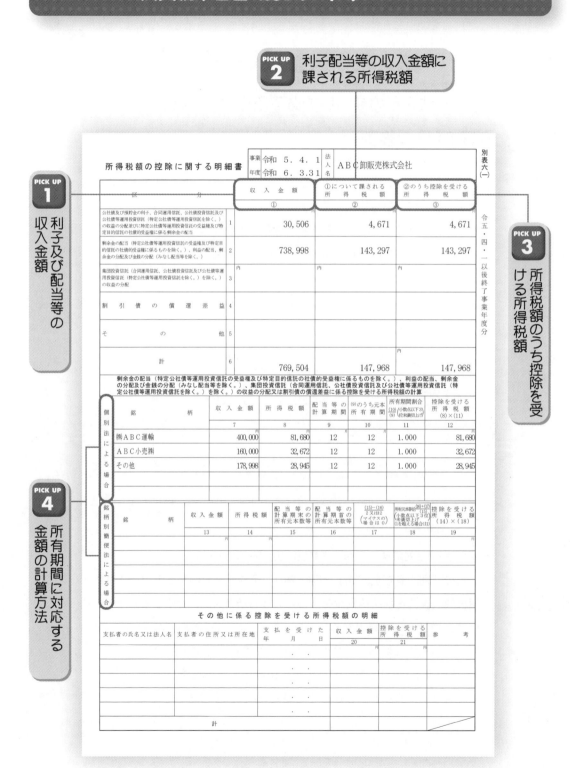

PICK UP 2 利子配当等の収入金額に課される所得税額

PICK UP 1 利子及び配当等の収入金額

PICK UP 3 所得税額のうち控除を受ける所得税額

PICK UP 4 所有期間に対応する金額の計算方法

所得税額の控除に関する明細書

事業年度	令和 5.4.1 令和 6.3.31	法人名	ＡＢＣ卸販売株式会社

別表六(一)

令五・四・一以後終了事業年度分

区　　　分		収　入　金　額 ①	①について課される所　得　税　額 ②	②のうち控除を受ける所　得　税　額 ③
公社債及び預貯金の利子、合同運用信託、公社債投資信託及び公社債等運用投資信託（特定公社債等運用投資信託を除く。）の収益の分配並びに特定公社債等運用投資信託の受益権及び特定目的信託の社債的受益権に係る剰余金の配当	1	30,506	4,671	4,671
剰余金の配当（特定公社債等運用投資信託の受益権及び特定目的信託の社債的受益権に係るものを除く。）、利益の配当、剰余金の分配及び金銭の分配（みなし配当等を除く。）	2	738,998	143,297	143,297
集団投資信託（合同運用信託、公社債投資信託及び公社債等運用投資信託（特定公社債等運用投資信託を除く。）を除く。）の収益の分配	3	内	内	内
割 引 債 の 償 還 差 益	4			
そ　　の　　他	5			
計	6	769,504	147,968	内 147,968

剰余金の配当（特定公社債等運用投資信託の受益権及び特定目的信託の社債的受益権に係るものを除く。）、利益の配当、剰余金の分配及び金銭の分配（みなし配当等を除く。）、集団投資信託（合同運用信託、公社債投資信託及び公社債等運用投資信託（特定公社債等運用投資信託を除く。）を除く。）の収益の分配又は割引債の償還差益に係る控除を受ける所得税額の計算

	銘　　　　柄	収入金額 7	所得税額 8	配当等の計算期間 9	(9)のうち元本所有期間 10	所有期間割合 (10)/(9) 小数点以下3位未満切上げ 11	控除を受ける所得税額 (8)×(11) 12
個別法による場合	㈱ＡＢＣ運輸	400,000	81,680	12月	12月	1.000	81,680
	ＡＢＣ小売㈱	160,000	32,672	12	12	1.000	32,672
	その他	178,998	28,945	12	12	1.000	28,945

	銘　　　　柄	収入金額 13	所得税額 14	配当等の計算期末の所有元本数等 15	配当等の計算期首の所有元本数等 16	(15)-(16) 2×(15) マイナスの場合は0 17	所有元本割合 (16)+(17) (15) 小数点以下3位未満切上げ 1を超える場合は1 18	控除を受ける所得税額 (14)×(18) 19
銘柄別簡便法による場合								

その他に係る控除を受ける所得税額の明細

支払者の氏名又は法人名	支払者の住所又は所在地	支払を受けた年　月　日	収入金額 20	控除を受ける所得税額 21	参　考
		・　・			
		・　・			
		・　・			
		・　・			
	計				

≫ 別表6(1)の重要項目とその解説

PICK UP 1 利子及び配当等の収入金額 （1〜6①欄）

　損益計算書の営業外収益に計上されている預貯金・公社債の利子や剰余金の配当など の収益に対して課されている所得税額（所得税額に2.1％の復興特別所得税が課税され、 一括して源泉徴収されているため、復興特別所得税額が含まれている）を記載します。

　なお、これらの元本である預貯金については「預貯金等の内訳書」（168頁参照）に、 有価証券については「有価証券の内訳書」（178頁参照）に記載されています。

PICK UP 2 利子配当等の収入金額に課される所得税額 （1〜6②欄）

　預貯金の利子や剰余金の配当などの収入金額（1〜6①欄）に対して課され源泉徴収 されている所得税額（復興特別所得税額を含む）が1〜6②欄に記載されています。

PICK UP 3 所得税額のうち控除を受ける所得税額 （6③欄）

　預貯金の利子や剰余金の配当などから源泉徴収されている所得税額（1〜6②欄）の うち、前払い法人税額として「法人税額から控除される所得税額」が1〜6③欄に記載 されます。合計額を示す6③欄の金額は、『別表4』29欄において申告加算されるととも に、納付すべき法人税額から税額控除（『別表1』12欄）されます。

　なお、法人税額から控除される所得税額とは、所得税額のうち所有期間に対応する金 額のことですが、その計算方法には個別法と銘柄別簡便法とがあり、いずれか有利な方 法を選択することができます。

PICK UP 4 所有期間に対応する金額の計算方法

　源泉徴収された所得税額から、配当等の計算期間のうち所有期間に対応する金額を計算する方法には、次の2つの方法（いずれか有利な方法を選択）があります。

① 　個別法（7～12欄）

$$
\text{所得税額} \times \frac{\text{元本所有期間}}{\text{利子配当等の計算期間}} \left(\begin{array}{c} \text{小数点以下} \\ \text{3位未満切上げ} \end{array} \right) = \boxed{\begin{array}{c} \text{控除を受ける} \\ \text{所得税額} \end{array}}
$$

② 　銘柄別簡便法（13～19欄）

$$
\text{所得税額} \times \frac{\left(\begin{array}{c} \text{期首の所有} \\ \text{元本数} \end{array} \right) + \left(\begin{array}{c} \text{期末の所有} \\ \text{元本数} \end{array} - \begin{array}{c} \text{期首の所有} \\ \text{元本数} \end{array} \right)}{\text{利子配当等の計算期間末の所有元本数}} \left(\begin{array}{c} \text{小数点以下} \\ \text{3位未満切上げ} \end{array} \right) = \boxed{\begin{array}{c} \text{控除を受ける} \\ \text{所得税額} \end{array}}
$$

　上記の個別法（12欄の合計額）または銘柄別簡便法（19欄の合計額）のいずれかで計算された「控除を受ける所得税額」は、『別表6（1）』の③欄に転記されています。

K先生 & イチロー イチロー君が別表6(1)で留意すべき点

イチロー この別表も正直言って、あまり中味を見ないですね。

K先生 そうでしょうね。しかし、損益計算書の「法人税、住民税及び事業税」の額と法人税申告書の税金関係との照合には、この『別表6(1)』も関わることは、『別表5(2)』(48～49頁参照)のところでお話したとおりです。

イチロー 税金のチェックには大切ですが、それ以外にはチェックすべき項目はありませんか？

K先生 この『別表6(1)』に記載されている受取利息や受取配当金などが、損益計算書の営業外収益の金額と一致しているかチェックすべきですね。

イチロー なるほどー。そうなると、『別表6(1)』の受取配当金の銘柄別の明細と科目内訳書の現預金や有価証券の銘柄とをチェックすることも可能ですね。

K先生 イチロー君、よい着眼点ですね。粉飾のデパートというくらい本格的な粉飾をしているケースで、有価証券勘定でかなり架空計上していたことがありましたから、イチロー君の言うとおり『別表6(1)』の銘柄別明細と有価証券の科目内訳との照合は重要なチェック・ポイントですね。さらに、有価証券の科目内訳から保有有価証券の含み損の有無や取引先の投資スタンスを把握することもできますね。

イチロー 私があまり重視していなかった『別表6(1)』からも、重要な情報が読み取れることがよくわかりました。

用語の解説

★1 預貯金の利子などを受け取ったときの経理処理

　預貯金の利息や非上場株式の配当を平成28年1月1日以後に受け取ったときは、復興特別所得税を所得税に含めて次の経理処理が行われます。

（預　貯　金）84,685円	（受　取　利　息）100,000円
（法　人　税　等）15,315円（注1）	（注1）100,000円×15.315％＝15,315円

（預　貯　金）79,580円	（受取配当金）100,000円
（法　人　税　等）20,420円（注2）	（注2）100,000円×20.42％＝20,420円

★2 元本の所有期間の計算（前払法人税額とされる所有期間対応の所得税額の計算）

　上場株式などの剰余金の配当額は、その元本が売買によって変動するので、その所有期間に対応する金額しか税額控除を認めないことになっています。

　そのため、銘柄別に個々に、利子や配当の計算期間のうち元本の所有期間に対応する金額を計算することが必要になります。

法人税申告書 別表6（17）

―儲かっている中小企業の節税意欲がわかる―

別表6（17）の役割

この別表は、青色申告法人である中小企業者等が機械などを取得した場合に、「法人税額の控除」を受けるための明細書です。

● この制度を利用できる中小企業者等

中小企業者とは、資本金が１億円以下（資本金１億円超の大規模法人の子会社は除く）の法人を指しますが、このうち資本金が３千万円以下の法人は、所定の対象資産を取得し、事業の用に供した場合には、その期の法人税額の20％を限度として下記の法人税額の特別控除を受けることができます。

対象資産の取得価額×７％（注）＝ 特別控除額

なお、資本金１億円以下の中小企業者（資本金３千万円以下でなくてもよい）は、法人税額控除に代えて特別償却（取得価額の30％）の適用を受けることができます。

● 主な税額控除の対象となる資産

新品の以下の資産をいいます。

① 機械及び装置（160万円以上）
② 測定工具及び検査工具（取得価額の合計が120万円以上）
③ ソフトウェア（70万円以上）
④ 貨物運送用普通自動車で車両総重量が3.5トン以上のもの

（注）令和５年度改正により、コインランドリー業（その中小企業者等の主要な事業であるものを除く）の用に供する機械装置で、その管理のおおむね全部を他の者に委託するものは適用対象外とされました。

● 適用期限

この法人税額の特別控除額は、令和７年３月31日までに取得し、事業の用に供した場合に適用されます。

● 機械装置等が特定経営力向上設備等に該当する場合

中小企業者等が、平成29年４月１日から令和７年３月31日までの期間（以下「特定期間」という）内に機械および装置、工具、機具および備品、建物附属設備並びに特定のソフトウェアで生産等設備を構成する経営力向上設備等に該当する一定規模のものの取得等をして、これを国内にある当該中小企業者等の営む指定事業の用に供した場合には、その事業の用に供した日を含む事業年度において、即時償却または７％（特定の中小企業者等については10％）の税額控除ができる措置もあります。

PICK UP **1** 種類、設備の種類又は区分

PICK UP **2** 取得年月日、指定事業の用に供した年月日

PICK UP **4** 税額控除限度額

PICK UP **3** 取得価額又は製作価額

PICK UP **5** 当期税額基準額

PICK UP **6** 当期分の特別控除額

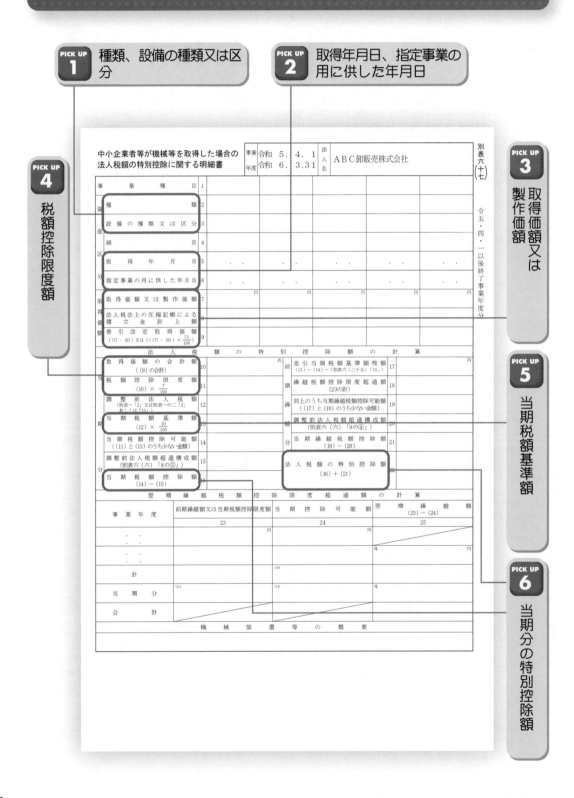

≫ 別表6(17)の重要項目とその解説

PICK UP 1 種類、設備の種類又は区分 （2、3欄）

機械等の耐用年数省令別表第一から別表第三までに定める種類および設備の名称等を記載します。

PICK UP 2 取得年月日、指定事業の用に供した年月日 （5、6欄）

この税額控除を受けられるのは、新品の対象資産を取得し、国内にある指定事業（製造業、建設業、卸売業、小売業、道路貨物運送業等）の用に供した場合に限られます。

（注）令和3年度税制改正において、指定事業に不動産業、物品賃貸業などが追加されています。

PICK UP 3 取得価額又は製作価額 （7～9欄）

対象資産を取得または自社製作した場合の取得価額を記載します。

PICK UP 4 税額控除限度額 （10、11欄）

税額控除限度額は、取得価額の7％です。

PICK UP 5 当期税額基準額 （13欄）

当期の所得に係る法人税額の20％が記載されます。

PICK UP 6 当期分の特別控除額 （16、22欄）

当期分の特別控除額は、税額控除限度額（取得価額の7％）と当期の法人税額の20％のうち少ない金額が記載されます。

K先生 & イチロー　イチロー君が別表6(17)で留意すべき点

イチロー　K先生！　この『別表6(17)』は、中小企業が機械などを取得した場合に法人税額を控除する制度だと理解しています。機械を取得した場合に特別償却を選択することもできるようですが、どちらのほうが納税者は得なのでしょうか？

K先生　どちらも節税に使われるわけですが、節税は「タイムラグ節税」と「パーマネント節税」の2つに大別されます。たとえば、1,000万円の機械を取得して減価償却をすれば、数年後にはその全額が費用になりますが、特別償却を選択すると初年度に取得価額の30％というような多額の償却費が計上されるものの、その後の償却費は小さくなり、最終的には取得価額である1,000万円が費用化されますね。

イチロー　なるほど。特別償却は、早めに費用に落とすだけで、費用に落ちる額は合計すると同じですね。だから「タイムラグ節税」なのですね。

K先生　ところが、この別表の税額控除を選択した場合は、取得価額の7％または10％を納めるべき法人税額から控除することによって法人税額が少なくなっても、取得価額1,000万円は減価償却によっていずれは費用化されますね。ですから、税額控除した額は、永久的に節税となるので、パーマネント節税になるわけです。

イチロー　ということは、税額控除をしたほうが得ですね。それにもかかわらず、税額控除をしている会社は少ないと思います。

K先生　そのとおりです。中小企業の約70％が赤字で納付すべき法人税がありませんからね。だから、税額控除を選択しないことになるでしょうね。

イチロー　ということは、この『別表6(17)』があるということは、儲かっている証拠と判断できるのですね。

法人税申告書 別表6 (26)

─従業員の給与が増えたかどうかがわかる─

別表6 (26) の役割

　この別表は、中小企業者等※が、使用人の給与を前年度より1.5%以上増加させた場合に、その増加額の一部について法人税額の税額控除を受けるための明細書です。

● 給与等の引上げを行った場合等の法人税額の特別控除制度の適用要件

　　① 青色申告書を提出する法人であること

　　② 雇用者給与等支給額(注)が前年度より1.5%以上増加していること

　　（注）法人の使用人（その法人の役員とその特殊関係人を除く）のうち国内に所在する事業所につき、作成された賃金台帳に記載された国内雇用者に対する給与等の支給額（損金の額に算入されるもの）。

● 税額控除限度額

　　当期の法人税額の20%を限度として、次の金額が法人税額から控除されます。

　　　　給与等支給増加額×15%

　　ただし、次の①または②の要件を満たすときは、税額控除率が上乗せされます。

　　① 雇用者給与等支給額が前年度より2.5%以上増加 → 税額控除率を15%上乗せ

　　② 教育訓練費が前年度より10%以上増加したこと → 税額控除率を10%上乗せ

　　（注）①および②の併用も可能です。

● 適用期限

　　この法人税額の特別控除額は、令和6年3月31日までの間に開始する期において適用されます。

　　※ 大企業がこの「賃上げ促進税制」を受ける場合には、適用要件が異なります。

PICK UP 1 雇用者給与等支給増加割合

PICK UP 2 教育訓練費増加割合の計算

PICK UP 3 中小企業者等税額控除限度額

PICK UP 4 法人税額の特別控除額

給与等の支給額が増加した場合の法人税額の特別控除に関する明細書		事業年度	令和　5.　4.　1　令和　6.　3.31	法人名	ＡＢＣ卸販売株式会社			別表六(二十六)　令五・四・一以後終了事業年度分

期末現在の資本金の額又は出資金の額	1	10,000,000 円	適　用　可　否	3	可
期末現在の常時使用する従業員の数	2	110 人			

法　人　税　額　の　特　別　控　除　額　の　計　算

雇用者給与等支給額 （別表六（二十六）付表一「4」）	4	184,259,088	控除対象雇用者給与等支給増加額 （(6)と(10)のうち少ない金額）	19	3,042,936 円
比較雇用者給与等支給額 （別表六（二十六）付表一「11」）	5	181,216,152	雇用者給与等支給増加重複控除額 （別表六（二十六）付表二「12」）	20	
雇用者給与等支給増加額 (4)－(5) （マイナスの場合は0）	6	3,042,936	差引控除対象雇用者給与等支給増加額 (19)－(20) （マイナスの場合は0）	21	3,042,936
雇用者給与等支給増加割合 (6)／(5) （(5)=0の場合は0）	7	0.016	税額控除限度額適用の場合又は中小企業者等税額控除限度額の計算	第1項適用の場合	(14)≧4％の場合 0.1	22	
調整雇用者給与等支給額 （別表六（二十六）付表一「5」）	8	184,259,088		(18)≧20%又は(15)＝(17)>0の場合 0.05	23	
調整比較雇用者給与等支給額 （別表六（二十六）付表一「12」）	9	181,216,152		税額控除限度額 (21)×（0.15＋(22)＋(23)） （(14)<0.03の場合は0）	24	円
調整雇用者給与等支給増加額 (8)－(9) （マイナスの場合は0）	10	3,042,936	第2項適用の場合	(7)≧2.5％の場合 0.15	25	
継続雇用者給与等支給額 （別表六（二十六）付表一「19の①」）	11			(18)≧10%又は(15)＝(17)>0の場合 0.1	26	0.1
継続雇用者比較給与等支給額 （別表六（二十六）付表一「19の②」又は「19の③」）	12			中小企業者等税額控除限度額 (21)×（0.15＋(26)） （(7)<0.015の場合は0）	27	760,734 円
継続雇用者給与等支給増加額 (11)－(12) （マイナスの場合は0）	13		調整前法人税額 （別表一「2」又は別表一の二「2」若しくは「13」）	28	1,504,848
継続雇用者給与等支給増加割合 (13)／(12) （(12)=0の場合は0）	14		当期税額基準額 (28)×20／100	29	300,969 円
教育訓練費の額	15	1,560,000 円	当期税額控除可能額 （(24)又は(27)）と(29)のうち少ない金額）	30	300,969
比較教育訓練費の額 （別表六（二十六）付表一「24」）	16	1,340,000	調整前法人税額超過構成額 （別表六（六）「8の⑩」）	31	
教育訓練費増加額 (15)－(16) （マイナスの場合は0）	17	220,000	法人税額の特別控除額 (30)－(31)	32	300,969
教育訓練費増加割合 (17)／(16) （(16)=0の場合は0）	18	0.164			

別表6(26)の重要項目とその解説

PICK UP 1 雇用者給与等支給増加割合（7欄）

　雇用者給与等支給増加割合とは、当期の雇用者給与等支給額（4欄）が、前期の比較雇用者給与等支給額（5欄）に比べて増加した割合のことです。A社の増加割合は、1.6％（7欄）となっています。

　なお、対象となる国内雇用者給与等支給額（給与等に充てるため他の者から支払いを受ける一定の金額は除く）とは、役員※および使用人兼務役員に対する支給額を除いたもので、損金の額に算入されたものに限定されます。

※役員の配偶者など一定の特殊関係人も含まれます。

PICK UP 2 教育訓練費増加割合の計算（18欄）

　教育訓練費の増加割合とは、当期の教育訓練費の額（15欄）が、前期の教育訓練費の額（16欄）に比べて増加した割合のことです。A社の増加割合は、16.4％（18欄）と10％を超えていますが、雇用者給与等支給増加割合（7欄）が2.5％に満たないため、10％の税額控除の上乗せの適用は受けられません。

　なお、教育訓練費とは、国内雇用者の職務に必要な技術または知識を習得させ、または向上させるための費用で、その法人が教育訓練等を自ら行う場合の外部への講師料、外部の施設使用料等の費用、外部セミナーへの参加費等をいいます。

PICK UP 3 中小企業者等税額控除限度額（27欄）

　雇用者給与等支給額（4欄）から比較雇用者給与等支給額（5欄）を差し引いて、雇用者給与等支給増加額（6欄）を計算し、そこから求めた(注)差引控除対象雇用者給与等支給増加額に25％を乗じて計算した金額（27欄）となります。

（注）給与等に充てるため他の者から支払いを受ける一定の金額がある場合、所定の調整が行われます。

PICK UP 4 法人税額の特別控除額（32欄）

　当期の法人税額から控除される特別控除額は、中小企業者等税額控除限度額（27欄）と当期の法人税額の20％（29欄）のうちいずれか少ない金額（30欄）が記載されます。

給与等支給額及び比較教育訓練費の額の計算に関する明細書

事業年度	令和 5. 4. 1 令和 6. 3.31	法人名	ＡＢＣ卸販売株式会社

別表六(二十六)付表一

令五・四・一以後終了事業年度分

雇 用 者 給 与 等 支 給 額 及 び 調 整 雇 用 者 給 与 等 支 給 額 の 計 算

国内雇用者に対する給与等の支給額	(1)の給与等に充てるため他の者から支払を受ける金額	(2)のうち雇用安定助成金額	雇用者給与等支給額 (1)－(2)＋(3) （マイナスの場合は0）	調整雇用者給与等支給額 (1)－(2) （マイナスの場合は0）
1	2	3	4	5
184,259,088 円	円		184,259,088	184,259,088

比 較 雇 用 者 給 与 等 支 給 額 及 び 調 整 比 較 雇 用 者 給 与 等 支 給 額 の 計 算

前 事 業 年 度	国内雇用者に対する給与等の支給額	(7)の給与等に充てるため他の者から支払を受ける金額	(8)のうち雇用安定助成金額	適用年度の月数 (6)の前事業年度の月数
6	7	8	9	10
令 4. 4. 1 令 5. 3.31	181,216,152	円		$\frac{12}{12}$

比 較 雇 用 者 給 与 等 支 給 額 ((7)－(8)＋(9))×(10) （マイナスの場合は0）	11	181,216,152
調 整 比 較 雇 用 者 給 与 等 支 給 額 ((7)－(8))×(10) （マイナスの場合は0）	12	181,216,152

継 続 雇 用 者 給 与 等 支 給 額 及 び 継 続 雇 用 者 比 較 給 与 等 支 給 額 の 計 算

		継続雇用者給与等支給額の計算	継続雇用者比較給与等支給額の計算	
		適 用 年 度 ①	前 事 業 年 度 ②	前一年事業年度特定期間 ③
事 業 年 度 等	13		・ ・ ・ ・	
継続雇用者に対する給与等の支給額	14	円	円	円
同上の給与等に充てるため他の者から支払を受ける金額	15			
同上のうち雇用安定助成金額	16			
差 引 (14)－(15)＋(16)	17			
適用年度の月数 (13の③)の月数	18			
継続雇用者給与等支給額及び継続雇用者比較給与等支給額 (17)又は((17)×(18))	19			円

比 較 教 育 訓 練 費 の 額 の 計 算

事 業 年 度	教育訓練費の額	適用年度の月数 (20)の事業年度の月数	改定教育訓練費の額 (21)×(22)
20	21	22	23
調整対象年度 ・ ・ ・ ・	円	──	円
令 4. 4. 1 令 5. 3.31	1,340,000	$\frac{12}{12}$	1,340,000
計			1,340,000
比 較 教 育 訓 練 費 の 額 (23の計)÷(調整対象年度数)	24		1,340,000

》》 別表6(26)付表1の重要項目とその解説

 雇用者給与等支給額（4欄）

　中小企業向け賃上げ促進税制は、中小企業者等が、前年度より「雇用者給与等支給額」を1.5％以上（上乗せ要件の場合は2.5％）増加させた場合に、その増加額の一部を法人税から税額控除できるという制度です。

　この雇用者給与等支給額は、原則として、法人の使用人である国内雇用者（パート・アルバイトを含み、使用人兼務役員・役員を除く）に対する給与で、その事業年度の損金に算入されるものをいいます。

　ただし、他社に出向している人に対する給与負担として他社（出向先）から出向元が受け取っている出向負担金など、給与等に充てるため他の者から支払いを受ける金額がある場合には、その金額は実質的に負担していないことになるため、雇用者給与等支給額からは除くこととされています。

　一方で、他者から受け取っているものであっても、雇用調整助成金や産業雇用安定助成金のように、国や地方公共団体から支給される一定の助成金（雇用安定助成金額）については、その制度趣旨に鑑み、雇用者給与等支給額から控除する必要はないこととされています。

　したがって、雇用者給与等支給額（4欄）は、国内雇用者に対する給与等の支給額（1欄）から、給与等に充てるため他の者から支払いを受ける金額（2欄）を差し引いて計算しますが、2欄の金額に雇用安定助成金額（3欄）が含まれている場合には、これを足し戻して求めます。

比較雇用者給与等支給額（11欄）

　前年度における雇用者給与等支給額をいいます。計算方法は **1** と同様です。

PICK UP 3 調整雇用者給与等支給額

給与等支給額及び比較教育訓練費の額の計算に関する明細書				事業年度	令和　5．4．1 令和　6．3．31	法人名	ＡＢＣ卸販売株式会社			別表六（二十六）付表一

<table>
<tr><td colspan="5">雇 用 者 給 与 等 支 給 額 及 び 調 整 雇 用 者 給 与 等 支 給 額 の 計 算</td></tr>
<tr><td>国内雇用者に対する給与等の支給額</td><td>(1)の給与等に充てるため他の者から支払を受ける金額</td><td>(2)のうち雇用安定助成金額</td><td>雇 用 者 給 与 等 支 給 額
(1)－(2)＋(3)
(マイナスの場合は0)</td><td>調整雇用者給与等支給額
(1)－(2)
(マイナスの場合は0)</td></tr>
<tr><td>1</td><td>2</td><td>3</td><td>4</td><td>5</td></tr>
<tr><td>184,259,088 円</td><td>円</td><td>円</td><td>184,259,088</td><td>184,259,088</td></tr>
</table>

<table>
<tr><td colspan="5">比 較 雇 用 者 給 与 等 支 給 額 及 び 調 整 比 較 雇 用 者 給 与 等 支 給 額 の 計 算</td></tr>
<tr><td>前 事 業 年 度</td><td>国内雇用者に対する給与等の支給額</td><td>(7)の給与等に充てるため他の者から支払を受ける金額</td><td>(8)のうち雇用安定助成金額</td><td>適用年度の月数
(6)の前事業年度の月数</td></tr>
<tr><td>6</td><td>7</td><td>8</td><td>9</td><td>10</td></tr>
<tr><td>令 4．4．1
令 5．3．31</td><td>181,216,152</td><td>円</td><td>円</td><td>12/12</td></tr>
<tr><td colspan="4">比　較　雇　用　者　給　与　等　支　給　額
((7)－(8)＋(9))×(10)
(マイナスの場合は0) 11</td><td>181,216,152 円</td></tr>
<tr><td colspan="4">調　整　比　較　雇　用　者　給　与　等　支　給　額
((7)－(8))×(10)
(マイナスの場合は0) 12</td><td>181,216,152</td></tr>
</table>

PICK UP 4 調整比較雇用者給与等支給額

<table>
<tr><td colspan="4">継 続 雇 用 者 給 与 等 支 給 額 及 び 継 続 雇 用 者 比 較 給 与 等 支 給 額 の 計 算</td></tr>
<tr><td rowspan="2"></td><td>継続雇用者給与等支給額の計算</td><td colspan="2">継 続 雇 用 者 比 較 給 与 等 支 給 額 の 計 算</td></tr>
<tr><td>適 用 年 度
①</td><td>前 事 業 年 度
②</td><td>前一年事業年度特定期間
③</td></tr>
<tr><td>事 業 年 度 等 13</td><td></td><td></td><td></td></tr>
<tr><td>継続雇用者に対する給与等の支給額 14</td><td>円</td><td>円</td><td>円</td></tr>
<tr><td>同上の給与等に充てるため他の者から支払を受ける金額 15</td><td></td><td></td><td></td></tr>
<tr><td>同上のうち雇用安定助成金額 16</td><td></td><td></td><td></td></tr>
<tr><td>差　　引
(14)－(15)＋(16) 17</td><td></td><td></td><td></td></tr>
<tr><td>適用年度の月数
(13の③)の月数 18</td><td></td><td></td><td>―</td></tr>
<tr><td>継続雇用者給与等支給額及び継続雇用者比較給与等支給額
(17) 又は ((17)×(18)) 19</td><td></td><td></td><td>円</td></tr>
</table>

<table>
<tr><td colspan="4">比 較 教 育 訓 練 費 の 額 の 計 算</td></tr>
<tr><td>事 業 年 度</td><td>教育訓練費の額</td><td>適用年度の月数
(20)の事業年度の月数</td><td>改定教育訓練費の額
(21)×(22)</td></tr>
<tr><td>20</td><td>21</td><td>22</td><td>23</td></tr>
<tr><td rowspan="2">調整対象年度</td><td>・　・
・　・</td><td>円</td><td>―</td><td>円</td></tr>
<tr><td>令 4．4．1
令 5．3．31</td><td>1,340,000</td><td>12/12</td><td>1,340,000</td></tr>
<tr><td colspan="3">計</td><td>1,340,000</td></tr>
<tr><td colspan="2">比　較　教　育　訓　練　費　の　額
(23の計) ÷ (調整対象年度数) 24</td><td></td><td>1,340,000</td></tr>
</table>

令五・四・一以後終了事業年度分

>> 別表6(26)付表1の重要項目とその解説

PICK UP 3 調整雇用者給与等支給額 （5欄）

　賃上げ促進税制では、一定の要件を満たした場合、雇用者給与等支給額の前年度からの増加額（控除対象雇用者給与等支給増加額という）の15%（最大で40%）を法人税から税額控除することができますが、この控除対象雇用者給与等支給増加額は、「調整雇用者給与等支給増加額」が上限とされています。

　この調整雇用者給与等支給増加額は、当年度の雇用安定助成金額を控除した「雇用者給与等支給額」から、前年度の雇用安定助成金額を控除した「比較雇用者給与等支給額」を控除した金額をいいます。

　つまり、雇用者給与等支給額（4欄）では、国内雇用者に対する給与等の支給額（1欄）には受け取った雇用安定助成金額（3欄）を含めていましたが（参照）、税額控除を計算するための調整雇用者給与等支給額（5欄）においては、これを控除して算出することとされています。

PICK UP 4 調整比較雇用者給与等支給額 （12欄）

　前年度における調整雇用者給与等支給額をいいます。計算方法は PICK UP 3 と同様です。

K先生 & イチロー　イチロー君が別表6（26）で留意すべき点

イチロー　K先生。この別表は、デフレ脱却を目指す安倍政権時代に目玉として導入された税制ですね。

K先生　そのとおりです。デフレというのは、供給に比べて需要が足らないからモノの値段が下がっている状態をいいますね。ですから、従業員の給与を引上げて購買力をつけ、需要が供給を上回るようにすることによって消費者物価を引上げようという目的のために設けられた税制でした。

イチロー　確かに、日銀と歩調を合わせて税制でもデフレ脱却をバックアップしようということなんですね。しかし当時は、原油価格下落の影響で消費者物価はなかなか上昇していませんが、給与の上昇率も低いですね。そのうえ、消費税率が5％から8％、さらには10％へと引上げられた際の影響で消費はかなり落ち込み、なかなか回復しませんでした。

K先生　そうなんです。給与を上げなければ、消費不況により再びデフレに逆戻りとなるリスクがありますから、改組される前の所得拡大促進税制でも、税額控除ができる増加割合の水準をもともと5％であったものを税制改正によって平成25・26年度は2％、平成27年度は3％、平成28年度は4％に引き下げ、中小企業者でも毎年1％ずつアップしていけば、適用が受けられるような規定になっていました。

　しかし、なかなか実質賃金が上がらないことから、所得拡大促進税制（現在は賃上げ促進税制）が改組が続けられています。

イチロー　そうだったんですか。今は新型コロナウイルス感染症による影響もあるとはいえ、実質賃金はなかなか上がっていないんですね。

K先生　日本では、なかなか新型コロナウイルスによる消費不況から脱することができていませんが、中国やアメリカでは、コロナショックからの経済回復がとても早かったことにより、2021年頃から原油価格が高騰しています。またロシアのウクライナ侵攻により、様々なモノの価格の上昇に拍車がかかり、歯止めがかからない状況です。原油コスト高による原材料費高騰など中小企業にとっては厳しい状況ですが、給与支給額前年比1.5％アップはそれほどむずかしい数字ではありません。

　ベースアップや定期昇給でなくても、賞与や決算賞与アップで適用要件を満たして、何とか実質賃金を上げていけるよう、業績の向上している会社では賞与資金の融資提案に活かしてもらえたらと思います。

イチロー　確かに、決算賞与を支給して損金に計上したうえ税額控除を受けることができるというのは、経営者にとってありがたい話ですね。この税制は、これからの融資提案に是非取り入れたいと思います。

法人税申告書 別表7(1)

―所得から差引くことができる欠損金の明細がわかる―

別表7(1)の役割

　この別表は、会社に欠損金が生じた場合に次年度以降に繰り越して、所得が生じる年度に損金算入するための明細書です。

● 企業会計の損失金額と税法の欠損金は違う

　企業会計の損失金額とは、会社の損益計算書の末尾に表示される「当期純損失金額」をいいます。

　税法の欠損金とは、会社の「当期純利益金額」または「当期純損失金額」を基礎に税務上の申告調整をした結果、【損金の額】が【益金の額】を超える場合のその超える金額をいいます。

● 欠損金の繰越期間と繰越控除限度額

　青色申告書を提出した期で発生した欠損金額は、その後の下表の期間内の期の所得金額から『別表4』で申告減算することによって通算することができます。

欠損金額が発生した期	平成20年4月1日以後に終了した期から	平成30年4月1日以後開始の期から
欠損金額の繰越期間	9年	10年

　ただし、中小法人等（非中小法人を除く）以外の法人は『別表4』の「差引計」の所得金額に下記割合を乗じた金額（繰越控除限度額）までしか欠損金額の控除を行うことはできません。

事業年度	平成27年4月1日以後に開始する期	平成28年4月1日以後に開始する期	平成29年4月1日以後に開始する期	平成30年4月1日以後に開始する期
繰越控除限度額	65%	60%	55%	50%

● 欠損金の繰越控除の要件

　欠損金の生じた年度が青色申告で、かつ、その後も連続して確定申告書（白色申告でも可）を提出していることが要件です。

● 資本等取引と欠損金

　資本剰余金や利益剰余金を取崩して繰越欠損金を補填したため、純資産の部の繰越利益剰余金がプラスで表示される場合でも、これは純資産の部の組み換えをしたにすぎず、損益取引ではありませんから、税法の欠損金額に影響は与えません。

重要ポイント! **法人税申告書 別表7(1)**

PICK UP **2** 控除未済欠損金額

PICK UP **1** 損金算入限度額

PICK UP **3** 当期控除額

PICK UP **4** 翌期繰越額

PICK UP **5** 欠損金の繰戻し額

PICK UP **6** 災害により生じた損失の額がある場合の繰越控除の対象となる欠損金額等の計算の対象

72

≫ 別表7（1）の重要項目とその解説

PICK UP 1 損金算入限度額（2欄）

この欄には、欠損金控除前の所得金額（『別表4』の43欄＜30頁＞参照）に対して中小法人は100％、大法人は50％（平成30年4月1日以後開始する期の場合）を乗じることにより、所得金額からの欠損金額控除限度額が記載されます。

PICK UP 2 控除未済欠損金額（3欄）

この欄には、原則として当期の開始の日前10年以内に開始した期において生じた欠損金額を、最も古い順に上から下へ記載します（この期間内に、既に所得の計算上、損金の額に算入された金額および欠損金の繰戻還付の対象となった金額は除く）。

PICK UP 3 当期控除額（4欄）

当期控除額（損金算入額）は、損金算入限度額（2欄）を限度として控除未済欠損金額のうち最も古い期に生じた欠損金から記載し、『別表4』の43欄において順次損金に算入します。

PICK UP 4 翌期繰越額（5欄）

各期の欠損金のうち当期の所得で控除し切れなかった金額は、翌期に繰り越されますが、原則として10年を経過する期において控除できない金額は切り捨てられます。

PICK UP 5 欠損金の繰戻し額

青色申告をしている会社で欠損金が生じた年度の直近1年間に所得が発生している場合に、資本金1億円以下の中小法人（非中小法人等を除く）に限り、その直近に納めた法人税の還付を受けられる制度があり、その適用を受けた場合、記載されます。

（注）新型コロナ税特法により、令和2年2月1日から令和4年1月31日までの間に終了する事業年度に生じた欠損金について、資本金1億円超10億円以下の法人についても適用を受けられるようになっていました（資本金10億円超の法人の100％子会社等を除く）。

PICK UP 6 災害により生じた損失の額がある場合の繰越控除の対象となる欠損金額等の計算

通常、白色申告の場合には欠損金の繰越控除の適用はありませんが、震災、風水害、火災などで棚卸資産や固定資産に損失が生じた場合には、当期の欠損金と災害損失金のうちいずれか少ない金額に限って、原則として10年間の繰越しができます。

60

K 先生 & イチロー　イチロー君が別表7(1)で留意すべき点

イチロー　K先生！　この『別表7(1)』は時々目にすることがありますが、赤字の会社には必ず添付されているのでしょうか？。

K 先生　イチロー君。赤字の会社と一口に言っても、決算書上の赤字と税務上の赤字とはイコールではないのですよ。この別表はあくまでも税務上の赤字の法人に添付されることになります。

イチロー　なるほど。そうすると、どのくらいの割合でこの別表が添付されているのでしょうか？

K 先生　国税庁から欠損法人割合★¹という統計が発表されているんですが、令和3年度の場合は、法人税申告書を提出した法人のうち61.7%が赤字法人だったそうです。ですから、世の中の法人税申告書のおよそ3分の2弱に、この別表が付いていることになりますね。もっとも、粉飾により赤字を黒字にしている法人もかなりありますから、恐らく赤字法人は4分の3を超えているでしょうね。

イチロー　先ほど先生は「決算書上の赤字と税務上の赤字とはイコールではない」とおっしゃられましたが、どうしてイコールではないのでしょうか？

K 先生　たとえば、決算書である貸借対照表上の「繰越利益剰余金のマイナスが1,000万円」だが、『別表7(1)』の「税務上の繰越欠損金額が5,000万円」というようなケースがあります。このような場合は、決算書上の繰越利益剰余金のマイナスを、過年度において資本剰余金や別途積立金などを取崩して補填していると考えられますね。

イチロー　なるほど。ということは、赤字の決算書だけを見るのではなく、申告書の『別表7(1)』も見なければいけないということですね。ではK先生、逆に税務上の欠損金のほうが少ない場合は、どのような場合なのでしょうか？

《 税法の欠損金額は繰越期間を経過すると時効となる 》

K 先生　ご承知のように、交際費や寄附金、役員給与の損金不算入など決算書では費用に落としていても、税法では費用としては認められない項目がたくさんありますね。そのような企業会計と税法の違いの結果、決算書の繰越利益剰余金のマイナスよりも税法の欠損金額のほうが小さいというケースは多いと思います。

　　さらに、税法の欠損金額は、発生してから繰越期間を経過すると時効となって、繰越欠損金として使用することができなくなりますが、このような事情によって、決算書の繰越利益剰余金のマイナスよりも、税法上の繰越欠損金額のほうが小さいというケースはかなりあると思います。

　　金融機関にとっては、このケースは要注意ですね。

イチロー 要注意と言いますと？

K先生 たとえば、先ほどの事例とは逆に、決算書上の「繰越利益剰余金のマイナスが5,000万円」であるのに対して、『別表7 (1)』の「税務上の繰越欠損金額が1,000万円」しかない法人が、繰越欠損金額を埋めるために含み益のある資産を処分して2,500万円の利益を計上した場合、税務上の繰越欠損金額1,000万円を差引いた残りの1,500万円に対して税金がかかってきますね。ということは、企業会計上の赤字を埋めるためには税負担が伴うことになりますから、企業を再建するためには、かなりの重荷になるわけです。

イチロー あー、そうか。繰越欠損金額が時効になると、赤字を埋めるための税負担が足かせになるわけですね。

K先生 そうなのです。ですから、金融機関の担当者は、法人税申告書を入手したら『別表7 (1)』を見て、今期中に時効が到来する繰越欠損金額がある場合には、含み資産の売却を進めたり、社長一族からの借入金や未払金などの債務について、債権放棄をしてもらうことによって債務免除益を計上したり、私財提供を求めるなど欠損金を補填するようなアドバイスをすべきですね。

イチロー 確かに、今のような厳しい経営環境のときには、欠損金の時効問題を突破口に経営者一族から私財提供や債務免除などを求めることができますね。

K先生 そのとおりですよ。『別表7 (1)』には、欠損金がいつ発生したのか時系列的に記載されていますから、常にこの別表を見て、欠損金の一部が今期で時効にならないか、あるいは、来期にはいくら時効が到来するか把握しておく必要がありますね。

イチロー 『別表7 (1)』がいかに大切かよくわかりました。正直申し上げると、私は『別表7 (1)』をあまりきちんと見ていませんでした。これからは、きちんといつ時効になるかまで把握したいと思います。

法人税申告書別表7 (1)

60

用語の解説

★1　欠損法人割合

　　欠損法人割合というのは、法人税申告書を提出している法人に占める欠損金を計上している法人の割合のことです。欠損金を計上している法人には、当期の所得金額がマイナスであるため欠損金となっている法人と前期から繰り越した欠損金額があるため当期の所得金額がない法人の２種類があります。

　　いずれも、赤字法人といわれ、法人税を支払っていない法人です。リーマン・ショックがあった平成20年度以降、次のとおり欠損法人割合は70％を超えていましたが、アベノミクスが始まった平成25年度以降、欠損法人は大幅な減少に転じています。

欠損法人割合の推移

	申告法人数	欠損法人数	欠損法人割合	備　考
平成２年度	2,078千社	1,006千社	48.4%	バブルの崩壊
平成７年度	2,404	1,550	64.5	
平成10年度	2,509	1,689	67.3	金融危機
平成12年度	2,537	1,734	68.4	
平成17年度	2,581	1,731	67.1	
平成20年度	2,597	1,857	71.5	リーマン・ショック
平成22年度	2,580	1,878	72.8	
平成23年度	2,570	1,859	72.3	東日本大震災
平成24年度	2,526	1,776	70.3	
平成25年度	2,586	1,763	68.2	アベノミクス
平成26年度	2,606	1,729	66.4	
平成27年度	2,630	1,691	64.3	
平成28年度	2,660	1,689	63.5	
平成29年度	2,694	1,687	62.6	
平成30年度	2,725	1,692	62.1	
令和元年度	2,745	1,691	61.6	
令和２年度	2,790	1,739	62.3	新型コロナ感染拡大
令和３年度	2,848	1,757	61.7	

法人税申告書 別表8（1）

―受取配当等の益金不算入額がわかる―

別表8（1）の役割

　この別表は、会社が国内に本店のある他の会社から配当金や株式投資信託の収益の分配金（以下「受取配当等」という）を受け取る場合に、その収益のうち、申告調整により益金不算入額とする金額を計算する明細書です。

● 受取配当等の益金不算入となる理由

　　内国法人が、配当金を支払う原資は税引き後の利益です。ところが、配当金を受け取る法人がこの配当金を営業外収益に計上することによって、再び税金が課税されることになります。そこで、二重課税を排除するために、受取配当等を申告減算することにしています。

　　しかし、関連法人株式のように保有割合が大きな株式を借入金によって取得している場合は、関連法人株式の取得に係る支払利息が損金に算入されることは不合理ですから、これらの利息を関連法人株式からの受取配当金から控除した金額を益金不算入としています。

● 株式等の種類によって益金不算入額が異なる

　　法人が国内法人から受け取る配当金は、株式の保有割合によって次のように取扱いが異なり、その合計額が「受取配当等の益金不算入額」として『別表4』において申告減算されます。

平成27年3月31日以前に開始する期			平成27年4月1日以後に開始する期		
区分	不算入割合	支払利子控除	区分	不算入割合	支払利子控除
完全子法人株式 （保有割合100％）	100％	なし	完全子法人株式 （保有割合100％）	100％	なし
関係法人株式等 （保有割合25％以上）	100％	あり	関連法人株式等 （保有割合3分の1超）	100％	あり
上記以外の株式等 （保有割合25％未満）	50％	あり	その他の株式等 （保有割合5％超）	50％	なし
			非支配目的株式等 （保有割合5％以下）	20％	なし

　　なお、外国子会社の利益を日本国内に還流させることを目的に日本の親会社が外国子会社（25％以上保有）から受け取る配当は、その配当の95％が益金不算入とされます。

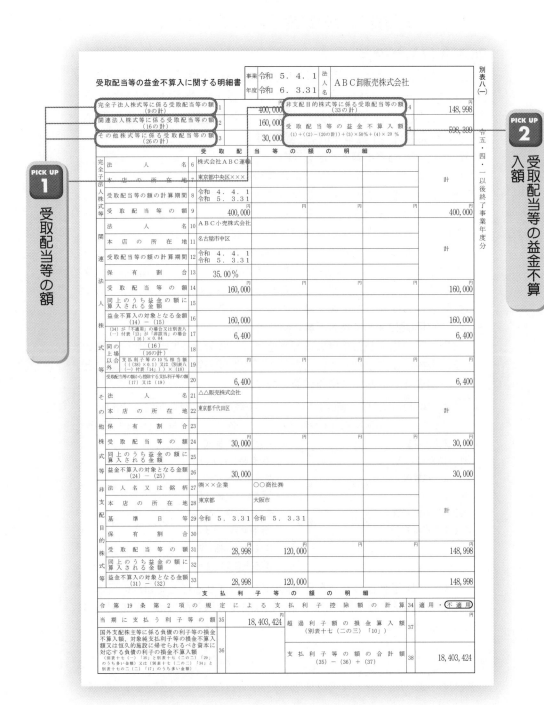

PICK UP 1
受取配当等の額

PICK UP 2
受取配当等の益金不算入額

別表八(一)

令五・四・一以後終了事業年度分

受取配当等の益金不算入に関する明細書

事業年度	令和 5 . 4 . 1 令和 6 . 3.31	法人名	ＡＢＣ卸販売株式会社

完全子法人株式等に係る受取配当等の額 (9の計)	1	400,000	非支配目的株式等に係る受取配当等の額 (33の計)	4	148,998 円
関連法人株式等に係る受取配当等の額 (16の計)	2	160,000	受 取 配 当 等 の 益 金 不 算 入 額 (1)＋((2)－(20の計))＋(3)×50％＋(4)×20 ％	5	598,399
その他株式等に係る受取配当等の額 (26の計)	3	30,000			

受 取 配 当 等 の 額 の 明 細

完全子法人株式等	法 人 名	6	株式会社ＡＢＣ運輸			計
	本 店 の 所 在 地	7	東京都中央区×××			
	受取配当等の額の計算期間	8	令和 4 . 4 . 1 令和 5 . 3.31			
	受 取 配 当 等 の 額	9	400,000			400,000
関連法人株式等	法 人 名	10	ＡＢＣ小売株式会社			計
	本 店 の 所 在 地	11	名古屋市中区			
	受取配当等の額の計算期間	12	令和 4 . 4 . 1 令和 5 . 3.31			
	保 有 割 合	13	35.00 ％			
	受 取 配 当 等 の 額	14	160,000 円	円	円	160,000
	同上のうち益金の額に算入される金額	15				
	益金不算入の対象となる金額 (14) － (15)	16	160,000			160,000
	(34)が「不適用」の場合又は別表八(一)付表「13」が「非該当」の場合 (16) × 0.04	17	6,400			6,400
	同上の上場以外の場合 (16) / (16の計)	18				
	支払利子等の10％相当額 ((38)×0.1)又は(別表八(一)付表「14」)×(18)	19				
	受取配当等の額から控除する支払利子等の額 (17) 又は (19)	20	6,400			6,400
その他株式等	法 人 名	21	△△販売株式会社			計
	本 店 の 所 在 地	22	東京都千代田区			
	保 有 割 合	23				
	受 取 配 当 等 の 額	24	30,000 円	円	円	30,000
	同上のうち益金の額に算入される金額	25				
	益金不算入の対象となる金額 (24) － (25)	26	30,000			30,000
非支配目的株式等	法 人 名 又 は 銘 柄	27	㈱××企業	○○商社㈱		計
	本 店 の 所 在 地	28	東京都	大阪市		
	基 準 日 等	29	令和 5 . 3.31	令和 5 . 3.31		
	保 有 割 合	30				
	受 取 配 当 等 の 額	31	28,998 円	120,000 円	円	148,998
	同上のうち益金の額に算入される金額	32				
	益金不算入の対象となる金額 (31) － (32)	33	28,998	120,000		148,998

支 払 利 子 等 の 額 の 明 細

令 第 19 条 第 2 項 の 規 定 に よ る 支 払 利 子 控 除 額 の 計 算	34	適用・(不適用)

当 期 に 支 払 う 利 子 等 の 額	35	18,403,424 円	超 過 利 子 額 の 損 金 算 入 額 (別表十七(二の三)「10」)	37	円
国外支配株主等に係る負債の利子等の損金不算入額、対象純支払利子等の損金不算入額又は恒久的施設に帰せられるべき資本に対応する負債の利子の損金不算入額 (別表十七(一)「35」と別表十七(二の二)「29」のうち多い金額)又は(別表十七(二の二)「34」と別表十七の二(二)「17」のうち多い金額)	36		支 払 利 子 等 の 額 の 合 計 額 (35) － (36) ＋ (37)	38	18,403,424 円

≫ 別表8(1)の重要項目とその解説

PICK UP 1 受取配当等の額 （1～4欄）

　受取配当等の益金不算入の対象となる「受取配当等の額」は、4種類に分類されており、「完全支配関係にある子法人株式からの配当金」は1欄に、「関連法人株式からの配当金」は2欄に、「非支配目的株式からの配当金」は4欄に、「その他の株式からの配当金」は3欄に記載されます。

　これら4種類の受取配当金の銘柄別の明細が、「受取配当等の額の明細」に記載されています。

PICK UP 2 受取配当等の益金不算入額 （5欄）

　完全支配関係にある子法人からの配当金400,000円（1欄）と、関連法人株式からの配当金160,000円（14欄）から支払利子の概算額6,400円（17欄）を差引いた額153,600円（2欄）と、その他株式の配当金30,000円（3欄）の50％と、非支配目的株式からの配当金148,998円（4欄）の20％との合計額598,399円（5欄）が、『別表4』の14欄（30頁参照）において受取配当等の益金不算入として申告減算されます。

PICK UP 3 完全子法人株式等

PICK UP 4 関連法人株式等

受取配当等の益金不算入に関する明細書

事業年度	令和 5 . 4 . 1 令和 6 . 3.31	法人名	ＡＢＣ卸販売株式会社

別表八（一） 令五・四・一以後終了事業年度分

			円			
完全子法人株式等に係る受取配当等の額 （9の計）	1		400,000	非配当目的株式等に係る受取配当等の額 （33の計）	4	148,998
関連法人株式等に係る受取配当等の額 （16の計）	2		160,000	受取配当等の益金不算入額 (1)＋((2)－(20の計))＋(3)×50％＋(4)×20％	5	598,399
その他株式等に係る受取配当等の額 （26の計）	3		30,000			

受 取 配 当 等 の 額 の 明 細

完全子法人株式等	法 人 名	6	株式会社ＡＢＣ運輸				計
	本 店 の 所 在 地	7	東京都中央区×××				
	受取配当等の額の計算期間	8	令和 4 . 4 . 1 令和 5 . 3.31				
	受 取 配 当 等 の 額	9	円 400,000	円	円	円	円 400,000
関連法人株式等	法 人 名	10	ＡＢＣ小売株式会社				計
	本 店 の 所 在 地	11	名古屋市中区				
	受取配当等の額の計算期間	12	令和 4 . 4 . 1 令和 5 . 3.31				
	保 有 割 合	13	35.00 %				
	受 取 配 当 等 の 額	14	160,000	円	円	円	160,000
	同上のうち益金の額に算入される金額	15					
	益金不算入の対象となる金額 （14）－（15）	16	160,000				160,000
	(34)が「不適用」の場合又は別表八(一)付表「13」が「非該当」の場合 (16)×0.04	17	6,400				6,400
	同の上場（16）（16の計）	18					
	以外合 支払利子等の10％相当額 (((38)×0.1)又は(別表八(一)付表「14」)×(18)	19	円	円	円	円	
	受取配当等の額から控除する支払利子等の額 （17）又は（19）	20	6,400				6,400
その他株式等	法 人 名	21	△△販売株式会社				計
	本 店 の 所 在 地	22	東京都千代田区				
	保 有 割 合	23					
	受 取 配 当 等 の 額	24	円 30,000	円	円	円	円 30,000
	同上のうち益金の額に算入される金額	25					
	益金不算入の対象となる金額 （24）－（25）	26	30,000				30,000
非支配目的株式等	法 人 名 又 は 銘 柄	27	㈱××企業	○○商社㈱			計
	本 店 の 所 在 地	28	東京都	大阪市			
	基 準 日 等	29	令和 5 . 3.31	令和 5 . 3.31			
	保 有 割 合	30					
	受 取 配 当 等 の 額	31	円 28,998	120,000	円	円	円 148,998
	同上のうち益金の額に算入される金額	32					
	益金不算入の対象となる金額 （31）－（32）	33	28,998	120,000			148,998

支 払 利 子 等 の 額 の 明 細

令第19条第2項の規定による支払利子控除額の計算	34	適用・不適用			
当 期 に 支 払 う 利 子 等 の 額	35	円 18,403,424	超過利子額の損金算入額 （別表十七（二の三）「10」）	37	円
国外支配株主等に係る負債の利子等の損金不算入額、対象純支払利子等の損金不算入額又は恒久的施設に帰せられるべき資本に対応する負債の利子の損金不算入額 （別表十七（一）「35」）と別表十七（二の二）「29」のうち多い金額）又は（別表十七（二の二）「34」と別表十七の二（二）「17」のうち多い金額）	36		支 払 利 子 等 の 額 の 合 計 額 （35）－（36）＋（37）	38	18,403,424

80

≫ 別表8(1)の重要項目とその解説

PICK UP 3 完全子法人株式等 （9欄）

　　完全子法人株式等とは、配当等の計算期間の初日から末日まで継続して親会社と子会社との間に完全支配関係（100％のグループ関係）があった場合の子会社の株式等をいいます。この会社では、100％を所有している㈱ABC運輸が完全子法人に該当し、同社からの受取配当等の額400,000円（1欄）全額が受取配当等の益金不算入額となります。

PICK UP 4 関連法人株式等 （14欄）

　　関連法人株式等とは、会社が他の会社の発行済み株式等の3分の1超を、配当の計算期間の初日から末日まで引続き所有している場合の他の会社の株式等をいいます。この会社では、35％を所有しているABC小売㈱が関連法人に該当し、同社からの受取配当等の額160,000円（14欄）から関連法人株式の取得に要した支払利息の概算額（17欄）を控除した金額153,600円が受取配当等の益金不算入額となります。

　　なお、配当の計算期間が1年の場合には、配当の支払いの基準日以前6か月間継続して保有していることが要件となっています。

（注）平成27年度の税制改正により、関係法人（発行済み株式等の25％以上保有している会社）が関連法人（発行済み株式等の3分の1超保有している会社）に改められました。

法人税申告書別表8(1)

10

81

受取配当等の益金不算入に関する明細書

事業年度	令和 5 ． 4 ． 1 令和 6 ． 3.31	法人名	ＡＢＣ卸販売株式会社

別表八(一)

完全子法人株式等に係る受取配当等の額 (9の計)	1	400,000 円	非支配目的株式等に係る受取配当等の額 (33の計)	4	148,998 円
関連法人株式等に係る受取配当等の額 (16の計)	2	160,000	受取配当等の益金不算入額 (1)＋((2)－(20の計))＋(3)×50％＋(4)×20％	5	598,399
その他株式等に係る受取配当等の額 (26の計)	3	30,000			

令五・四・一以後終了事業年度分

PICK UP 5 関連法人株式等に係る支払利子の控除

受 取 配 当 等 の 額 の 明 細

完全子法人株式等	法 人 名	6	株式会社ＡＢＣ運輸				
	本 店 の 所 在 地	7	東京都中央区××××			計	
	受取配当等の額の計算期間	8	令和 4 ． 4 ． 1 令和 5 ． 3.31				
	受 取 配 当 等 の 額	9	400,000 円	円	円		400,000 円
関連法人株式等	法 人 名	10	ＡＢＣ小売株式会社				
	本 店 の 所 在 地	11	名古屋市中区			計	
	受取配当等の額の計算期間	12	令和 4 ． 4 ． 1 令和 5 ． 3.31				
	保 有 割 合	13	35.00 ％				
	受 取 配 当 等 の 額	14	160,000 円	円	円	円	160,000 円
	同上のうち益金の額に算入される金額	15					
	益金不算入の対象となる金額 (14) － (15)	16	160,000				160,000
	(34)が「不適用」の場合又は別表八(一)付表「13」が「非該当」の場合 (16)×0.04	17	6,400				6,400
	(16) (16の計)	18					
	支払利子等の10％相当額 (((38)×0.1)又は(別表八(一)付表「14」))×(18)	19	円	円	円	円	
	受取配当等の額から控除する支払利子等の額 (17) 又は (19)	20	6,400				6,400
その他株式等	法 人 名	21	△△販売株式会社				
	本 店 の 所 在 地	22	東京都千代田区			計	
	保 有 割 合	23					
	受 取 配 当 等 の 額	24	30,000 円	円	円	円	30,000 円
	同上のうち益金の額に算入される金額	25					
	益金不算入の対象となる金額 (24) － (25)	26	30,000				30,000
非支配目的株式等	法 人 名 又 は 銘 柄	27	㈱××企業	○○商社㈱			
	本 店 の 所 在 地	28	東京都	大阪市		計	
	基 準 日 等	29	令和 5 ． 3.31	令和 5 ． 3.31			
	保 有 割 合	30					
	受 取 配 当 等 の 額	31	28,998 円	120,000 円	円	円	148,998 円
	同上のうち益金の額に算入される金額	32					
	益金不算入の対象となる金額 (31) － (32)	33	28,998	120,000			148,998

PICK UP 6 その他株式等

PICK UP 7 非支配目的株式等

支 払 利 子 等 の 額 の 明 細

令第19条第2項の規定による支払利子控除額の計算	34	適用・不適用			
当期に支払う利子等の額	35	18,403,424 円	超過利子額の損金算入額 (別表十七(二の三)「10」)	37	円
国外支配株主等に係る負債の利子等の損金不算入額、対象純支払利子等の損金不算入額又は恒久的施設に帰せられるべき資本に対応する負債の利子の損金不算入額 (別表十七(一)「35」と別表十七(二の二)「29」のうち多い金額)又は(別表十七(二の二)「34」と別表十七の二(二)「17」のうち多い金額)	36		支払利子等の額の合計額 (35) － (36) ＋ (37)	38	18,403,424

82

≫ 別表8（1）の重要項目とその解説

関連法人株式等に係る支払利子の控除 （17欄）

　関連法人株式等からの配当等については、配当等の額から「その配当等の額に係る利子の額相当額」を差し引いた金額が、益金不算入となります。この利子の額は、令和4年4月1日以後開始事業年度からは、次のように概算額で求めることとされています。

> 関連法人株式等に係る配当等の額×4％
> （上限：その事業年度における支払利子等の合計額×10％相当額）

　一方、令和4年3月31日以前開始事業年度においては、関連法人株式の取得に使われている借入金に対する支払利息は、当年度の実績による控除負債利子★1として計算されていました。具体的には、次の算式のとおり当期に支払う負債利子等の額を、当期末と前期末の総資産価額の合計額に占める関連法人株式等の帳簿価額の合計額の比で按分して求めます。

> 負債利子等の額（36欄）× $\dfrac{\text{関連法人株式等の帳簿価額の合計額（30欄計）}}{\text{総資産価額の合計額（29欄計）}}$ ＝控除負債利子

（注）負債利子とは支払利息、手形譲渡損（割引料）、社債利息などをいいます。

　なお、上記の算式で計算することに代えて、基準年度（平成27年4月1日から平成29年3月31日までの間に開始した期）の実績によって計算する方法★2も認められています。

その他株式等 （24欄）

　その他株式等とは、完全子法人株式等、関連法人株式等、非支配目的株式等のいずれにも該当しない株式等をいいます。具体的には、発行済み株式等の5％超3分の1以下を所有している会社の株式等をいいます。この会社では、△△販売㈱がその他株式等の法人に該当し、同社からの受取配当等の額30,000円（24欄）の50％が受取配当等の益金不算入額となります。

非支配目的株式等 （31欄）

　非支配目的株式等とは、会社が他の会社の発行済み株式等の5％以下を所有している場合の他の会社の株式等をいいます。この会社では、㈱××企業と○○商社㈱が非支配目的株式等の法人に該当（いずれも保有割合が1％未満）し、これらの法人からの受取配当等の額の合計148,998円（31欄）の20％が受取配当等の益金不算入額となります。

K先生 & イチロー　イチロー君が別表8(1)で留意すべき点

イチロー　この『別表8(1)』は、複雑そうですね。自慢ではありませんが、私はこの別表もあまりよく見ていません。K先生、この別表は何のために作成するのですか？

K先生　関連会社から受け取った配当金は、営業外収益として親会社などの利益に含まれていますね。その受取配当は、関係会社などが税金を支払った後の残りを分配したものですから、その部分は二重課税となってしまいますね。ですから、二重課税にならないように、申告減算する「益金不算入となる受取配当等」を計算することがこの別表の目的なのです。

イチロー　受け取った受取配当等が、申告減算によって税金の対象とならないという仕組みは、有価証券をたくさん持っている資金力のある法人にとって魅力的な税制ですね。

K先生　そうですよ。世の中には、株式投資によって受取配当等を得ることを目的とした会社がありますが、そのような会社は売上高とほぼ同額の受取配当等の益金不算入額があるため、税金がゼロになるというケースもありますよ。

イチロー　えっ！　儲かっていても税金が出ないというケースもあるんですね。ところで、この別表には、負債利子の計算がありますね。このあたりはチンプンカンプンですが、何を計算しようとしているんでしょうか？

《 関連法人株式の取得に使われた金利は、受取配当等から控除する 》

K先生　イチロー君の疑問は、この負債利子ですね。負債利子というのは金利のことですが、借金をして株式を取得した場合には、投資した株式の果実である配当金は受取配当等の益金不算入になるのに対して、コストである支払利息は損金に落ちるのは不合理ですね。

　　そこで、発行済み株式の3分の1超も保有しているような関連法人株式については、支払利息のなかで関連法人株式の取得に使われている金利を計算し、その額を受取配当等から差引いた額を「受取配当等の益金不算入」としているんです。

イチロー　なるほど、株式の取得に使われている金利を計算しようとしているんですね。

K先生　そうです。株式の取得に使われている金利の計算方法は令和2年度改正で見直されているのですが、令和4年3月31日以前開始事業年度については改正前の計算方法が適用されます。改正前の方法には2つの方法があり、当期の実績により計算する方法[*1]と、過去の実績割合で計算する方法[*2]があるんですが、いずれを選択してもよいことになっています。

　　改正後はこの計算が簡素化され、原則として関連法人株式等に係る配当等の額の4％に相当する金額で計算することとなりました。

イチロー　なるほど。何のために金利計算を行うかがわかりましたが、二重課税にならないための税制ということは、外国にある子会社からの配当も同じ取扱いなのでしょうか？

K先生 そうなんです。外国にある子会社は、所在する外国で利益に対する税金を負担していますから、同じように外国の子会社から受け取った配当金の95％を益金不算入として申告減算しているんです。

イチロー ということは、外国子会社からの配当金の5％を株式取得の金利として取扱っているということなのでしょうか？

K先生 さすがに飲み込みが早いですね。5％を簡便的に金利相当額と仮定しているわけですが、この外国子会社からの配当金の益金不算入は、この『別表8(1)』ではなくて『別表8(2)』という別の別表で行っているんです。

イチロー ところで、先生！ この魅力的な制度である受取配当益金不算入制度を使って、融資案件に結び付けることはできないのでしょうか？

K先生 あるでしょうね。株式を何％持っているかどうかで受取配当等の益金不算入額が大きく変わりますからね。たとえば、100％グループ法人からの配当金は全額が益金不算入ですし、関連法人からの配当金は金利を差引いた100％が益金不算入ですから、この保有割合に着眼すれば、融資のネタはあるでしょうね。

イチロー そうかー。平成27年度の税制改正によって関係法人（改正後は関連法人という）の範囲が、保有割合25％以上から3分の1超に引上げられていますし、保有割合の引上げのアドバイスをすれば、融資に結び付くかもしれませんね。

K先生 よい着眼点ですね。オーナー経営者には、「節税ができる」と説明すれば、関連会社の株式を買い増しするかもしれませんね。

法人税申告書別表8(1)

10

用語の解説

★1　当年度の実績による控除負債利子の計算

　関連法人から受け取った受取配当等の益金不算入額は、受取配当等から株式の取得に使用されている支払利息を控除した金額ですが、この株式の取得に要した支払利息のことを「控除負債利子」といい、次の算式によって計算します。

$$\text{支払利息} \times \frac{\text{関連法人株式等の帳簿価額}}{\text{総資産価額}} = \boxed{\text{株式の取得に要した支払利息（控除負債利子）}}$$

　この算式の総資産価額と関連法人株式の帳簿価額は、次により計算します。

総資産価額（前期末と当期末の合計額）		関連法人株式等の帳簿価額（前期末と当期末の合計額）	
A　確定決算の総資産価額	×××	A　関連法人株式のB／S上の簿価	××
B　貸倒引当金	××	B　税務否認額	××
C　圧縮積立金・特別償却準備金	××	関連法人株式の帳簿価額（A＋B）	××
総資産価額（A＋B－C）	×××		

★2　基準年度の実績による控除負債利子の計算

　上記1の方法で計算することに代えて、次の方法で計算することができます。この算式の基準年度とは、平成27年4月1日から平成29年3月31日までの間に開始した期のことをいいます。

$$\text{支払利息} \times \frac{\text{基準年度の控除負債利子の合計額}}{\text{基準年度の支払利息の合計額}} = \boxed{\text{株式の取得に要した支払利息（控除負債利子）}}$$

　なお、平成27年4月1日以後に開始する期からは、負債利子の控除は所有割合が大きい関連法人株式等だけが対象となっています。

法人税申告書 別表11（1）

―不良債権とその貸倒引当て状況がわかる―

別表11（1）の役割

　会社は、受取手形、売掛金、貸付金などの金銭債権に対して将来発生することが予想される貸倒損失に備えるために、貸倒見込み額である貸倒引当金を設定することが必要です。

　そのため、法人税法では、会社が有する金銭債権を次の２つに大別して貸倒引当金の繰入限度額を計算することにしています。

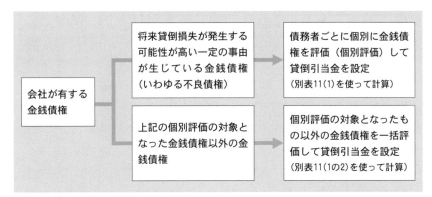

　したがって、この『別表11（1）』は、将来貸倒損失となる確率が高い金銭債権を個別評価して貸倒引当金の繰入限度額を計算し、貸倒引当金の繰入過不足の有無を明らかにすることを目的としています。

● 貸倒引当金の適用対象法人の限定

　平成23年度の税制改正によって貸倒引当金の適用対象が、中小法人（非中小法人を除く）および銀行などの金融機関に限定され、金融機関や中小法人以外の法人は、平成27年４月１日以後に開始する期から貸倒引当金の繰入額を損金の額に算入できなくなりました。

PICK UP 1 個別評価の事由

PICK UP 2 当期繰入額

個別評価金銭債権に係る貸倒引当金の損金算入に関する明細書

事業年度	令和 5.4.1 ～ 令和 6.3.31	法人名	ABC卸販売株式会社		別表十一（一）令五・四・一以後終了事業年度分

債務者						計
住所又は所在地	1	広島市××	大和郡山市××			
氏名又は名称（外国政府等の別）	2	㈱中四国○○産業（　）	大和○○㈱（　）	（　）	（　）	
個別評価の事由	3	令第96条第1項第3号ロ該当	令第96条第1項第3号ホ該当	令第96条第1項第　号　該当	令第96条第1項第　号　該当	
同上の発生時期	4	令和 5.9.4	令和 5.12.22			
当期繰入額	5	1,000,000 円	1,000,000 円	円	円	2,000,000 円

繰入限度額の計算							
	個別評価金銭債権の額	6	2,000,000	6,555,200			8,555,200
	(6)のうち5年以内に弁済される金額（令第96条第1項第1号に該当する場合）	7					
(6)のうち取立て等の見込額	担保権の実行による取立て等の見込額	8					
	他の者の保証による取立て等の見込額	9					
	その他による取立て等の見込額	10					
	(8)+(9)+(10)	11					
	(6)のうち実質的に債権とみられない部分の金額	12		1,555,200			
	(6)-(7)-(11)-(12)	13	2,000,000	5,000,000			
繰入限度額の計算	令第96条第1項第1号該当 (13)	14					円
	令第96条第1項第2号該当 (13)	15					
	令第96条第1項第3号該当 (13)×50%	16	1,000,000	2,500,000			3,500,000
	令第96条第1項第4号該当 (13)×50%	17					
繰入限度超過額 (5)-((14)、(15)、(16)又は(17))		18	0	0			0

貸倒実績率の計算の基礎となる金額の明細			
貸倒れによる損失の額等の合計額に加える金額（16の個別評価金銭債権が売掛債権等である場合の(5)と((14)、(15)、(16)又は(17)のうち少ない金額）	19	
前期の個別評価金銭債権の額（前期の(6)）	20	
(20)の個別評価金銭債権が売掛債権等である場合の当該個別評価金銭債権に係る損金算入額（前期の(19)）	21	
(21)に係る売掛債権等が当期において貸倒れとなった場合のその貸倒れとなった金額	22	
(21)に係る売掛債権等が当期においても個別評価の対象となった場合のその対象となった金額	23	
(22)又は(23)に金額の記載がある場合の(21)の金額	24	

>> 別表11（1）の重要項目とその解説

PICK UP 1 個別評価の事由 （3欄）

『別表11（1）』の対象となる個別評価金銭債権とは、具体的には下表のような一定の事実が発生している金銭債権をいい、事例のケースの個別評価の事由に記載されている「令第96条第1項第3号ロ該当および第3号ホ該当」というのは、「民事再生法による再生手続開始の申立ておよび手形交換所による取引停止処分」という事実が発生している金銭債権であることを表しています。

いわば、この別表によって個別評価している不良債権の内容を把握することができるわけです。

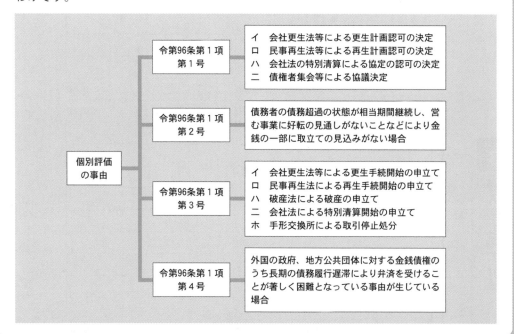

PICK UP 2 当期繰入額 （5欄）

個別評価の金銭債権に対する貸倒見込み額として、当期の決算書に費用に計上した貸倒引当金繰入額を記載します。

この事例では、決算書に計上された2,000,000円が記載されています。

なお、『別表11（1の2）』で繰入れた2,000,000円と合わせて決算書の貸借対照表（158頁参照）には4,000,000円の貸倒引当金が計上されています。

個別評価金銭債権に係る貸倒引当金の損金算入に関する明細書			事業年度 令和 5.4.1 令和 6.3.31	法人名 ＡＢＣ卸販売株式会社			別表十一（一）

令五・四・一以後終了事業年度分

債務者	住所又は所在地	1	広島市××	大和郡山市××			計
	氏名又は名称（外国政府等の別）	2	㈱中四国○◇産業（ ）	大和○○㈱（ ）	（ ）	（ ）	
	個別評価の事由	3	令第96条第1項第3号ロ該当	令第96条第1項第3号ホ該当	令第96条第1項第　号　該当	令第96条第1項第　号　該当	
	同上の発生時期	4	令和 5.9.4	令和 5.12.22			
	当期繰入額	5	1,000,000 円	1,000,000 円	円	円	2,000,000 円

繰入限度額の計算

個別評価金銭債権の額	6	2,000,000	6,555,200			8,555,200
(6)のうち5年以内に弁済される金額（令第96条第1項第1号に該当する場合）	7					
(6)のうち取立て等の見込額｜担保権の実行による取立て等の見込額	8					
他の者の保証による取立て等の見込額	9					
その他による取立て等の見込額	10					
(8)＋(9)＋(10)	11					
(6)のうち実質的に債権とみられない部分の金額	12		1,555,200			
(6)－(7)－(11)－(12)	13	2,000,000	5,000,000			
繰入限度額の計算｜令第96条第1項第1号該当 (13)	14					円
令第96条第1項第2号該当 (13)	15					
令第96条第1項第3号該当 (13)×50%	16	1,000,000	2,500,000			3,500,000
令第96条第1項第4号該当 (13)×50%	17					

繰入限度超過額

繰入限度超過額 (5)－((14)、(15)、(16)又は(17))	18	0	0			0
貸倒実績率の計算の基礎となる金額の明細｜貸倒れによる損失の額等の合計額に加える金額（(6)の個別評価金銭債権が売掛債権等である場合の(5)と(14)、(15)、(16)又は(17)のうち少ない金額）	19					
前期の個別評価金銭債権の額（前期の(6)）	20					
(20)の個別評価金銭債権が売掛債権等である場合の当該個別評価金銭債権に係る損金算入額（前期の(19)）	21					
(21)に係る売掛債権等が当期において貸倒れとなった場合のその貸倒れとなった金額	22					
(21)に係る売掛債権等が当期においてなった個別評価の対象となった場合のその対象となった金額	23					
(22)又は(23)に金額の記載がある場合の(21)の金額	24					

PICK UP 3 繰入限度額の計算

PICK UP 4 繰入限度超過額

別表11（1）の重要項目とその解説

PICK UP 3　繰入限度額の計算（6～17欄）

（1）個別評価の対象となる金銭債権

　個別評価の金銭債権（6欄）から、次の金額を控除した金額が個別評価の貸倒引当金の限度額計算の対象となる金額です。

　　①　担保権の実行による取立てや保証人からの取立ての見込み額など（8～11欄）

　　②　債務者からの債務など金銭債権と相殺可能な額（実質的に債権とみられない部分の金額：12欄）

（2）繰入限度額

　個別評価金銭債権に対する貸倒引当金繰入限度額（14～17欄）は、次の金額です。

　　①　令第96条第1項第1号に該当する場合…5年経過後に弁済される額

　　②　令第96条第1項第2号に該当する場合…回収不能見込み額

　　③　令第96条第1項第3号に該当する場合…対象となる金銭債権の50%

　　④　令第96条第1項第4号に該当する場合…対象となる金銭債権の50%

　この事例は中小法人であり、第3号に該当するため、繰入限度額は7,000,000円（2,000,000円＋5,000,000円）の50%である3,500,000円です。

　しかし、民事再生法の申立てや手形交換所の取引停止処分を受けたような会社からの債権回収率は一般にかなり低いので、対象となる金銭債権の大半が貸倒れとなる可能性が高いと判断する必要があります。

PICK UP 4　繰入限度超過額（18欄）

　この事例では、繰入限度額3,500,000円に対して、当期繰入額は2,000,000円ですから繰入限度超過額はありませんが、1,500,000円繰入不足となっています。

　このように業績不振企業は、決算を黒字にするために貸倒引当金繰入額が繰越限度額を下回っているケースが多いので、金融機関の融資担当者はきちんとチェックするとともに、不良債権である個別評価金銭債権の中味をよく把握しておくことが必要です。

法人税申告書別表11（1）

K先生 & イチロー　イチロー君が別表11(1)で留意すべき点

イチロー 先生！　この『別表11(1)』は、不良債権に対して貸倒引当金を設定する表と認識していますが、それでよろしいでしょうか？

K先生 正解です。取引先が手形交換所の取引停止処分になった場合など一定の事由が発生したときに設定するわけですから、イチロー君の言うとおり不良債権に対する引当てと考えてよいでしょうね。

イチロー 会社がみずから不良債権と認識している売掛金や貸付金などが記載されているわけですから、融資をする金融機関からみても重要な情報ですね。

K先生 とくに、この『別表11(1)』が毎年添付されており、かつ、毎年新しい販売先の名前がこの別表に登場するようなケースは、その取引先の販売ルートがやや弱いと判断することができますね。

イチロー 確かに、そうですね。ただでさえ儲かっていないのに、不良債権ができたら大変ですよね。この別表に載ってくるような債権は、実際には回収できる可能性はかなり低いですよね？

K先生 そうなんです。たとえば、この事例のケースの「第1項第3号ロ」というのは民事再生法の申請ですし、「第3号ホ」は手形交換所の取引停止処分ですから、債権700万円のほぼ全額が回収不能となる可能性が高いでしょうね。ところが、この会社は当期の繰入額が繰入限度額を150万円も下回っていますね。税法に定める繰入限度額どおり貸倒引当金の繰入を行えば利益が減って、税負担が減るにもかかわらず繰入不足にしたということは、利益をかさ上げするための利益調整を行っていると判断せざるを得ませんね。

イチロー 確かに無理して利益を出そうとしている意図が感じられますね。実は、私が担当している中小企業の多くは、貸倒引当金を計上していないのです。やはり、利益調整しているとみるべきでしょうね？

K先生 貸倒引当金の繰入限度額があるにもかかわらず、貸倒引当金を計上しないでわずかな利益を計上しているような企業は、他の科目でも粉飾している可能性が高いと思いますから注意することが必要ですね。

イチロー わかりました。引当金がない会社で、決算書に利益が計上されている場合は、とくに注意したいと思います。

法人税申告書 別表11 (1の2)

―将来の貸倒れに対する備えの状況がわかる―

別表11 (1の2) の役割

会社の有する債権のうち、将来、貸倒損失となる確率が高い金銭債権に対して個別に貸倒引当金の設定が認められていることは、『別表11 (1)』 (87～92頁) で記載のとおりです。

しかしながら、現在のところ不良債権化していない正常な債権であっても、将来において債務者の財政状況に変化が生じ、回収が困難となる危険は常に存在しています。

そのため、法人税法では会社が有する金銭債権全般に対し個別評価とは別に貸倒引当金の計上を行うことが認められています。

ただし、保有する債権のうち、どの程度が貸倒れとなるかを見積もることは困難です。

そこで、この『別表11 (1の2)』では、一般債権に対する貸倒引当金の繰入限度額の計算方法として、次の2つの方法を定め、貸倒引当金の繰入過不足の有無を明らかにしています。

① 貸倒れの実績率に基づき繰入限度額を計算する方法

② 業種別の法定繰入率に基づき繰入限度額を計算する方法

● 貸倒引当金の適用対象法人の限定

平成23年度の税制改正によって貸倒引当金の適用対象が、中小法人（非中小法人および適用除外事業者を除く）および銀行などの金融機関に限定され、金融機関や中小法人以外の法人は、平成27年4月1日以後に開始する期から貸倒引当金の繰入額を損金の額に算入できなくなりました。

PICK UP 1 当期繰入額

PICK UP 3 期末一括評価金銭債権の帳簿価額の合計額

PICK UP 2 繰入限度額

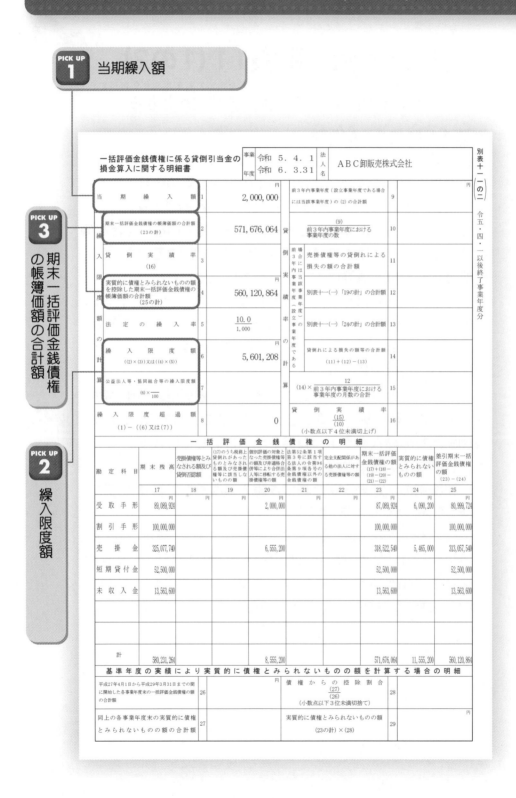

一括評価金銭債権に係る貸倒引当金の損金算入に関する明細書		事業年度	令和 5. 4. 1 令和 6. 3.31	法人名	ＡＢＣ卸販売株式会社			別表十一の二 令五・四・一以後終了事業年度分

繰入限度額の計算	当 期 繰 入 額 1	円 2,000,000	貸倒実績率の計算	前3年内事業年度（設立事業年度である場合には当該事業年度）の(2)の合計額 9	円
	期末一括評価金銭債権の帳簿価額の合計額 (23の計) 2	571,676,064		(9) ÷ 前3年内事業年度における事業年度の数 10	
	貸 倒 実 績 率 (16) 3			場合には当該事業年度）売掛債権等の貸倒れによる損失の額の合計額 11	
	実質的に債権とみられないものの額を控除した期末一括評価金銭債権の帳簿価額の合計額 (25の計) 4	円 560,120,864		別表十一(一)「19の計」の合計額 12	
	法 定 の 繰 入 率 5	10.0 ÷ 1,000		別表十一(一)「24の計」の合計額 13	
	繰 入 限 度 額 ((2)×(3))又は((4)×(5)) 6	円 5,601,208		貸倒れによる損失の額等の合計額 (11)+(12)-(13) 14	
	公益法人等・協同組合等の繰入限度額 (6)× 100分の 7			(14)× 12 ÷ 前3年内事業年度における事業年度の月数の合計 15	
	繰 入 限 度 超 過 額 (1)-((6)又は(7)) 8	0		貸 倒 実 績 率 (15) ÷ (10) （小数点以下4位未満切上げ） 16	

一 括 評 価 金 銭 債 権 の 明 細

勘定科目	期末残高	売掛債権等とみなされる額及び貸倒否認額	(17)のうち税務上貸倒れがあったものとみなされる額及び売掛債権等に該当しないものの額	個別評価の対象となった売掛債権等の額及び非適格合併等により合併法人等に移転する売掛債権等の額	法第52条第1項第3号に該当する法人の令第96条第9項各号の金銭債権以外の金銭債権の額	完全支配関係がある他の法人に対する売掛債権等の額	期末一括評価金銭債権の額 (17)+(18)-(19)-(20)-(21)-(22)	実質的に債権とみられないものの額	差引期末一括評価金銭債権の額 (23)-(24)
	17	18	19	20	21	22	23	24	25
受 取 手 形	89,089,924	円	円	円 2,000,000	円	円	円 87,089,924	円 6,090,200	円 80,999,724
割 引 手 形	100,000,000						100,000,000		100,000,000
売 掛 金	325,077,740			6,555,200			318,522,540	5,465,000	313,057,540
短 期 貸 付 金	52,500,000						52,500,000		52,500,000
未 収 入 金	13,563,600						13,563,600		13,563,600
計	580,231,264			8,555,200			571,676,064	11,555,200	560,120,864

基 準 年 度 の 実 績 に よ り 実 質 的 に 債 権 と み ら れ な い も の の 額 を 計 算 す る 場 合 の 明 細

平成27年4月1日から平成29年3月31日までの間に開始した各事業年度末の一括評価金銭債権の額の合計額 26	円	債権からの控除割合 (27) ÷ (26) （小数点以下3位未満切捨て） 28	
同上の各事業年度末の実質的に債権とみられないものの額の合計額 27		実質的に債権とみられないものの額 (23の計)×(28) 29	円

別表11（1の2）の重要項目とその解説

PICK UP 1　当期繰入額（1欄）

　一括評価の金銭債権に対する貸倒見込み額として、（個別評価分を除く）当期の決算書の費用に計上された貸倒引当金繰入額を記載します。

　この事例では、決算書に計上された2,000,000円が記載されています。

PICK UP 2　繰入限度額（6、7欄）

　中小法人（非中小法人等を除く）の場合は、貸倒引当金の対象となる債権に次のいずれかの率（選択適用）を乗じて繰入限度額が計算されますが、中小法人以外でも貸倒引当金の設定が認められている金融機関の場合は、貸倒実績率しか選択することができません。

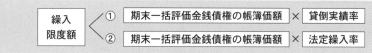

（注）法定繰入率の対象となる債権は、実質的に債権とみられないものの額を控除した後の金額（4欄）です。

PICK UP 3　期末一括評価金銭債権の帳簿価額の合計額（2欄および4欄）

　貸倒実績率や法定繰入率を乗ずるための基礎となるべき債権の額をいい、別表の下段にその明細が記載されています。

①　期末残高（17欄）

　設定対象を特定するための各債権が抽出され、記載額は貸借対照表の該当科目の金額と一致します。ここには、脚注表示されることの多い「割引手形」「裏書手形」の残高も計上されます。

②　個別評価の対象となった売掛債権等の額（20欄）

　金銭債権のうち、個別評価の対象となった部分は既に引当済みですので、一括評価による貸倒引当金の設定対象からは除外します。したがって、当該箇所に記載がある場合、『別表11（1）』（88頁参照）が作成されていることを意味しています。

③　実質的に債権とみられないものの額（24欄）

　たとえば同一の相手先に対する売掛金と買掛金とがある場合、その売掛金の金額のうち買掛金の金額に相当する金額をいいます。

PICK UP 4 貸倒実績率

PICK UP 5 法定の繰入率

PICK UP 6 繰入限度超過額

一括評価金銭債権に係る貸倒引当金の損金算入に関する明細書		事業年度	令和 5. 4. 1 令和 6. 3.31	法人名	ＡＢＣ卸販売株式会社			別表十一（一の二） 令五・四・一以後終了事業年度分

繰入限度額の計算	当 期 繰 入 額	1	円 2,000,000	前3年内事業年度（設立事業年度である場合には当該事業年度）の(2)の合計額	9	円
	期末一括評価金銭債権の帳簿価額の合計額（23の計）	2	571,676,064	前3年内事業年度における事業年度の数 (9)	10	
	貸 倒 実 績 率 (16)	3		売掛債権等の貸倒れによる損失の額の合計額	11	
	実質的に債権とみられないものの額を控除した期末一括評価金銭債権の帳簿価額の合計額（25の計）	4	円 560,120,864	別表十一（一）「19の計」の合計額	12	
	法 定 の 繰 入 率	5	10.0 / 1,000	別表十一（一）「24の計」の合計額	13	
	繰 入 限 度 額 ((2)×(3))又は((4)×(5))	6	円 5,601,208	貸倒れによる損失の額等の合計額 (11)+(12)-(13)	14	
	公益法人等・協同組合等の繰入限度額 (6)×100分の	7		(14)× 12/前3年内事業年度の月数の合計	15	
	繰 入 限 度 超 過 額 (1)-((6)又は(7))	8	0	貸 倒 実 績 率 (15)/(10)（小数点以下4位未満切上げ）	16	

一 括 評 価 金 銭 債 権 の 明 細

勘定科目	期末残高	売掛債権等とみなされる額及び貸倒否認額	(17)のうち税務上貸倒れがあったものとみなされる額及び売掛債権等に該当しないものの額	個別評価の対象となった売掛債権等の額及び非適格合併等により合併法人等に移転する売掛債権等の額	法第52条第1項第3号に該当する法人の令第96条第9項各号の金銭債権以外の金銭債権の額	完全支配関係がある他の法人に対する売掛債権等の額	期末一括評価金銭債権の額 (17)+(18)-(19)-(20)-(21)-(22)	実質的に債権とみられないものの額	差引期末一括評価金銭債権の額 (23)-(24)
	17	18	19	20	21	22	23	24	25
受 取 手 形	89,089,924	円	円	2,000,000	円	円	87,089,924	円 6,090,200	円 80,999,724
割 引 手 形	100,000,000						100,000,000		100,000,000
売 掛 金	325,077,740			6,555,200			318,522,540	5,465,000	313,057,540
短 期 貸 付 金	52,500,000						52,500,000		52,500,000
未 収 入 金	13,563,600						13,563,600		13,563,600
計	580,231,264			8,555,200			571,676,064	11,555,200	560,120,864

基 準 年 度 の 実 績 に よ り 実 質 的 に 債 権 と み ら れ な い も の の 額 を 計 算 す る 場 合 の 明 細

平成27年4月1日から平成29年3月31日までの間に開始した各事業年度末の一括評価金銭債権の額の合計額	26	円	債 権 か ら の 控 除 割 合 (27)/(26)（小数点以下3位未満切捨て）	28	
同上の各事業年度末の実質的に債権とみられないものの額の合計額	27		実質的に債権とみられないものの額 (23の計)×(28)	29	円

≫ 別表11 (1の2) の重要項目とその解説

 貸倒実績率 （3欄）

過去３年間の貸倒れの実績率で、次の計算式により求められます。

$$実績率 = \cfrac{\text{分母の各期における貸倒損失等の合計額}}{\text{当期首前３年以内に開始する各期末の一般売掛債権等の合計額}} \times \cfrac{12}{\text{左記の期の月数合計}} \div \text{左記の期の数}$$

　金融機関は、この貸倒実績率だけしか認められていないので、この計算式を使用して貸倒引当金の繰入限度額を計算しますが、中小法人は計算が煩雑なため、法定繰入率を使用して繰入限度額を計算するほうが多いようです。

 法定の繰入率 （5欄）

　資本金１億円以下の中小法人（非中小法人等を除く）について上記の貸倒実績率との選択が認められる繰入率で、次のとおり業種によってあらかじめ定められています。

　事例では法定の繰入率によっており、卸売業の10／1,000が使用されています。

卸売および小売業（飲食店業および料理店業を含む）	製造業	金融および保険業	割賦販売小売業および割賦購入あっせん業	その他
$\dfrac{10}{1,000}$	$\dfrac{8}{1,000}$	$\dfrac{3}{1,000}$	$\dfrac{13}{1,000}$	$\dfrac{6}{1,000}$

 繰入限度超過額 （8欄）

　「当期繰入額」（1欄）から「繰入限度額」（6、7欄）を差引いて求められます。この金額が大きいほど、税法上の限度額を超えて、企業が積極的に（保守的に）引当金の繰入を行っているといえます。逆に、差引き額がマイナスとなる場合、税法上の限度額まで貸倒引当金の計上が行われていないことを示しており、注意が必要です。

　なお、事例のように繰入限度超過額がマイナス（繰入不足3,601,208円）となる場合、別表上は「０（ゼロ）」として表示しますので、この点も注意が必要です。

K先生 & イチロー　イチロー君が別表11（1の2）で留意すべき点

イチロー K先生！　先ほど初歩的な粉飾例として「引当金の計上をしない」ケース（4〜5頁参照）を説明されましたが、この『別表11（1の2）』が作成されていない中小企業が多いように感じます。

K先生 中小企業ですから、おそらく会計事務所に申告書の作成を依頼していると思いますので、貸倒引当金の限度額計算ができないというわけではないと思います。おそらく金融機関から資金調達をしなければならないことを想定し、ある程度利益を計上する目的で、貸倒引当金などの計上をやめているのでしょうね。

イチロー 先ほど先生が『税務と会計の違い』（7頁参照）を説明されましたが、この貸倒引当金も税法に定める限度額以内であればいくら計上するか、あるいは計上しなくても税法上は問題がないのですね。

K先生 そうなんです。会計上は回収不能見込みを推定して貸倒引当金を計上すべきですが、税務上は税法限度額以内なら任意なんです。

イチロー ということは、金融機関からの借入を意識して、貸倒引当金の繰入額を決めているということなのですね。確かに、今までは貸倒引当金を毎年250万円から300万円程度計上していた会社が、突然、ある決算期から貸倒引当金の計上をやめて、利益だけは変わらず毎年300万円前後計上しているケースがありますが、貸倒引当金を計上すれば利益が減って税金が減るはずなのに無理をして利益計上しているわけですね。

K先生 たとえば、事例の会社では、税法で認められた繰入限度額が5,601,208円あるにもかかわらず、当期の決算書においては2,000,000円の繰入しか行われておらず、結果として360万円以上の繰入不足が生じていますね。前期の決算において、この会社が繰入限度額近くまで引当金の繰入を行っていたとすると、この360万円の繰入不足には、何らかの会社の「意思」が存在したと考えられ、その原因を検討する必要がありますね。

イチロー なるほど。業績の厳しい会社であれば、粉飾の可能性も考えなければならないわけですね。

K先生 そうですね。貸倒引当金の調整は比較的簡単な作業のため、業績不振となった初期の段階で行われることが多いようです。したがって、このような繰入不足が生じている場合には、決算書全体を慎重に見る必要がありそうです。

法人税申告書 別表14(2)

─寄附金の損金不算入額がわかる─

別表14(2)の役割

　会社が使った経費のうち営業活動と直接関係のない寄附金は必要経費としての性格が薄く、これを無制限に損金として所得計算から除外してしまえば、結果として国の税金から補助することになってしまいます。

　そこで、法人税法では、会社が支払った寄附金のうち、会社の資本金等の額（『別表5(1)』の36④欄の額）と所得の金額に基づいて計算した損金算入限度額を設け、その限度額を超えた部分については損金不算入としています。

● 寄附金の種類と税務上の取扱い

　寄附金は、次の4種類に分類され、それぞれ税務上、次のとおり取扱われます。

① 　国や地方公共団体等に対する寄附金および指定寄附金…全額損金算入

② 　特定公益増進法人等への寄附金（NPO法人等への寄附金）…損金算入限度額あり

③ 　その他の（一般の）寄附金（上記および④以外の寄附金）…損金算入限度額あり

④ 　100%子会社への寄附金…全額損金不算入

● 外国子会社等への寄附金の取扱い

　外国の子会社など、国外の関連会社等への寄附金は、全額損金不算入となります。

寄附金の損金算入に関する明細書

事業年度	令和 5. 4. 1 令和 6. 3.31	法人名	ＡＢＣ卸販売株式会社

別表十四(二)

令五・四・一以後終了事業年度分

公益法人等以外の法人の場合

一般寄附金の損金算入限度額の計算	支出した寄附金の額	指定寄附金等の金額 (41の計)	1	10,000 円
		特定公益増進法人等に対する寄附金額 (42の計)	2	
		その他の寄附金額	3	199,520
		計 (1)＋(2)＋(3)	4	209,520
		完全支配関係がある法人に対する寄附金額	5	
		計 (4)＋(5)	6	209,520
	所得金額仮計 (別表四「26の①」)		7	9,030,534
	寄附金支出前所得金額 (6)＋(7) (マイナスの場合は0)		8	9,240,054
	同上の $\frac{2.5又は1.25}{100}$ 相当額		9	231,001
	期末の資本金の額及び資本準備金の額の合計額又は出資金の額 (別表五(一)「32の④」＋「33の④」)		10	10,000,000
	同上の月数換算額 (10)×$\frac{12}{12}$		11	10,000,000
	同上の $\frac{2.5}{1,000}$ 相当額		12	25,000
	一般寄附金の損金算入限度額 ((9)＋(12))×$\frac{1}{4}$		13	64,000
特定公益増進法人等に対する寄附金の特別損金算入限度額の計算	寄附金支出前所得金額の$\frac{6.25}{100}$相当額 (8)×$\frac{6.25}{100}$		14	
	期末の資本金の額及び資本準備金の額の合計額又は出資金の月数換算額 (11)×$\frac{3.75}{1,000}$		15	
	特定公益増進法人等に対する寄附金の特別損金算入限度額 ((14)＋(15))×$\frac{1}{2}$		16	
	特定公益増進法人等に対する寄附金の損金算入額 ((2)と((14)又は(16))のうち少ない金額)		17	
	指定寄附金等の金額 (1)		18	10,000
	国外関連者に対する寄附金額及び本店等に対する内部寄附金額		19	
	(4)の寄附金額のうち同上の寄附金以外の寄附金額 (4)－(19)		20	209,520
損金不算入額	同上のうち損金の額に算入されない金額 (20)－((9)又は(13))－(17)－(18)		21	135,520
	国外関連者に対する寄附金額及び本店等に対する内部寄附金額 (19)		22	
	完全支配関係がある法人に対する寄附金額 (5)		23	
	計 (21)＋(22)＋(23)		24	135,520

公益法人等の場合

損金算入限度額の計算	支出した寄附金の額	長期給付事業への繰入利子額	25	円
		同上以外のみなし寄附金額	26	
		その他の寄附金額	27	
		計 (25)＋(26)＋(27)	28	
	所得金額仮計 (別表四「26の①」)		29	
	寄附金支出前所得金額 (28)＋(29) (マイナスの場合は0)		30	
	同上の $\frac{}{100}$ 相当額 $\frac{50}{100}$ 相当額が年額200万円に満たない場合 (当該法人が公益社団法人又は公益財団法人である場合を除く。)は、年額200万円		31	
	公益社団法人又は公益財団法人の公益法人特別限度額 (別表十四(二)付表「3」)		32	
	長期給付事業を行う共済組合等の損金算入限度額 (25)と(融資額の年0.5.5%相当額のうち少ない金額)		33	
	損金算入限度額 ((31)、(31)と(32)のうち多い金額)又は((31)と(33)のうち多い金額)		34	
	指定寄附金等の金額 (41の計)		35	
	国外関連者に対する寄附金額及び完全支配関係がある法人に対する寄附金額		36	
	(28)の寄附金額のうち同上の寄附金以外の寄附金額 (28)－(36)		37	
損金不算入額	同上のうち損金の額に算入されない金額 (37)－(34)－(35)		38	
	国外関連者に対する寄附金額及び完全支配関係がある法人に対する寄附金額 (36)		39	
	計 (38)＋(39)		40	

指定寄附金等に関する明細

寄附した日	寄附先	告示番号	寄附金の使途	寄附金額 41
令和 5. 4.15	災害義援金			10,000 円
		計		10,000

特定公益増進法人若しくは認定特定非営利活動法人等に対する寄附金又は認定特定公益信託に対する支出金の明細

寄附した日又は支出した日	寄附先又は受託者	所在地	寄附金の使途又は認定特定公益信託の名称	寄附金額又は支出金額 42
				円
		計		

その他の寄附金のうち特定公益信託（認定特定公益信託を除く。）に対する支出金の明細

支出した日	受託者	所在地	特定公益信託の名称	支出金額
				円

PICK UP 1 損金算入限度額の計算

PICK UP 2 損金不算入額

≫ 別表14 (2) の重要項目とその解説

PICK UP 1 損金算入限度額の計算 （1〜16欄）

寄附金のうち、一般の寄附金の損金算入限度額は、次の金額です。

Ⓐ……寄附金支出前の当期の所得金額×$\dfrac{2.5}{100}$（9欄）

Ⓑ……資本金等の額×$\dfrac{当期の月数}{12}$×$\dfrac{2.5}{1,000}$（12欄）

（Ⓐ＋Ⓑ）×$\dfrac{1}{4}$＝損金算入限度額（13欄）

一方、特定公益増進法人に対する寄附金の損金算入限度額は、次の金額です。

Ⓒ……寄附金支出前の当期の所得金額×$\dfrac{6.25}{100}$（14欄）

Ⓓ……資本金等の額×$\dfrac{当期の月数}{12}$×$\dfrac{3.75}{1,000}$（15欄）

（Ⓒ＋Ⓓ）×$\dfrac{1}{2}$＝損金算入限度額（16欄）

PICK UP 2 損金不算入額 （21〜24欄）

　この会社の支出した寄附金のうち指定寄附金10,000円は損金に算入されますが、199,520円が一般寄附金として損金算入限度額の計算の対象となります。

　計算の結果、13欄に示す損金算入限度額は64,000円、損金不算入額は21欄、24欄のとおり、支出した寄附金の額が損金算入限度額を上回る135,520円となります。この損金不算入額が、『別表4』の27欄（30頁参照）において申告加算されます。

法人税申告書別表14 (2)

13

K先生 & イチロー　イチロー君が別表14(2)で留意すべき点

イチロー　この『別表14(2)』は、東日本大震災以降よく見るようになったと先輩から聞きましたが、災害義援金は文句なく損金に落ちるでしょうから、何の目的でこの別表を作成するのでしょうか？

K先生　東日本大震災の寄附金は、指定寄附金ですから損金に落とせますが、そうでない寄附金があるのですよ。というのは、寄附金というのは、相手から見返りを得ることもない相手方に対する一方的贈与ですから無制限に費用に落とせないように、税法では、損金算入限度額という枠を定めています。そのため、寄附金がその枠を超えているかどうか計算することがこの別表の目的です。

イチロー　損金算入の枠があるなら、見返りが期待されない支出は、当然、枠の範囲内に収まっているのでしょうね。

K先生　そうですね、通常の寄附金なら経済的合理的な行動として、枠のなかに収まるような支出をするでしょうね。ところが、実際の税務の世界では、税務調査において寄附金として認定されることが多いんですよ。

イチロー　寄附金の認定というのは、どのようなことですか？

K先生　たとえば、会社が仕入先から1個900円で購入している部品を、業績不振の関係会社から1,000円で仕入れている場合、この取引が税務調査で判明しますと、会社はその関係会社に対して、1個仕入れるごとに100円を寄附していると税務当局は判断します。この100円が寄附金認定となるわけです。そのため、寄附金の認定額が寄附金の枠を上回る部分が、損金不算入額として『別表4』で申告加算され、課税されることになるわけです。

イチロー　K先生。このような取引は、企業グループ内ではいくらでもあるのではないでしょうか？業績の悪い関係会社に対しては、支援しようという意図があるのが普通ですよね。

K先生　イチロー君の言うとおりですよ。グループ会社間では、利益操作が容易にできますから、税務調査では、このような取引を発見し、寄附金認定して課税することが多いんですよ。新聞に大手企業が追徴税を何億円も払ったという記事が載りますね。あの大半が、このようなケースであると思いますよ。

イチロー　追徴税というからには、悪質な脱税をしたという印象をもっていたのですが、実態は寄附金認定が多いのですね。

K先生　そうなんです。ですから、平成22年度の税制改正で導入されたグループ法人税制では、100％子会社に対する親会社からの寄附金は全額損金不算入とするとともに、寄附を受けた子会社の受贈益は益金不算入とすることになりました。

イチロー　あーそうなんですか。グループ間の寄附金に網をかけたのですね。

法人税申告書 別表14(6)

―100%グループ法人間の資産の売買取引の実態がわかる―

別表14(6) の役割

　グループ法人間取引を通じた含み損の損出しなどの租税回避行為を防ぐために、100%グループ法人間において資産を譲渡した場合には、次のとおり取扱われます。

● 100%グループ間の資産の譲渡取引の課税の繰延べ

　　100%グループ法人間において次の資産（譲渡損益調整資産という）を譲渡した場合には、その譲渡によって発生した譲渡益または譲渡損は、法人税申告書『別表14(6)』を作成したうえ、『別表4』（30頁参照）において譲渡がなかったものとして申告減算または申告加算することによって、課税が繰延べられます。

譲渡損益調整資産	直前の帳簿価額が、1,000万円以上の固定資産、土地等、有価証券（売買目的有価証券を除く）、金銭債権、繰延資産

● 繰延べ損益の戻入れ

　　上記のように課税が繰延べられた譲渡損益は、次の事由が発生した場合には、それぞれ所定の金額を『別表14(6)』に記入のうえ、戻入れ（申告加算してあるものは申告減算、申告減算してあるものは申告加算する）を行うことになります。

①　譲受け法人が、譲受けた資産を他に譲渡した場合……繰延べられた金額の全額

②　譲受け法人が、譲受けた資産を貸倒れ、または、除却した場合 ……同上

③　譲受け法人が、譲受けた資産の減価償却を行った場合……減価償却に対応する額

重要ポイント! 法人税申告書 別表14(6)

PICK UP 1 当期が譲渡年度である場合の損金算入額

PICK UP 2 当期が譲渡年度である場合の益金算入額

PICK UP 3 譲渡利益額の調整

PICK UP 4 譲渡損失額の調整

完全支配関係がある法人の間の取引の損益の調整に関する明細書

| 事業年度 | 令和 5・4・1
令和 6・3・31 | 法人名 | ＡＢＣ卸販売株式会社 | 別表十四(六) |

項目		計
譲 受 法 人 名 1	㈱ＡＢＣ運輸	
譲 渡 損 益 調 整 資 産 の 種 類 2	有価証券	
譲 渡 年 月 日 3	令和 5・12・4 ・ ・ ・ ・	
譲 渡 収 益 の 額 4	15,000,000	
譲 渡 原 価 の 額 5	10,000,000	
調整前譲渡利益額 (4)－(5)(マイナスの場合は0) 6	5,000,000	
圧縮記帳等による損金算入額 7		
譲 渡 利 益 額 (6)－(7) 8	5,000,000	
当期が譲渡年度である場合の損金算入額 (8) 9	5,000,000	
譲 渡 損 失 額 (5)－(4)(マイナスの場合は0) 10		
当期が譲渡年度である場合の益金算入額 (10) 11		
譲渡利益額の調整 (8)のうち期首現在で益金の額に算入されていない金額 (前期の(14)) 12		
当 期 益 金 算 入 額 (簡便法により計算する場合には、(21)又は(25)の金額) 13		
翌期以後に益金の額に算入する金額 ((8)又は(12))－(13) 14	5,000,000	
譲渡損失額の調整 (10)のうち期首現在で損金の額に算入されていない金額 (前期の(17)) 15		
当 期 損 金 算 入 額 (簡便法により計算する場合には、(22)又は(26)の金額) 16		
翌期以後に損金の額に算入する金額 ((10)又は(15))－(16) 17		
当期に譲受法人において生じた調整事由 18	譲渡・償却その他( ) 譲渡・償却その他( ) 譲渡・償却その他( ) 譲渡・償却その他( )	
簡便法により当期を益金算入額又は損金算入額を計算する場合 減価償却資産 償却期間の月数 (譲受法人が適用する耐用年数)×12 19	月 月 月 月	
当期の月数(当期が譲渡年度である場合には譲渡日から当期の末日までの月数) 20		
当 期 益 金 算 入 額 (8)×(20)/(19) 21	円 円 円 円	
当 期 損 金 算 入 額 (10)×(20)/(19) 22		
繰延資産 支出の効果の及ぶ期間の月数 23	月 月 月 月	
当期の月数(当期が譲渡年度である場合には譲渡日から当期の末日までの月数) 24		
当 期 益 金 算 入 額 (8)×(24)/(23) 25	円 円 円 円	
当 期 損 金 算 入 額 (10)×(24)/(23) 26		

以後終了事業年度分

別表14（6）の重要項目とその解説

PICK UP 1　当期が譲渡年度である場合の損金算入額（9欄）

　当期が譲渡年度である場合には、譲渡収益の額（4欄）から譲渡原価の額（5欄）を差引いて算出した調整前譲渡利益額（6欄）から圧縮損を差引いた譲渡利益額（8欄）が決算書に計上されていますが、9欄は課税を繰延べるために申告書で申告減算すべき金額が記載されます。

　この金額をもとに、事例の場合は『別表4』の21欄（30頁参照）において申告減算されています。

PICK UP 2　当期が譲渡年度である場合の益金算入額（11欄）

　当期が譲渡年度である場合には、譲渡収益の額（4欄）から譲渡原価の額（5欄）を差引いて算出した譲渡損失額（10欄）が決算書に計上されますが、11欄は課税を繰延べるために申告書で申告加算すべき金額が記載されます。

　この金額をもとに、『別表4』において申告加算されます。

PICK UP 3　譲渡利益額の調整（12～14欄）

　譲渡年度において譲渡利益額（譲渡年度の8欄）を計上し、申告減算を行っている場合に、その後の期に譲受け法人がその資産を譲渡するなど、譲渡法人において申告減算額を戻入れ（申告書において申告加算する）すべき額が発生した場合に13欄の記載を行います。

PICK UP 4　譲渡損失額の調整（15～17欄）

　譲渡年度において譲渡損失額（譲渡年度の10欄）を計上し、申告加算を行っている場合に、その後の期に譲受け法人がその資産を譲渡するなど、譲渡法人において申告加算額を戻入れ（申告書において申告減算する）すべき額が発生した場合に16欄の記載を行います。

K先生 & イチロー イチロー君が別表14(6)で留意すべき点

イチロー K先生。この『別表14(6)』は、はじめてお目にかかりますが、グループ法人税制の別表なんでしょうか？

K先生 そうです。グループ法人税制では、100%グループ法人間で直前の帳簿価額1,000万円以上の固定資産、土地、有価証券などの資産を譲渡した場合、その譲渡損益は決算書に計上されますが、法人税申告書『別表4』において申告減算または申告加算することによって課税を繰延べるための別表です。

イチロー そうなると、取引先のグループ会社の資本関係をキチンとつかんでおくことが、今まで以上に必要となりますね。

K先生 イチロー君の言うとおりですよ。ですから、税務においても、グループ会社の出資関係図★1を申告書に添付することを求めています。出資関係図は添付してありませんか？

イチロー ありました！　ありました！　この出資関係図（108頁参照）によると、この会社の100%子会社が『別表14(6)』において譲受け法人として記載されている㈱ＡＢＣ運輸で、そこに100%孫会社のＡＢＣサポート㈱がぶら下がっていますね。

K先生 ちょっと待ってください。イチロー君、申告書の科目内訳の有価証券（178頁参照）を見てください。『別表14(6)』に記載されている有価証券の銘柄がわかると思いますよ。

イチロー えーと……。わかりました！　売却した有価証券はＡＢＣサポート㈱の株式です。ということは、出資関係図で判断すると、会社は100%子会社であるＡＢＣサポート㈱の株式を全株、子会社である㈱ＡＢＣ運輸に売却し、同社を孫会社にしたということですね。

K先生 そうですね。なぜ子会社を他の子会社に売って孫会社にしたのかが問題ですね。単なる表面的な益出しということならば、一種の粉飾ですね。

《 譲受け法人がその資産を売却したら、戻入れの申告調整をする 》

イチロー 先ほど、先生は粉飾会社の悩みは、粉飾して黒字にしても納税資金が足りないことなので、支払うことができる範囲のわずかな利益を計上することが多いとおっしゃいましたが、グループ法人税制を利用すれば、益出しをしても課税されないので、おいしい粉飾ですね。
　でも、資産を譲渡した会社は、永遠に課税が繰延べられるわけではないでしょう？

K先生 そうです。譲り受けた子会社がその資産を売ってしまえば課税の繰延べは打ち切られて、譲渡した親会社では、申告減算してあった場合は申告加算、申告加算してあったら申告減算するという戻入れが必要となります。

イチロー 譲り受けた子会社がその資産を売ってしまったら戻入れをするということは、機械のように使い切って最後に除却するようなケースでは、除却した時に戻入れするのでしょうか？

K 先 生 機械のような減価償却資産は、譲受け会社が使っている間に徐々にその価値が目減りしていきますから、除却する前の毎決算期において減価償却相当額だけ戻入れを行うことになるわけです。

イチロー グループ法人税制を適用すると、後処理も大変ですね。でも、グループ企業経営をやっている会社は、このグループ法人税制は益出しやグループ間に利益を移転するという面からみても利用価値があるのでしょうね。

K 先 生 ですから、グループ法人税制ができたことで、これまではグループ会社への支援を貸付金という資金援助で行っていた企業が、グループ会社から含み益のある資産を買上げることで、税負担の心配をしないで資金援助と益出しの両方を行うことができるようになっている点は要注意ですね。

イチロー 本当に、グループ法人税制を活用すればいろいろなことができそうですね。今、先生がおっしゃった資金援助ですが、貸付金ではなくて寄附金で行って、もらった側は受贈益の益金不算入とすることができるんですね。

K 先 生 イチロー君が言うようにいろいろ考えられるということは、経営戦略としてグループの再編や事業の選択と集中という観点から、グループ間で資産の譲渡取引を行う提案をすることによって、融資案件を創造することもできるでしょうね。

イチロー 少し楽しみが出てきました。何とか面白い提案を作って融資に結び付けたいと思います。

用語の解説

★1　グループ会社の出資関係図

　法人が完全支配関係にある他の法人を有する場合には、法人税の確定申告書に完全支配関係がある法人との関係を系統的に示した図（出資関係図という）を添付することが必要です。

　具体的には、当期末に完全支配関係のあるすべての法人を下図のように記載するとともに、グループ法人の所轄税務署、事業種目などを記載したグループ一覧を付記することが求められています。

　なお、グループの頂点が個人の場合は、その氏名を最上位に記載します。

(1) 出資関係図

```
┌─────────────────┐
│    ①親法人       │
│  ABC卸販売株式会社 │
└─────────────────┘
          │ 100％
┌─────────────────┐
│    ②子法人       │
│  株式会社ABC運輸  │
└─────────────────┘
          │ 100％
┌─────────────────┐
│    ③孫法人       │
│ ABCサポート株式会社 │
└─────────────────┘
```

(2) グループ一覧

番　　　号	①	②	③
所轄税務署	名古屋	東京	大阪
法 人 名	ABC卸販売株式会社	株式会社ABC運輸	ABCサポート株式会社
納 税 地	名古屋市中区…	東京都中央区…	大阪市北区…
代 表 者 名	名古屋太郎	名古屋太一郎	名古屋太喜
事 業 種 目	卸売業	運輸業	請負業
資 本 金 等	10,000千円	10,000千円	10,000千円
決 算 期	3月31日	3月31日	3月31日

(注) ABC卸販売株式会社のグループ会社のなかに、発行済み株式の35％を所有している関連法人であるABC小売株式会社がありますが、完全支配関係はありませんので、グループ会社の出資関係図に記載する必要はありません。

法人税申告書 別表15

―交際費の支出額と損金不算入額がわかる―

別表15の役割

　企業が支出する交際費は、事業を行っていくための潤滑油としての役割を果たしています。したがって、これらの費用は、全額損金として認められるべきものと考えられています。

　しかし、ビジネスは本来ならば、商品の品質や価格あるいはサービスなどによって競争すべきものであるにもかかわらず、接待や贈答などによって売上を伸ばそうとすることは健全な商慣習としては好ましいものではありません。

　そのため、税法ではこのような支出を抑制することを狙って、交際費の損金算入限度額を設けました。その限度額を超過する「交際費等の損金不算入額」を計算することが『別表15』の役割です。

　その結果、交際費等の損金不算入額が『別表４』の８欄（30頁参照）において申告加算されることによって「使ってしまった交際費」が所得金額を構成することになります。いわば、交際費として費消され資金流出してしまった金額に税金がかかってくるわけですから、企業にとっては負担が大きい項目です。

　したがって、この交際費の損金不算入額の所得金額に占める割合が大きい場合は、所得のうち内部留保として残る金額がどの程度かチェックすることが必要です。

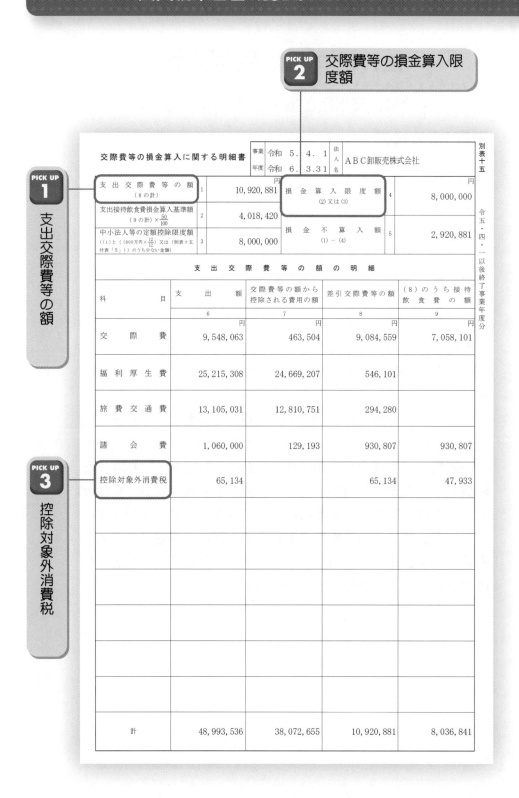

重要ポイント！ 法人税申告書 別表15

PICK UP 2 交際費等の損金算入限度額

PICK UP 1 支出交際費等の額

PICK UP 3 控除対象外消費税

交際費等の損金算入に関する明細書	事業年度	令和 5.4.1 令和 6.3.31	法人名	ＡＢＣ卸販売株式会社		別表十五

支出交際費等の額 (8の計)	1	10,920,881	損金算入限度額 (2)又は(3)	4	8,000,000
支出接待飲食費損金算入基準額 (9の計)×50/100	2	4,018,420			
中小法人等の定額控除限度額 ((1)と((800万円×12/12)又は(別表十五付表「5」))のうち少ない金額)	3	8,000,000	損金不算入額 (1)-(4)	5	2,920,881

支出交際費等の額の明細

科目	支出額	交際費等の額から控除される費用の額	差引交際費等の額	(8)のうち接待飲食費の額
	6	7	8	9
交際費	9,548,063	463,504	9,084,559	7,058,101
福利厚生費	25,215,308	24,669,207	546,101	
旅費交通費	13,105,031	12,810,751	294,280	
諸会費	1,060,000	129,193	930,807	930,807
控除対象外消費税	65,134		65,134	47,933
計	48,993,536	38,072,655	10,920,881	8,036,841

令五・四・一以後終了事業年度分

110

≫ 別表15の重要項目とその解説

PICK UP 1　支出交際費等の額★¹ （1欄）

接待や贈答などの行為を行うための費用である交際費は、接待交際費勘定のみならず福利厚生費や旅費交通費、諸会費などにも含まれています。そのため、支出交際費等の明細の「科目欄」は、交際費が含まれている科目をすべて記載（8欄）するとともに、そのなから接待飲食費（9欄）をピックアップすることによって損金算入限度額の計算を行うことにしています。

PICK UP 2　交際費等の損金算入限度額 （4欄）

交際費等の損金算入限度額（4欄）は、次の①支出接待飲食費の損金算入基準額（2欄）または②中小法人等の定額控除限度額（3欄）のいずれかを選択適用し、その損金算入限度額を支出交際費等の額が上回る場合には、その超過額は損金不算入額（5欄）として『別表4』の8欄（30頁参照）において申告加算されます。

なお、期末の資本金が1億円超の大法人および非中小法人は、中小法人等の定額控除限度額を適用することはできません。

①　支出接待飲食費の損金算入基準額 （2欄）

支出接待飲食費の額（社内接待飲食費を除く） × 50% ＝ 損金算入基準額

②　中小法人等の定額控除限度額 （3欄）

支出交際費等の額 ・ 年800万円 ｝ いずれか少ない額 ⇨ 定額控除限度額

PICK UP 3　控除対象外消費税

消費税の課税売上高が5億円超または消費税の課税売上割合が95%未満の会社は、仮払消費税のうち仮受消費税額から控除できない消費税（控除対象外消費税という：149頁参照）が発生します。この控除対象外消費税額のなかで交際費に係る額は、交際費の限度額計算の対象となるため、このように『別表15』に記載されます。

K先生 & イチロー　イチロー君が別表15で留意すべき点

イチロー K先生！　交際費というのは、事業活動にとってある程度必要な費用なのに、中小法人とそれ以外の法人とでは取扱いの格差が大きいですね。しかも、中小企業の交際費には、オーナー社長一族の個人的な浪費も混在していると思われますが、そのような公私混同を防ぐために申告書からチェックする方法はないのでしょうか？

K先生 個人的な浪費の混入の有無は、請求書や領収書などを詳細にチェックしなければわかりませんね。しかし、税務調査において指摘されることは、よくありますよ。

イチロー そうでしょうね。でも、交際費が損金算入限度額を超えている場合は、資金流出した交際費に税金がかかるというのは辛いことですね。

K先生 ですから、所得金額の一部にこの交際費の損金不算入額が多額に含まれている場合は、本当の儲けではないという意味で芳しいことではありませんね。

イチロー 確かにそうですね。ところで、私は『別表15』の科目欄の交際費の金額を損益計算書とチェックしていますが、7欄の「交際費等の額から控除される費用の額」というのは何でしょうか？

K先生 これは、交際費として処理している費用のうち税務上の交際費から除外されるものが記載されるんです。たとえば、取引先との飲食費のうち1人当たり10,000円以下（令和6年3月31日までに支出されたものについては5,000円以下）のものがこれに該当します。ただし、この1万円基準は取引先との飲食費に限定されていて、中小企業の社長さんが従業員を慰労に飲みにつれていくケースは交際費になるんですよ。

イチロー えっ！　そうなんですか？　従業員相手なら福利厚生費だと思っていましたが……。

K先生 福利厚生費というのは、会社全体の行事として忘年会とか新年会などを行うケースに限られていて、特定の役員とか従業員だけの場合は社内接待費といって交際費になるんですよ。

イチロー 厳しいですね。そうすると、社内の打合わせに喫茶店やレストランを使う場合も交際費になってしまうのですか？

K先生 （笑いながら……）そのような場所での打合わせでしたら、1人当たり3,000円程度の飲食費は会議費として取扱われ、交際費にはなりませんね。

イチロー 勉強になりました。交際費一つとっても税法では細かく規定されているのですね。

用語の解説

★1　支出交際費等の額

　『別表15』では、交際費に支出という用語を付けているため、『支出交際費等』というのは当期に支払いが完了した交際費のみを対象としていると勘違いしがちです。しかし、交際費の限度額計算の対象となるのは、支出したかどうかを問わず当期中に交際という行為を行ったものがすべて対象となります。

法人税申告書 別表16(1)

―定額法による償却過不足の有無がわかる―

別表16(1)の役割

　減価償却費で損金の額に算入されるのは、償却費として損金経理[(注)]した金額のうち減価償却限度額に達するまでの金額です。

償却費として損金経理した金額	

いずれか少ない額　⇒　当期の損金の額に算入

当期の償却限度額	

　この別表は、「定額法」による減価償却資産について、次の事項を記載することにより、当期の決算において計上した減価償却費が税法上の限度額に比べて過大（償却超過）であるのか、過小（償却不足）であるのかを明らかにする役割を担っています。

● **当期分の償却限度額**

　平成19年4月1日以後に取得し事業の用に供した減価償却資産と平成19年3月31日以前に取得等した減価償却資産とに区分し、当期分の定額法による償却限度額を計算します。

● **当期償却額**

　当期の決算書に費用として計上した減価償却額を記載します。

● **当期の償却不足額と償却超過額**

　当期の償却限度額に対して当期償却額が満たないか（償却不足）、当期償却額が多過ぎるか（償却超過）を明らかにします。

　そのため、この別表によって初歩的な粉飾である当期の償却不足額をつかむことができ、これを端緒として他の項目においても粉飾がないかどうか注意して決算書を読むことが必要となります。

　（注）決算書において費用・損失として計上すること。

PICK UP 1 取得価額

PICK UP 2 残存価額

PICK UP 3 当期分の償却限度額

旧定額法又は定額法による減価償却資産の償却額の計算に関する明細書

| 事業年度 | 令和 5 . 4 . 1
令和 6 . 3.31 | 法人名 | ＡＢＣ卸販売株式会社 | | 別表十六(一) |

別表十六(一) 令五・四・一以後終了事業年度分

資産区分	種 類	1	建　　　　物	ソフトウェア			合　　　計
	構　　造	2					
	細　　目	3					
	取 得 年 月 日	4					
	事業の用に供した年月	5					
	耐 用 年 数	6	年	年	年	年	年
取得価額	取得価額又は製作価額	7	111,300,000	5,000,000			116,300,000
	(7)のうち積立金方式による圧縮記帳の場合の償却額計算の対象となる取得価額に算入しない金額	8					
	差 引 取 得 価 額 (7) − (8)	9	111,300,000	5,000,000			116,300,000
帳簿価額	償却額計算の対象となる期末現在の帳簿記載金額	10	96,090,000	3,230,412			99,320,412
	期末現在の積立金の額	11					
	積立金の期中取崩額	12					
	差引帳簿記載金額 (10) − (11) − (12)	13	96,090,000	3,230,412			99,320,412
	損金に計上した当期償却額	14	990,000				990,000
	前期から繰り越した償却超過額	15					
	合　計 (13) + (14) + (15)	16	97,080,000	3,230,412			100,310,412
	残 存 価 額	17					
当期分の普通償却限度額等	差引取得価額 × 5% (9) × 5/100	18					
	平成19年3月31日以前取得分 (16)>(18)の場合	旧定額法の償却額計算の基礎となる金額 (9) − (17)	19	67,770,000				67,770,000
		旧定額法の償却率	20					
		算 出 償 却 額 (19) × (20)	21	1,355,400	1,000,000	円	円	2,355,400
		増 加 償 却 額 (21) × 割増率	22	( )	( )	( )	( )	( )
		計 (21) + (22)	23	1,355,400	1,000,000			2,355,400
	(16)≦(18)の場合	算　出　償　却　額 ((18)−1円)×12/60	24					
	平成19年4月1日以後取得分	定額法の償却額計算の基礎となる金額	25	36,000,000				36,000,000
		定 額 法 の 償 却 率	26					
		算 出 償 却 額 (25) × (26)	27	972,000	円	円	円	972,000
		増 加 償 却 額 (27) × 割増率	28	( )	( )	( )	( )	( )
		計 (27) + (28)	29	972,000				972,000
	当期分の普通償却限度額等 (23)、(24) 又は (29)	30	2,327,400	1,000,000			3,327,400
当期分の償却限度額	特別償却限度額	特別に又は割増償却の適用条項	31	条 項 ( )	条 項 ( )	条 項 ( )	条 項 ( )	条 項 ( )
		特 別 償 却 限 度 額	32	円	円	円	円	円
	前期から繰り越した特別償却不足額又は合併等特別償却不足額	33					
	合　計 (30) + (32) + (33)	34	2,327,400	1,000,000			3,327,400
	当 期 償 却 額	35	990,000				990,000
差引	償 却 不 足 額 (34) − (35)	36	1,337,400	1,000,000			2,337,400
	償 却 超 過 額 (35) − (34)	37					
償却超過額	前 期 か ら の 繰 越 額	38					
	当期損金認容額	償却不足によるもの	39					
		積立金取崩しによるもの	40					
	差引合計翌期への繰越額 (37) + (38) − (39) − (40)	41					
特別償却不足額	翌期に繰り越すべき特別償却不足額 ((36)−(39)と((32)+(33))のうち少ない金額)	42					
	当期において切り捨てる特別償却不足額又は合併等特別償却不足額	43					
	差 引 翌 期 へ の 繰 越 額 (42) − (43)	44					
	翌期繰越額の内訳		45					
		当 期 分 不 足 額	46					
	適格組織再編成により引き継ぐべき合併等特別償却不足額 ((36)−(39))と(32)のうち少ない金額)	47					
備考							

≫ 別表16（1）の重要項目とその解説

PICK UP 1　取得価額（7〜9欄）

　建物の取得価額として記載されている111,300,000円は、この会社が定額法を適用して減価償却を行っているすべての建物の取得価額の合計額のことです。そのため、本社建物や工場建物などの取得価額の明細をつかむためには、建物の取得価額の基礎となっている固定資産台帳を入手することが必要となります。

PICK UP 2　残存価額（17欄）

　残存価額とは、平成19年3月31日までに事業の用に供した減価償却資産について税法限度額どおり毎期減価償却を行った場合に、法定耐用年数が到来したときの価額のことです。残存価額は、平成19年3月31日までに事業の用に供した有形固定資産については取得価額の10％、無形固定資産についてはゼロとして計算します。

　一方、平成19年度改正により、平成19年4月1日以後に取得する有形の減価償却資産については残存価額および償却可能限度額（**3**参照）が廃止され、1円まで償却することができるものとされています。

PICK UP 3　当期分の償却限度額（17〜34欄）

　平成19年3月31日以前に取得した減価償却資産については、償却可能限度額（取得価額の95％）まで償却した後、翌事業年度以後5年間で1円まで均等償却を行います。

　当期分の償却限度額は、次の(1)〜(3)の金額の合計額です。

(1) 平成19年3月31日以前取得分の償却限度額（17〜24欄）

　①　期首の帳簿価額が取得価額の5％を上回っている場合には、次の定額法の算式のとおり、普通償却限度額（21欄）を算出します。

（定額法の算式）

$$（取得価額－残存価額）\times \text{旧定額法の償却率} \times \frac{\text{当期の事業供用月数}}{\text{当期の月数}} = \boxed{\text{償却限度額}}$$

　②　帳簿価額が取得価額の5％に達した場合には、その翌期から次の算式によって計算した金額が償却限度額（24欄）となります。

$$（取得価額\times5％－1円）\times \frac{\text{当期月数}}{60月} = \boxed{\text{償却限度額}}$$

旧定額法又は定額法による減価償却資産の償却額の計算に関する明細書

		事業年度	令和 5 . 4 . 1 / 令和 6 . 3.31	法人名	ＡＢＣ卸販売株式会社		別表十六(一) 令五・四・一以後終了事業年度分

資産区分	種類	1	建　物	ソフトウェア		合　　計	
	構造	2					
	細目	3					
	取得年月日	4					
	事業の用に供した年月	5					
	耐用年数	6	年	年	年	年	
取得価額	取得価額又は製作価額	7	111,300,000	5,000,000		116,300,000	
	(7)のうち積立金方式による圧縮記帳の場合の償却額計算の対象となる取得価額に算入しない金額	8					
	差引取得価額 (7)−(8)	9	111,300,000	5,000,000		116,300,000	
帳簿価額	償却額計算の対象となる期末現在の帳簿記載金額	10	96,090,000	3,230,412		99,320,412	
	期末現在の積立金の額	11					
	積立金の期中取崩額	12					
	差引帳簿記載金額 (10)−(11)−(12)	13	96,090,000	3,230,412		99,320,412	
	損金に計上した当期償却額	14	990,000			990,000	
	前期から繰り越した償却超過額	15					
	合計 (13)+(14)+(15)	16	97,080,000	3,230,412		100,310,412	
当期分の償却限度額等	残存価額	17					
	差引取得価額×5/100	18					
	平成19年3月31日以前取得分 (16)>(18)の場合	旧定額法の償却額計算の基礎となる金額 (16)−(17)	19	67,770,000			67,770,000	
		旧定額法の償却率	20					
		算出償却額 (19)×(20)	21	1,355,400	1,000,000		2,355,400	
		増加償却額 (21)×割増率	22	( )	( )	( )	( )	( )
		計 ((21)+(22))又は((16)−(18))	23	1,355,400	1,000,000		2,355,400	
	(16)≦(18)の場合	算出償却額 ((18)−1円)×12/60	24					
	平成19年4月1日以後取得分	定額法の償却額計算の基礎となる金額 (9)	25	36,000,000			36,000,000	
		定額法の償却率	26					
		算出償却額 (25)×(26)	27	972,000			972,000	
		増加償却額 (27)×割増率	28	( )	( )	( )	( )	( )
		計 (27)+(28)	29	972,000			972,000	
	当期分の普通償却限度額等 (23)、(24)又は(29)	30	2,327,400	1,000,000		3,327,400	
当期分の償却限度額	特別償却限度額	租税特別措置法適用条項	31	条 項	条 項	条 項	条 項	条 項
		特別償却限度額	32					
	前期から繰り越した特別償却不足額又は合併等特別償却不足額	33					
	合計 (30)+(32)+(33)	34	2,327,400	1,000,000		3,327,400	
	当期償却額	35	990,000	1,000,000		990,000	
差引	償却不足額 (34)−(35)	36	1,337,400	1,000,000		2,337,400	
	償却超過額 (35)−(34)	37					
償却超過額	前期からの繰越額	38					
	当期損金認容額	償却不足によるもの	39					
		積立金取崩しによるもの	40					
	差引合計翌期への繰越額 (37)+(38)−(39)−(40)	41					
特別償却不足額	翌期に繰り越すべき特別償却不足額 (((36)−(39))と(((32)+(33))のうち少ない金額)	42					
	当期において切り捨てる特別償却不足額又は合併等特別償却不足額	43					
	差引翌期への繰越額 (42)−(43)	44					
	翌期繰越額の内訳	・ ・	45					
		当期分不足額	46					
	適格組織再編成により引き継ぐべき合併等特別償却不足額((36)−(39))と(32)のうち少ない金額)	47					
備考							

116

別表16(1)の重要項目とその解説

(2) 平成19年4月1日以後取得分の償却限度額（25〜29欄）

定額法の算式（(1)の①）どおり償却をしますが、有形固定資産・無形固定資産を問わず残存価額はゼロとして、いわゆる新定額法の償却率（旧定額法の償却率とほぼ同じ）で償却計算を行い、法定耐用年数が到来したときに備忘価額1円まで償却できます。

(3) 特別償却限度額★1（31〜33欄）

産業政策や社会政策などにより普通償却限度額以外に租税時別措置法により特別償却が認められています。そのため、これらの特別償却の適用（用語の解説＜120頁＞を参照）を受けた場合には、その特別償却限度額を計算します。

なお、事例のケースでは特別償却の適用はなく、当期分の償却限度額（34欄）の合計は、普通償却限度額（30欄）である3,327,400円です。

PICK UP 4 当期償却額（35欄）

当期の決算書に減価償却費として費用に計上した金額を記載します。

この事例の当期償却額は990,000円です。

PICK UP 5 差引（償却不足額または償却超過額）（36、37欄）

当期分の償却限度額（34欄）と当期償却額（35欄）とを比較し、当期償却額が当期分の償却限度額に満たない場合が「償却不足」、当期償却額が当期分の償却限度額を上回っている場合が「償却超過」です。

事例の場合には、当期分の償却限度額である3,327,400円に対して当期償却額は990,000円ですから、償却不足額は2,337,400円です。このように償却費を少なめに計上することによって経常利益（この会社の場合は1,091万円）や税引前当期純利益（1,065万円）を黒字にしている企業は、明らかに決算書を黒字にすることを目標に決算を組んだと判断してもよいといえるでしょう。

そのため、融資担当者は、償却不足額だけ経常利益を減額して決算書を読むとともに、他の科目で粉飾していないか吟味することが必要です。

なお、当期償却額が当期分の償却限度額を上回って「償却超過額」が発生している場合、『別表4』の6欄（30頁参照）において申告加算されます。

法人税申告書別表16(1)

16

117

K先生 & イチロー イチロー君が別表16(1)で留意すべき点

イチロー この『別表16(1)』は、定額法による償却額の計算をする別表ですが、平成19年3月31日以前に取得した減価償却資産と平成19年4月1日以後に取得した減価償却資産とは、別々に償却限度額を計算するのですね。

K先生 そうです。平成19年度の税制改正では、2つの大きな改正がありました。第1点は、有形固定資産の残存価額が従来は取得価額の10%であったのが、平成19年4月1日以降に取得した減価償却資産については、すべて残存価額はゼロとして計算することになりました。第2点は、従来は取得価額の95%まで減価償却をし、取得価額の5%になった時点で償却をストップしていましたが、5%になった翌期から備忘価額の1円になるまで償却をすることができるようになりました。そのため、別々に限度額を計算することになったわけです。

イチロー ということは、すべての減価償却資産を1円になるまで償却することになりますから、改正前に比べると企業にとっても償却負担が増加していることになりますね。

K先生 そうなんです。もともと、減価償却費を増加させることによって設備投資を加速させ、グローバル社会において日本企業の競争力を高めることを狙った税制改正ですからね。

イチロー 儲かっている強い企業にとっては、償却限度額の増加はメリットがありますが、改正前の償却限度額に対してすら償却不足となっている弱い企業にとっては、償却負担が増加するという重荷となる改正であったわけですね。

K先生 イチロー君の言うとおりですね。負け組の企業は、限度額まで償却ができないケースが多くなると思いますよ。

《 定額法で償却しなければならない資産は決められている 》

イチロー 先生！ 今まで疑問に思っていたことなのですが、この『別表16(1)』は、定額法による償却計算の明細ですよね。定額法は、定率法と比べると償却限度額は小さいはずです。それにもかかわらず、定額法を選択するということは、定額法が適用される減価償却資産が決められているからでしょうか？

K先生 そうです、決められています。たとえば、ソフトウェアなどの無形固定資産は、定額法で償却することになっています。それから、有形固定資産は、定率法と定額法との選択ですが、平成10年4月1日以降に取得した建物は、定額法しか選択できないことになっています。さらに、平成28年度の税制改正によって平成28年4月1日以降に取得した建物附属設備と構築物も定額法が強制されるようになりました。

イチロー なるほど……。業績のよい会社が、建物を定額法で償却している理由がわからなかったの

ですが、おかげで解明できました。

　ところで、先生！　先ほど『税務と会計の考え方の違い』（7頁参照）についてご説明いただいたように、税法上では、この減価償却費も計上してもしなくてもよいうえ、償却限度額の範囲内であればいくら計上するかは任意でしたね。

K先生　そうなんです。法人税法では、償却費の計上は貸倒引当金と同様に任意なんですよ。そのため、企業は減価償却費を利益操作の道具に使う傾向があるんですよ。

イチロー　やはり、貸倒引当金と同じように、この『別表16(1)』の着眼点は、「当期分の償却限度額」と「当期償却額」とが同額であるかどうか、あるいは、償却不足となっているかどうかをチェックすることでしょうか？

K先生　すばらしい！　正解ですよ！　償却限度額と当期償却額とを比較して償却不足となっているにもかかわらず、利益が計上されている会社は気を付けなければいけませんね。減価償却費をきちんと計上すれば、利益はもっと小さくなり、税金の負担がもっと軽減されるのに、あえて余分に税金を払っているところが「粉飾をしているニオイ」がするところですね。

イチロー　確かに、この会社の償却限度額は332万円であるにもかかわらず、99万円しか償却をしないで、経常利益は1,091万円も計上しているのはおかしいですね。

K先生　そうなんです。このように償却不足があったら、粉飾はこれだけではなく、在庫や売掛金、買掛金などの他の科目も粉飾している可能性がありますから、他の科目を十分吟味することが必要ですね。しかも、この償却不足は当期だけでなく、過去数年間にわたって累積している可能性が高いですね。ですから償却不足の累計額を推定計算★²することも必要ですね。

イチロー　よくわかりました。このように申告書があれば償却不足から「粉飾のニオイ」をつかむことができますので、当期の償却不足額だけでなく、償却不足の累計額を推定計算するとともに、在庫や売掛金など他の科目にも目配りしたいと思います。

法人税申告書別表16(1)　**16(1)**

用語の解説

★1　特別償却限度額

　産業政策や社会政策などを目的として、普通償却限度額以外に租税特別措置法により次のような特別償却（取得価額に一定割合を乗じた金額を償却限度額に加算すること）が認められています。そのため、これらの特別償却の適用を受けた場合には、その特別償却限度額を計算します。

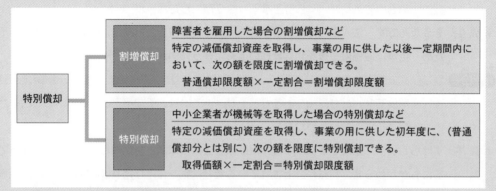

・　前期から繰り越した償却不足額（33欄）

　当期分の償却限度額の一項目として記載される「前期から繰り越した償却不足額」とは、前期に計上した特別償却費が特別償却限度額に満たない場合に生じた特別償却不足額の繰越額（1年間に限る）をいい、普通償却不足額は対象となりません。

★2　定額法における償却不足累計額の推定計算方法

　『別表16(1)』の資産区分欄に記載されている建物やソフトウエアの取得価額などの金額は、いずれも固定資産台帳に記載されている複数の資産の合計金額です。そのため、個々の資産の償却不足を把握するためには、固定資産台帳の提示を求めることが必要です。

　しかし、固定資産台帳を入手できなかった場合であっても、取引先への質問によって取得価額の情報を入手すれば、定額法の対象となっている建物について「固定資産の内訳書」（180頁参照）から建物の取得年月日や直前期までの経過年数をつかむとともに、税法の耐用年数表から法定耐用年数を調べることにより「償却不足の累計額」を次のように推定することができます。

　　①　年間の償却限度額＝（取得価額－残存価額）÷耐用年数
　　②　理論上の償却累計額＝年間の償却限度額×経過年数
　　③　償却不足の累計額＝帳簿価額－（取得価額－理論上の償却累計額）

法人税申告書 別表16(2)

―定率法による償却過不足の有無がわかる―

別表16(2)の役割

　この別表は、「定率法」による減価償却資産について、当期分の償却限度額と当期償却額を比較し、次のとおり償却不足額の有無、または償却超過額の有無を明らかにする役割を持っています。

● 当期分の償却限度額

　118頁に記載されているK先生の解説のとおり、平成19年度の税制改正によって減価償却方法が大きく変わりました。そのため、当期分の償却限度額は、平成19年3月31日以前取得分と平成19年4月1日以後に取得したものとを分けて計算します。

　また、これに伴い平成19年4月1日以後に取得したものについては、定額法の償却率の2.5倍の率を償却率として用いることとなりました（250％定率法）。

　さらに、平成23年度の税制改正によって、平成24年4月1日以後に取得したものについて定率法を採用する場合は、定額法の償却率の2倍を償却率として用いることとされています（200％定率法）。

● 当期償却額

　当期の決算書に減価償却費として費用に計上した額を記載します。

● 当期の償却不足額または償却超過額

　当期分の償却限度額と当期償却額とを比較し、償却不足額の有無、または償却超過額の有無を把握します。

　償却不足が発生している場合には、その決算書が粉飾されている可能性を示していることを意味します。一方、当期償却額が償却限度額を上回る場合には、その償却超過額は『別表4』の6欄（30頁参照）において申告加算されます。

＝1枚目＝

旧定率法又は定率法による減価償却
資産の償却額の計算に関する明細書

| | 事業年度 | 令和 5. 4. 1 〜 令和 6. 3.31 | 法人名 | ＡＢＣ卸販売株式会社 |

種類	1	建　　物	建物付属設備	構　築　物	機械装置	車両運搬具
資産区分 構　　造	2					
細　　目	3					
取　得　年　月　日	4					
事業の用に供した年月	5					
耐　用　年　数	6					
取得価額 取得価額又は製作価額	7	88,000,000	54,623,000	25,635,000	34,954,037	56,325,400
（7）のうち積立金方式による圧縮記帳の場合の償却額計算の対象となる取得価額に算入しない金額	8					
差　引　取　得　価　額 （7）－（8）	9	88,000,000	54,623,000	25,635,000	34,954,037	56,325,400
償却額計算の基礎となる額 償却額計算の対象となる期末現在の帳簿記載金額	10	19,775,425	29,734,822	5,687,441	11,409,726	26,853,654
期末現在の積立金の額	11					
積立金の期中取崩額	12					
差引帳簿記載金額 （10）－（11）－（12）	13	19,775,425	29,734,822	5,687,441	11,409,726	26,853,654
損金に計上した当期償却額	14	889,894		1,475,582	3,803,242	9,908,998
前期から繰り越した償却超過額	15					
合計 （13）＋（14）＋（15）	16	20,665,319	29,734,822	7,163,023	15,212,968	36,762,652
前期から繰り越した特別償却不足額又は合併等特別償却不足額	17					
償却額計算の基礎となる金額 （16）－（17）	18	20,665,319	29,734,822	7,163,023	15,212,968	36,762,652
当期分の普通償却限度額等 平成19年3月31日以前取得分 差引取得価額×5% （9）×5/100	19					
旧定率法の償却率	20					
算出償却額 （18）×（20）	21	1,219,253	3,343,390	1,475,582	1,869,934	2,221,924
増加償却額 （21）×割増率	22	( )	( )	( )	( )	( )
計 （21）＋（22）又は（（16）－（19））	23	1,219,253	3,343,390	1,475,582	1,869,934	2,221,924
（16）≦（19）の場合 算出償却額 （19）－1円）×12/60	24					
平成19年4月1日以後取得分 定率法の償却率	25					
調整前償却額 （18）×（25）	26		1,033,700		2,420,501	12,425,504
保証率	27					
償却保証額 （9）×（27）	28		199,132		0	
改定取得価額	29				771,954	2,131,286
（26）<（28）の場合 改定償却率	30					
改定償却額 （29）×（30）	31					
増加償却額 （26）又は（31）×割増率	32	( )	( )	( )	( )	( )
計 （26）又は（31）＋（32）	33		1,033,700		2,420,501	12,425,504
当期分の普通償却限度額等 （23）、（24）又は（33）	34	1,219,253	4,377,090	1,475,582	4,290,435	14,647,428
当期分の償却限度額 特別償却限度額 租税特別措置法適用条項	35	条 項	条 項	条 項	条 項	条 項
特別償却限度額	36					
前期から繰り越した特別償却不足額又は合併等特別償却不足額	37					
合計 （34）＋（36）＋（37）	38	1,219,253	4,377,090	1,475,582	4,290,435	14,647,428
当期償却額	39	889,894		1,475,582	3,803,242	9,908,998
差引 償却不足額 （38）－（39）	40	329,359	4,377,090		487,193	4,738,430
償却超過額 （39）－（38）	41					
償却超過額 前期からの繰越額	42					
当期損金認容額 償却不足によるもの	43					
積立金取崩しによるもの	44					
差引合計翌期への繰越額 （41）＋（42）－（43）－（44）	45					
特別償却不足額 翌期に繰り越すべき特別償却不足額 （（40）－（43））と（（36）＋（37））のうち少ない金額	46					
当期において切り捨てる特別償却不足額又は合併等特別償却不足額	47					
差引翌期への繰越額 （46）－（47）	48					
翌期繰越額の内訳	49					
当期分不足額	50					
適格組織再編成により引き継ぐべき合併等特別償却不足額 （（40）－（43））と（36）のうち少ない金額	51					

備考

PICK UP 1 当期分の償却限度額

≫ 別表16(2)の重要項目とその解説

PICK UP 1 当期分の償却限度額 （19～38欄）

当期分の償却限度額は、次の(1)～(3)の金額の合計額である35,072,056円（124頁参照）です。

(1) 平成19年3月31日以前取得分の償却限度額（19～24欄）

① 期首帳簿価額（税務上の簿価）が取得価額の5％を上回っている場合には、次の定率法の算式で償却限度額（23欄）を計算します。

（定率法の算式）

$$\left[\begin{array}{c}\text{期首の}\\\text{帳簿価額}\end{array} + \begin{array}{c}\text{前期繰越し}\\\text{償却超過額}\end{array}\right] \times \begin{array}{c}\text{旧定率法}\\\text{の償却率}\end{array} \times \dfrac{\begin{array}{c}\text{当期の事業}\\\text{供用月数}\end{array}}{\text{当期の月数}} = \boxed{\text{償却限度額}}$$

② 帳簿価額（税務上の簿価）が取得価額の5％（19欄の額）に達している場合には、その翌期から次の算式で計算した金額が償却限度額（24欄）になります。

$$(\text{取得価額} \times 5\% - 1\text{円}) \times \dfrac{\begin{array}{c}\text{当期の事業}\\\text{供用月数}\end{array}}{60\text{月}} = \boxed{\text{償却限度額}}$$

この事例では、平成19年3月31日以前取得分の普通償却限度額は、23欄の12,133,199円です。

(2) 平成19年4月1日以後取得分の償却限度額（25～33欄）

① 次の算式で計算した金額（調整前償却額）が、「250％定率法」または「200％定率法」といわれる新定率法[★1]の償却限度額（26欄）です。

$$\left[\begin{array}{c}\text{期首の}\\\text{帳簿価額}\end{array} + \begin{array}{c}\text{前期繰越し}\\\text{償却超過額}\end{array}\right] \times \begin{array}{c}\text{新定率法}\\\text{の償却率}\end{array} \times \dfrac{\begin{array}{c}\text{当期の事業}\\\text{供用月数}\end{array}}{\text{当期の月数}} = \boxed{\begin{array}{c}\text{償却限度額}\\\text{（調整前償却額）}\end{array}}$$

② ただし、上記①で計算した「調整前償却額」が、償却保証額[★2]（28欄）を下回った場合には、下回った期以後の償却限度額は次の算式で計算した金額（31欄）となります。

$$\text{改定取得価額}[★2] \times \text{改定償却率} = \boxed{\text{償却限度額}}$$

この事例では、平成19年4月1日以後取得分の普通償却限度額は、33欄の22,938,857円です。

(3) 特別償却限度額と特別償却不足額（35～37欄）

『別表16(1)』の特別償却限度額の用語の解説（120頁）を参照してください。

＝2枚目＝

旧定率法又は定率法による減価償却資産の償却額の計算に関する明細書		事業年度	令和 5. 4. 1 令和 6. 3.31	法人名	ＡＢＣ卸販売株式会社			別表十六(二)
資産区分	種 類	1	工具器具備品				合 計	令五・四・一以後終了事業年度分
	構 造	2						
	細 目	3						
	取 得 年 月 日	4						
	事業の用に供した年月	5						
	耐 用 年 数	6	年	年	年	年		
取得価額	取得価額又は製作価額	7	52,650,040				312,187,477	
	(7)のうち積立金方式による圧縮記帳の場合の償却額計算の対象となる取得価額に算入しない金額	8						
	差 引 取 得 価 額 (7) - (8)	9	52,650,040				312,187,477	
償却額計算の基礎となる額	償却額計算の対象となる期末現在の帳簿記載金額	10	19,899,305				113,360,373	
	期末現在の積立金の額	11						
	積立金の期中取崩額	12						
	差引帳簿記載金額 (10) - (11) - (12)	13	19,899,305				113,360,373	
	損金に計上した当期償却額	14					16,077,716	
	前期から繰り越した償却超過額	15						
	合 計 (13) + (14) + (15)	16	19,899,305				129,438,089	
	前期から繰り越した特別償却不足額又は合併等特別償却不足額	17						
	償却額計算の基礎となる金額 (16) - (17)	18	19,899,305				129,438,089	
当期分の普通償却限度額等	平成19年3月31日以前取得分	差引取得価額 × 5/100	19					
		旧定率法の償却率	20					
		(16)>(19)の場合 算出償却額 (18) × (20)	21	2,003,116				12,133,199
		増加償却額 (21) × 割増率	22	( )	( )	( )	( )	( )
		計 (21) + (22)	23	2,003,116				12,133,199
		(16)≦(19)の場合 算出償却額 ((19)-1円) × 12/60	24					
	平成19年4月1日以後取得分	定率法の償却率	25					
		調整前償却額 (18) × (25)	26	7,059,152				22,938,857
		保証率	27					
		償却保証額 (9) × (27)	28	2,197,450				2,396,582
		(26)<(28)の場合 改定取得価額	29					2,903,240
		改定償却率	30					
		改定償却額 (29) × (30)	31					
		増加償却額 ((26) 又は (31)) × 割増率	32	( )	( )	( )	( )	( )
		計 ((26) 又は (31)) + (32)	33	7,059,152				22,938,857
	当期分の普通償却限度額等 (23)、(24) 又は (33)		34	9,062,268				35,072,056
当期分の特別償却限度額	特別償却又は割増償却の償却限度額	租税特別措置法適用条項	35	条 項	条 項	条 項	条 項	条 項
		特別償却限度額	36	( )	( )	( )	( )	( )
	前期から繰り越した特別償却不足額又は合併等特別償却不足額		37					
	合 計 (34) + (36) + (37)		38	9,062,268				35,072,056
当期償却額	当 期 償 却 額		39					16,077,716
差引	償却不足額 (38) - (39)		40	9,062,268				18,994,340
	償却超過額 (39) - (38)		41					
償却超過額	前期からの繰越額		42					
	当期損金認容額	償却不足によるもの	43					
		積立金取崩しによるもの	44					
	差引合計翌期への繰越額 (41) + (42) - (43) - (44)		45					
特別償却不足額	翌期に繰り越すべき特別償却不足額 (((40)-(43))と((36)+(37))のうち少ない金額)		46					
	当期において切り捨てる特別償却不足額又は合併等特別償却不足額		47					
	差引翌期への繰越額 (46) - (47)		48					
	翌期繰越額の内訳		49					
		当期分不足額	50					
	適格組織再編成により引き継ぐべき合併等特別償却不足額 ((40)-(43))と(36)のうち少ない金額)		51					
備 考								

別表16(2)の重要項目とその解説

PICK UP 2　当期償却額（39欄）

　当期の決算書に費用として計上した減価償却費を、当期償却額として記載します。

　この事例の当期償却額は、16,077,716円です。この額が、会社が決算書に費用として計上した金額です。

PICK UP 3　差引（償却不足額または償却超過額）（40、41欄）

　当期分の償却限度額と当期償却額を比較することが金融機関の融資担当者の着眼点です。

　たとえば、この会社の『別表16(2)』の当期分の償却限度額35,072,056円（38欄）に対して、当期償却額は、16,077,716円（39欄）にすぎず、償却不足額は18,994,340円（40欄）となります。

　この『別表16(2)』と『別表16(1)』の償却不足額2,337,400円（117頁参照）を合計すると、21,331,740円となります。会社の決算書（損益計算書）における経常利益は1,091万円、税引前当期純利益は、1,065万円とされていますが、この償却不足額をすべて決算書に費用として計上すると経常損失1,041万円、税引前当期純損失1,067万円と黒字は一転して大きな赤字に転落してしまいます。

　この会社のように、決算書には黒字が計上されているものの減価償却費の不足額をすべて決算書に織り込むと赤字になるような企業は、他の項目においても粉飾を行っている確率はきわめて高いと考えざるを得ないため、より慎重に決算書を読むことが必要です。

K先生 & イチロー　イチロー君が別表16(2)で留意すべき点

イチロー 先生！　この『別表16(2)』の定率法による減価償却の注意点は、先ほど見ました『別表16(1)』の定額法の場合と同じと考えてよいのでしょうか？

K先生 そうですね。考え方は、ほとんど同じと思っていただければよいでしょうね。しかし、定額法よりも定率法のほうが償却資産の種類も多く、金額も多額となるケースが多いため、償却限度額が大きくなり、結果として償却不足額は大きく出ますね。とくに、償却不足は貸借対照表に累積していきますから、できたら過去に遡ってどのくらい償却不足があるかチェックしておくことが必要ですね。

《 定率法の償却不足累計額を推定計算することができる 》

イチロー そうでしょうね。定率法の償却不足は、怖いですね……。とくに、製造業の機械装置は投資額が大きい割に耐用年数は10年とか12年と短いので、アッという間に償却不足が溜まりそうですから……。定率法の償却不足がどのくらい累積しているか、簡単につかむ方法はないでしょうか？

K先生 まず、その会社の機械装置の耐用年数をつかむことが償却不足を推定するための出発点ですが、機械装置の耐用年数はどのように決められているかご存知ですか？

イチロー すみません。まったくわかりませんが、機械の種類ごとに決められているんでしょうか？

K先生 違うんです。機械装置の耐用年数は、何を製造しているのか？　という業種別に決められているんですよ。たとえば、紙加工品製造業なら12年という具合に決められていますので、その会社の工場に耐用年数15年の発電設備があっても、紙加工品製造設備の一部として発電設備も12年で償却することになっています。

イチロー そうすると、紙加工品製造会社の機械装置は、どんな機械でも耐用年数が12年ということなら、償却不足は簡単に割り出せますね。

K先生 そうですよ。しかも、旧定率法未償却残額表[4]、定率法未償却残額表[5]といって、「取得価額１円の機械装置が、耐用年数12年で税法の規定どおり償却していれば、現在はいくらになっているはずだ」という簡便な計算表がありますから、投資してから平均して何年経過しているかがわかれば、現在あるべき帳簿価額を推定できますよ。そうすれば、定率法による償却不足の累計額を推定計算[3]することができるわけです。

イチロー そんな方法があるんですね。先生のおっしゃった方法で取引先の償却不足の実態を是非つかんでみたいと思います。

126

用語の解説

★1　新定率法の償却率

　平成19年4月1日以後取得分に対して適用される新定率法の償却率は、定額法の償却率の2.5倍です。たとえば、耐用年数4年の減価償却資産については定額法の償却率0.250（1÷4年）に対して、定率法の償却率は、0.250×2.5＝0.625です。

　そのため、このような定率法は「250%定率法」とよばれています。

　さらに、平成23年度の税制改正で平成24年4月1日以後に取得する減価償却資産から、定率法の償却方法が「200%定率法」になりました。この方法は、上記事例と同様に定額法の償却率の2.0倍で償却するため、耐用年数4年の償却率は0.250×2.0＝0.500となるわけです。

★2　償却保証額と改定取得価額

　新しい定率法は、その減価償却資産の耐用年数に応じた定率法の償却率によって償却限度額を計算し、その計算した金額（「調整前償却額」という：『別表16(2)』の26欄）が「償却保証額」（『別表16(2)』の28欄）に満たない場合には、満たなくなった期の期首の帳簿価額を改定取得価額として、残存年数（＝耐用年数－経過年数）で定率法により均等償却を行います。

　このように、定率法から定額法への切替えの基準となる「償却保証額」とは、次の算式で計算しますが、保証率は減価償却資産の耐用年数に応じてすべて定められています。

取得価額 × 保証率 ＝ 償却保証額

★3　定率法における償却不足累計額の推定計算方法

　『別表16(2)』の資産区分欄に記載されている建物、建物付属設備、構築物、機械装置などの取得価額は、いずれも固定資産台帳に記載されている個々の減価償却資産の合計額です。そのため、個々の資産の償却不足を把握するためには、『別表16(2)』の基礎となっている固定資産台帳を入手することが必要です。

　しかし、固定資産台帳を入手できない場合であっても、償却不足が多額になりがちな機械装置などに絞って、業種等から機械装置の法定耐用年数、機械装置の導入時期から経過年数を推定できれば、次のような方法で「償却不足の累計額」を推定することができます。

（1）未償却残額割合の把握

　『旧定率法未償却残額表（平成19年3月31日以前取得分）』★4（128頁参照）または『定率法未償却残額表（平成19年4月1日から平成24年3月31日まで取得分）』★5（130頁参照）、『定率法未償却残額表（平成24年4月1日以後取得分）』★6（132頁参照）の横軸の法定耐用年数と縦軸の経過年数から、「未償却残額割合」を算出します。

（2）償却不足の累計額の推定

　①　理論上の帳簿価額＝取得価額×未償却残額割合

　②　償却不足の累計額＝帳簿価額－理論上の帳簿価額

（注）取得価額の推定方法（19欄、27欄、28欄が記載されている場合）

　『別表16(2)』から次のような簡易な方法で、取得価額を推定することも可能です。

　（イ）平成19年3月31日以前に取得した減価償却資産の取得価額

$$\frac{『別表16(2)』の19欄の「取得価額の5\%の額」}{0.05} ＝ \boxed{取得価額}$$

　（ロ）平成19年4月1日以後に取得した減価償却資産の取得価額

$$\frac{『別表16(2)』の28欄の「償却保証額」}{『別表16(2)』の27欄の「保証率」} ＝ \boxed{取得価額}$$

★4 旧定率法未償却残額表（平成19年3月31日以前取得分）

経過年数＼耐用年数	3	4	5	6	7	8	9	10	11	12	13	14	15	16	17	18	19	20	21	22	23	24	25
償却率	0.536	0.438	0.369	0.319	0.280	0.250	0.226	0.206	0.189	0.175	0.162	0.152	0.142	0.134	0.127	0.120	0.114	0.109	0.104	0.099	0.095	0.092	0.088
1年	0.464	0.562	0.631	0.681	0.720	0.750	0.774	0.794	0.811	0.825	0.838	0.848	0.858	0.866	0.873	0.880	0.886	0.891	0.896	0.901	0.905	0.909	0.912
2	0.215	0.316	0.398	0.464	0.518	0.562	0.599	0.631	0.658	0.681	0.702	0.720	0.736	0.750	0.763	0.774	0.785	0.794	0.803	0.811	0.819	0.825	0.832
3	0.100	0.178	0.251	0.316	0.373	0.422	0.464	0.501	0.534	0.562	0.588	0.611	0.631	0.649	0.666	0.681	0.695	0.708	0.720	0.731	0.741	0.750	0.759
4	0.050	0.100	0.158	0.215	0.268	0.316	0.359	0.398	0.433	0.464	0.492	0.518	0.541	0.562	0.582	0.599	0.616	0.631	0.645	0.658	0.670	0.681	0.692
5	0.040	0.056	0.100	0.147	0.193	0.237	0.278	0.316	0.351	0.383	0.412	0.439	0.464	0.487	0.508	0.527	0.546	0.562	0.578	0.593	0.606	0.619	0.631
6	0.030	0.050	0.063	0.100	0.139	0.178	0.215	0.251	0.285	0.316	0.346	0.373	0.398	0.422	0.444	0.464	0.483	0.501	0.518	0.534	0.548	0.562	0.575
7	0.020	0.040	0.050	0.068	0.100	0.133	0.167	0.200	0.231	0.261	0.289	0.316	0.341	0.365	0.387	0.408	0.428	0.447	0.464	0.481	0.496	0.511	0.525
8	0.010	0.030	0.040	0.050	0.072	0.100	0.129	0.158	0.187	0.215	0.242	0.268	0.293	0.316	0.338	0.359	0.379	0.398	0.416	0.433	0.449	0.464	0.479
9	0.000	0.020	0.030	0.040	0.052	0.075	0.100	0.126	0.152	0.178	0.203	0.228	0.251	0.274	0.296	0.316	0.336	0.355	0.373	0.390	0.406	0.422	0.437
10		0.010	0.020	0.030	0.050	0.056	0.077	0.100	0.123	0.147	0.170	0.193	0.215	0.237	0.258	0.278	0.298	0.316	0.334	0.351	0.367	0.383	0.398
11		0.000	0.010	0.020	0.040	0.040	0.060	0.079	0.100	0.121	0.143	0.164	0.185	0.205	0.225	0.245	0.264	0.282	0.299	0.316	0.332	0.348	0.363
12			0.000	0.010	0.030	0.040	0.050	0.063	0.081	0.100	0.119	0.139	0.158	0.178	0.197	0.215	0.234	0.251	0.268	0.285	0.301	0.316	0.331
13				0.000	0.020	0.030	0.040	0.0501	0.066	0.083	0.100	0.118	0.136	0.154	0.172	0.190	0.207	0.224	0.240	0.257	0.272	0.287	0.302
14					0.010	0.020	0.030	0.050	0.053	0.068	0.084	0.100	0.117	0.133	0.150	0.167	0.183	0.200	0.215	0.231	0.246	0.261	0.275
15					0.000	0.010	0.020	0.040	0.050	0.056	0.070	0.085	0.100	0.115	0.131	0.147	0.162	0.178	0.193	0.208	0.223	0.237	0.251
16						0.000	0.010	0.030	0.040	0.050	0.059	0.072	0.086	0.100	0.115	0.129	0.144	0.158	0.173	0.187	0.202	0.215	0.229
17							0.000	0.020	0.030	0.040	0.050	0.061	0.074	0.087	0.100	0.114	0.127	0.141	0.155	0.169	0.182	0.196	0.209
18								0.010	0.020	0.030	0.040	0.052	0.063	0.075	0.087	0.100	0.113	0.126	0.139	0.152	0.165	0.178	0.191
19								0.000	0.010	0.020	0.030	0.040	0.050	0.065	0.076	0.088	0.100	0.112	0.125	0.137	0.149	0.162	0.174
20									0.000	0.010	0.020	0.040	0.050	0.056	0.067	0.077	0.089	0.100	0.112	0.123	0.135	0.147	0.158
21									21年	0.000	0.010	0.030	0.040	0.050	0.058	0.068	0.078	0.089	0.100	0.111	0.122	0.133	0.145
22									22		0.000	0.020	0.030	0.040	0.051	0.060	0.070	0.079	0.090	0.100	0.111	0.121	0.132
23									23			0.010	0.020	0.030	0.050	0.053	0.062	0.071	0.080	0.090	0.100	0.110	0.120
24									24			0.000	0.010	0.020	0.040	0.050	0.055	0.063	0.072	0.081	0.090	0.100	0.110
25									25				0.000	0.010	0.030	0.040	0.050	0.056	0.064	0.073	0.082	0.091	0.100
26									26					0.000	0.020	0.030	0.040	0.0501	0.058	0.066	0.074	0.083	0.091
27									27						0.010	0.020	0.030	0.050	0.052	0.059	0.067	0.075	0.083
28									28						0.000	0.010	0.020	0.040	0.050	0.053	0.061	0.068	0.076
29									29							0.000	0.010	0.030	0.040	0.050	0.055	0.062	0.069
30									30								0.000	0.020	0.030	0.040	0.050	0.056	0.063
31									31									0.010	0.020	0.030	0.040	0.051	0.058
32									32									0.000	0.010	0.020	0.030	0.050	0.052
33									33										0.000	0.010	0.020	0.040	0.050
34									34											0.000	0.010	0.030	0.040
35									35												0.000	0.020	0.030
36																					36年	0.010	0.020
37																					37	0.000	0.010
38																					38		0.000
39																					39		
40																					40		
41																					41		
42																					42		
43																					43		
44																					44		
45																					45		
46																					46		
47																					47		
48																					48		
49																					49		
50																					50		

旧定率法未償却残額表の使い方（償却不足の推定方法）

事例

　平成19年3月31日以前に建設した鉄筋コンクリート造りのビジネス・ホテルの建物は、耐用年数39年、経過年数20年、取得価額は500,000千円、直前期末の帳簿価額は280,000千円です。

　償却不足の累計額は、いくらでしょうか？

償却不足の推定額

① 未償却残額割合…旧定率法未償却残額表の横軸（耐用年数）39年と縦軸（経過年数）20年の交差点の数字→0.307

② 理論上の簿価…500,000千円×0.307＝153,500千円

③ 償却不足の累計額…280,000千円－153,500千円＝126,500千円

法人税申告書別表16(2)

26	27	28	29	30	31	32	33	34	35	36	37	38	39	40	41	42	43	44	45	46	47	48	49	50
0.085	0.082	0.079	0.076	0.074	0.072	0.069	0.067	0.066	0.064	0.062	0.060	0.059	0.057	0.056	0.055	0.053	0.052	0.051	0.050	0.049	0.048	0.047	0.046	0.045
0.915	0.918	0.921	0.924	0.926	0.928	0.931	0.933	0.935	0.936	0.938	0.940	0.941	0.943	0.944	0.945	0.947	0.948	0.949	0.950	0.951	0.952	0.953	0.954	0.955
0.838	0.843	0.848	0.853	0.858	0.862	0.866	0.870	0.873	0.877	0.880	0.883	0.886	0.889	0.891	0.894	0.896	0.898	0.901	0.903	0.905	0.907	0.909	0.910	0.912
0.767	0.774	0.781	0.788	0.794	0.800	0.806	0.811	0.816	0.821	0.825	0.830	0.834	0.838	0.841	0.845	0.848	0.852	0.855	0.858	0.861	0.863	0.866	0.869	0.871
0.702	0.711	0.720	0.728	0.736	0.743	0.750	0.756	0.763	0.769	0.774	0.780	0.785	0.790	0.794	0.799	0.803	0.807	0.811	0.815	0.819	0.822	0.825	0.829	0.832
0.642	0.653	0.663	0.672	0.681	0.690	0.698	0.705	0.713	0.720	0.726	0.733	0.739	0.744	0.750	0.755	0.760	0.765	0.770	0.774	0.779	0.783	0.787	0.791	0.794
0.588	0.599	0.611	0.621	0.631	0.640	0.649	0.658	0.666	0.674	0.681	0.688	0.695	0.702	0.708	0.714	0.720	0.725	0.731	0.736	0.741	0.745	0.750	0.754	0.759
0.538	0.550	0.562	0.574	0.584	0.595	0.604	0.614	0.622	0.631	0.639	0.647	0.654	0.661	0.668	0.675	0.681	0.687	0.693	0.699	0.704	0.710	0.715	0.720	0.724
0.492	0.505	0.518	0.530	0.541	0.552	0.562	0.572	0.582	0.591	0.599	0.608	0.616	0.624	0.631	0.638	0.645	0.652	0.658	0.664	0.670	0.676	0.681	0.687	0.692
0.451	0.464	0.477	0.489	0.501	0.512	0.523	0.534	0.544	0.553	0.562	0.571	0.580	0.588	0.596	0.603	0.611	0.618	0.624	0.631	0.637	0.643	0.649	0.655	0.661
0.412	0.426	0.439	0.452	0.464	0.476	0.487	0.498	0.508	0.518	0.527	0.537	0.546	0.554	0.562	0.570	0.578	0.585	0.593	0.599	0.606	0.613	0.619	0.625	0.631
0.378	0.391	0.405	0.418	0.430	0.442	0.453	0.464	0.475	0.485	0.495	0.504	0.513	0.522	0.531	0.539	0.547	0.555	0.562	0.570	0.577	0.583	0.590	0.596	0.603
0.346	0.359	0.373	0.386	0.398	0.410	0.422	0.433	0.444	0.454	0.464	0.474	0.483	0.492	0.501	0.510	0.518	0.526	0.534	0.541	0.548	0.555	0.562	0.569	0.575
0.316	0.330	0.343	0.356	0.369	0.381	0.392	0.404	0.415	0.425	0.435	0.445	0.455	0.464	0.473	0.482	0.490	0.499	0.506	0.514	0.522	0.529	0.536	0.543	0.550
0.289	0.303	0.316	0.329	0.341	0.353	0.365	0.376	0.387	0.398	0.408	0.418	0.428	0.438	0.447	0.456	0.464	0.473	0.481	0.489	0.496	0.504	0.511	0.518	0.525
0.265	0.278	0.291	0.304	0.316	0.328	0.340	0.351	0.362	0.373	0.383	0.393	0.403	0.412	0.422	0.431	0.439	0.448	0.456	0.464	0.472	0.480	0.487	0.494	0.501
0.242	0.255	0.268	0.281	0.293	0.305	0.316	0.327	0.338	0.349	0.359	0.369	0.379	0.389	0.398	0.407	0.416	0.425	0.433	0.441	0.449	0.457	0.464	0.472	0.479
0.222	0.235	0.247	0.259	0.271	0.283	0.294	0.305	0.316	0.327	0.337	0.347	0.357	0.367	0.376	0.385	0.394	0.402	0.411	0.419	0.427	0.435	0.442	0.450	0.457
0.203	0.215	0.228	0.239	0.251	0.263	0.274	0.285	0.296	0.306	0.316	0.326	0.336	0.346	0.355	0.364	0.373	0.381	0.390	0.398	0.406	0.414	0.422	0.429	0.436
0.186	0.198	0.210	0.221	0.233	0.244	0.255	0.266	0.276	0.287	0.297	0.307	0.316	0.326	0.335	0.344	0.353	0.362	0.370	0.378	0.386	0.394	0.402	0.410	0.417
0.170	0.182	0.193	0.204	0.215	0.226	0.237	0.248	0.258	0.268	0.278	0.288	0.298	0.307	0.316	0.325	0.334	0.343	0.351	0.359	0.367	0.375	0.383	0.391	0.398
0.156	0.167	0.178	0.189	0.200	0.210	0.221	0.231	0.241	0.251	0.261	0.271	0.280	0.289	0.299	0.307	0.316	0.325	0.333	0.341	0.350	0.357	0.365	0.373	0.380
0.143	0.153	0.164	0.174	0.185	0.195	0.205	0.215	0.225	0.235	0.245	0.254	0.264	0.273	0.282	0.291	0.299	0.308	0.316	0.324	0.332	0.340	0.348	0.356	0.363
0.130	0.141	0.151	0.161	0.171	0.181	0.191	0.201	0.211	0.220	0.230	0.239	0.248	0.257	0.266	0.275	0.283	0.292	0.300	0.308	0.316	0.324	0.332	0.339	0.347
0.119	0.129	0.139	0.149	0.158	0.168	0.178	0.187	0.197	0.206	0.215	0.225	0.234	0.242	0.251	0.260	0.268	0.277	0.285	0.293	0.301	0.309	0.316	0.324	0.331
0.109	0.119	0.128	0.137	0.147	0.156	0.165	0.175	0.184	0.193	0.202	0.211	0.220	0.229	0.237	0.246	0.254	0.262	0.270	0.278	0.286	0.294	0.301	0.309	0.316
0.100	0.109	0.118	0.127	0.136	0.145	0.154	0.163	0.172	0.181	0.190	0.198	0.207	0.215	0.224	0.232	0.240	0.249	0.256	0.264	0.272	0.280	0.287	0.295	0.302
0.092	0.100	0.109	0.117	0.126	0.135	0.143	0.152	0.161	0.169	0.178	0.186	0.195	0.203	0.211	0.220	0.228	0.236	0.243	0.251	0.259	0.266	0.274	0.281	0.288
0.084	0.092	0.100	0.108	0.117	0.125	0.133	0.142	0.150	0.158	0.167	0.175	0.183	0.191	0.200	0.208	0.215	0.223	0.231	0.239	0.246	0.254	0.261	0.268	0.275
0.077	0.084	0.092	0.100	0.108	0.116	0.124	0.132	0.140	0.148	0.156	0.164	0.172	0.180	0.188	0.196	0.204	0.212	0.219	0.227	0.234	0.242	0.249	0.256	0.263
0.070	0.077	0.085	0.092	0.100	0.108	0.115	0.123	0.131	0.139	0.147	0.155	0.162	0.170	0.178	0.185	0.193	0.201	0.208	0.215	0.223	0.230	0.237	0.244	0.251
0.064	0.071	0.078	0.085	0.093	0.100	0.107	0.115	0.123	0.130	0.138	0.145	0.153	0.160	0.168	0.175	0.183	0.190	0.197	0.205	0.212	0.219	0.226	0.233	0.240
0.059	0.065	0.072	0.079	0.086	0.093	0.100	0.107	0.115	0.122	0.129	0.136	0.144	0.151	0.158	0.166	0.173	0.180	0.187	0.194	0.202	0.209	0.215	0.222	0.229
0.054	0.060	0.066	0.073	0.079	0.086	0.093	0.100	0.107	0.114	0.121	0.128	0.135	0.143	0.150	0.157	0.164	0.171	0.178	0.185	0.192	0.199	0.205	0.212	0.219
0.050	0.055	0.061	0.067	0.074	0.080	0.087	0.093	0.100	0.107	0.114	0.121	0.127	0.134	0.141	0.148	0.155	0.162	0.169	0.176	0.182	0.189	0.196	0.202	0.209
0.040	0.051	0.056	0.062	0.068	0.074	0.081	0.087	0.093	0.100	0.107	0.113	0.120	0.127	0.133	0.140	0.147	0.153	0.160	0.167	0.173	0.180	0.187	0.193	0.200
0.030	0.050	0.052	0.057	0.063	0.069	0.075	0.081	0.087	0.094	0.100	0.106	0.113	0.119	0.126	0.132	0.139	0.145	0.152	0.158	0.165	0.171	0.178	0.184	0.191
0.020	0.040	0.050	0.053	0.058	0.064	0.070	0.076	0.082	0.088	0.094	0.100	0.106	0.113	0.119	0.125	0.132	0.138	0.144	0.151	0.157	0.163	0.169	0.176	0.182
0.010	0.030	0.040	0.050	0.054	0.059	0.065	0.071	0.076	0.082	0.088	0.094	0.100	0.106	0.112	0.118	0.125	0.131	0.137	0.143	0.149	0.155	0.162	0.168	0.174
0.000	0.020	0.030	0.040	0.0501	0.055	0.060	0.066	0.071	0.077	0.083	0.088	0.094	0.100	0.106	0.112	0.118	0.124	0.130	0.136	0.142	0.148	0.154	0.160	0.166
	0.010	0.020	0.030	0.050	0.051	0.056	0.061	0.067	0.072	0.077	0.083	0.089	0.094	0.100	0.106	0.112	0.117	0.123	0.129	0.135	0.141	0.147	0.153	0.158
	0.000	0.010	0.020	0.040	0.050	0.052	0.057	0.062	0.067	0.073	0.078	0.083	0.089	0.094	0.100	0.106	0.111	0.117	0.123	0.128	0.134	0.140	0.146	0.151
		0.000	0.010	0.030	0.040	0.050	0.053	0.058	0.063	0.068	0.073	0.078	0.084	0.089	0.095	0.100	0.106	0.111	0.117	0.122	0.128	0.133	0.139	0.145
			0.000	0.020	0.030	0.040	0.050	0.054	0.059	0.064	0.069	0.074	0.079	0.084	0.089	0.095	0.100	0.105	0.111	0.116	0.122	0.127	0.133	0.138
				0.010	0.020	0.030	0.040	0.051	0.055	0.060	0.065	0.070	0.074	0.079	0.085	0.090	0.095	0.100	0.105	0.111	0.116	0.121	0.127	0.132
				0.000	0.010	0.020	0.030	0.050	0.052	0.056	0.061	0.065	0.070	0.075	0.080	0.085	0.090	0.095	0.100	0.105	0.110	0.115	0.121	0.126
					0.000	0.010	0.020	0.040	0.050	0.053	0.057	0.062	0.066	0.071	0.076	0.080	0.085	0.090	0.095	0.100	0.105	0.110	0.115	0.120
						0.000	0.010	0.030	0.040	0.050	0.054	0.058	0.062	0.067	0.071	0.076	0.081	0.085	0.090	0.095	0.100	0.105	0.110	0.115
							0.000	0.020	0.030	0.040	0.0504	0.055	0.059	0.063	0.068	0.072	0.077	0.081	0.086	0.090	0.095	0.100	0.105	0.110
								0.010	0.020	0.030	0.050	0.051	0.055	0.060	0.064	0.068	0.073	0.077	0.081	0.086	0.091	0.095	0.100	0.105
								0.000	0.010	0.020	0.040	0.050	0.052	0.056	0.060	0.064	0.069	0.073	0.077	0.082	0.086	0.091	0.095	0.100
								51年	0.000	0.010	0.030	0.040	0.050	0.053	0.057	0.061	0.065	0.069	0.074	0.078	0.082	0.087	0.091	0.095
								52		0.000	0.020	0.030	0.040	0.0501	0.054	0.058	0.062	0.066	0.070	0.074	0.078	0.083	0.087	0.091
								53			0.010	0.020	0.030	0.050	0.051	0.055	0.059	0.062	0.066	0.070	0.075	0.079	0.083	0.087
								54			0.000	0.010	0.020	0.040	0.050	0.052	0.055	0.059	0.063	0.067	0.071	0.075	0.079	0.083
								55				0.000	0.010	0.030	0.040	0.050	0.053	0.056	0.060	0.064	0.068	0.071	0.075	0.079
								56					0.000	0.020	0.030	0.040	0.050	0.053	0.057	0.061	0.064	0.068	0.072	0.076
								57						0.010	0.020	0.030	0.040	0.051	0.054	0.058	0.061	0.065	0.069	0.072
								58						0.000	0.010	0.020	0.030	0.050	0.051	0.055	0.058	0.062	0.066	0.069
								59							0.000	0.010	0.020	0.040	0.050	0.052	0.056	0.059	0.063	0.066
								60								0.000	0.010	0.030	0.040	0.050	0.053	0.056	0.060	0.063
																61年	0.000	0.020	0.030	0.040	0.0504	0.054	0.057	0.060
																62		0.010	0.020	0.030	0.050	0.051	0.054	0.058
																63		0.000	0.010	0.020	0.040	0.050	0.052	0.055
																64			0.000	0.010	0.030	0.040	0.050	0.052
																65				0.000	0.020	0.030	0.040	0.0501
																66					0.010	0.020	0.030	0.050
																67					0.000	0.010	0.020	0.040
																68						0.000	0.010	0.030
																69							0.000	0.020
																70								0.010
																71								0.000

★5 定率法未償却残額表（平成19年4月1日から平成24年3月31日まで取得分）

耐用年数＼経過年数	3	4	5	6	7	8	9	10	11	12	13	14	15	16	17	18	19	20	21	22	23	24	25
償却率	0.833	0.625	0.500	0.417	0.357	0.313	0.278	0.250	0.227	0.208	0.192	0.179	0.167	0.156	0.147	0.139	0.132	0.125	0.119	0.114	0.109	0.104	0.100
改定償却率	1.000	1.000	1.000	0.500	0.500	0.334	0.334	0.334	0.250	0.250	0.200	0.200	0.200	0.167	0.167	0.143	0.143	0.143	0.125	0.125	0.112	0.112	0.112
1年	0.167	0.375	0.500	0.583	0.643	0.687	0.722	0.750	0.773	0.792	0.808	0.821	0.833	0.844	0.853	0.861	0.868	0.875	0.881	0.886	0.891	0.896	0.900
2	0.028	0.141	0.250	0.340	0.413	0.472	0.521	0.563	0.598	0.627	0.653	0.674	0.694	0.712	0.728	0.741	0.753	0.766	0.776	0.785	0.794	0.803	0.810
3	0.000	0.053	0.125	0.198	0.266	0.324	0.376	0.422	0.462	0.497	0.528	0.553	0.578	0.601	0.621	0.638	0.654	0.670	0.684	0.696	0.707	0.719	0.729
4		0.000	0.063	0.116	0.171	0.223	0.272	0.316	0.357	0.393	0.426	0.454	0.481	0.507	0.529	0.550	0.568	0.586	0.602	0.616	0.630	0.645	0.656
5			0.000	0.058	0.110	0.153	0.196	0.237	0.276	0.312	0.344	0.373	0.401	0.428	0.452	0.473	0.493	0.513	0.531	0.546	0.562	0.577	0.590
6				0.000	0.055	0.102	0.142	0.178	0.213	0.247	0.278	0.306	0.334	0.361	0.385	0.407	0.428	0.449	0.468	0.484	0.500	0.517	0.531
7					0.000	0.051	0.094	0.133	0.165	0.195	0.225	0.251	0.278	0.305	0.329	0.351	0.371	0.393	0.412	0.429	0.446	0.464	0.478
8						0.000	0.047	0.089	0.124	0.155	0.182	0.206	0.232	0.257	0.280	0.302	0.322	0.344	0.363	0.380	0.397	0.415	0.430
9							0.000	0.044	0.082	0.116	0.145	0.169	0.193	0.217	0.239	0.260	0.280	0.301	0.320	0.336	0.354	0.372	0.387
10								0.000	0.041	0.077	0.109	0.136	0.161	0.183	0.204	0.224	0.243	0.263	0.282	0.298	0.315	0.333	0.349
11年									0.000	0.039	0.073	0.102	0.129	0.153	0.174	0.193	0.211	0.230	0.248	0.264	0.281	0.299	0.314
12										0.000	0.036	0.068	0.097	0.122	0.145	0.165	0.183	0.201	0.219	0.234	0.250	0.268	0.282
13											0.000	0.034	0.064	0.092	0.116	0.138	0.157	0.176	0.193	0.207	0.223	0.240	0.254
14												0.000	0.032	0.061	0.087	0.110	0.131	0.151	0.169	0.184	0.199	0.215	0.229
15													0.000	0.030	0.058	0.083	0.104	0.126	0.144	0.161	0.176	0.193	0.206
16														0.000	0.029	0.055	0.078	0.101	0.120	0.138	0.154	0.171	0.185
17															0.000	0.027	0.052	0.075	0.096	0.115	0.132	0.149	0.165
18																0.000	0.026	0.050	0.072	0.092	0.110	0.128	0.144
19																	0.000	0.025	0.048	0.069	0.087	0.106	0.123
20																		0.000	0.024	0.046	0.065	0.085	0.102
21年																			0.000	0.023	0.043	0.063	0.082
22																				0.000	0.021	0.042	0.061
23																					0.000	0.020	0.040
24																						0.000	0.019
25																							0.000

（経過年数欄：左端に1年から50年まで記載）

備考

1　この表は、定率法によって償却をする場合の各経過年数における未償却残額割合 $\left(\dfrac{未償却残額}{取得価額}\right)$ を示したものである。

2　この表は、耐用年数省令別表第十に掲げる定率法の償却率、改定償却率及び保証率に基づき計算したものである。なお、算出された未償却残額割合は小数第4位を四捨五入したものによった。

3　経過年数を求める方式は次の例による。

〔例示〕

法定耐用年数15年　取得価額　100,000円　変更時の帳簿価額　20,150円

(1)　変更時の帳簿価額　20,150円÷取得価額　100,000円＝0.202（小数第4位を四捨五入）

(2)　「0.202」は、「耐用年数15年」の欄の「0.232」と「0.193」の中間に位するから、下位の「0.193」に応ずる「経過年数9年」を経過年数とする。

26	27	28	29	30	31	32	33	34	35	36	37	38	39	40	41	42	43	44	45	46	47	48	49	50
0.096	0.093	0.089	0.086	0.083	0.081	0.078	0.076	0.074	0.071	0.069	0.068	0.066	0.064	0.063	0.061	0.060	0.058	0.057	0.056	0.054	0.053	0.052	0.051	0.050
0.100	0.100	0.091	0.091	0.084	0.084	0.084	0.077	0.077	0.072	0.072	0.072	0.067	0.067	0.067	0.063	0.063	0.059	0.059	0.059	0.056	0.056	0.053	0.053	0.053
0.904	0.907	0.911	0.914	0.917	0.919	0.922	0.924	0.926	0.929	0.931	0.932	0.934	0.936	0.937	0.939	0.940	0.942	0.943	0.944	0.946	0.947	0.948	0.949	0.950
0.817	0.823	0.830	0.835	0.841	0.845	0.850	0.854	0.857	0.863	0.867	0.869	0.872	0.876	0.878	0.882	0.884	0.887	0.889	0.891	0.895	0.897	0.899	0.901	0.903
0.739	0.746	0.756	0.764	0.771	0.776	0.784	0.789	0.794	0.802	0.807	0.810	0.815	0.820	0.823	0.828	0.831	0.836	0.839	0.841	0.847	0.849	0.852	0.855	0.857
0.668	0.677	0.689	0.698	0.707	0.713	0.723	0.729	0.735	0.745	0.751	0.755	0.761	0.768	0.771	0.777	0.781	0.787	0.791	0.794	0.801	0.804	0.808	0.811	0.815
0.604	0.614	0.627	0.638	0.648	0.656	0.666	0.674	0.681	0.692	0.699	0.703	0.711	0.718	0.722	0.730	0.734	0.742	0.746	0.750	0.758	0.762	0.766	0.770	0.774
0.546	0.557	0.572	0.583	0.595	0.602	0.614	0.622	0.630	0.643	0.651	0.655	0.664	0.672	0.677	0.685	0.690	0.699	0.703	0.708	0.717	0.721	0.726	0.730	0.735
0.493	0.505	0.521	0.533	0.545	0.554	0.566	0.575	0.584	0.597	0.606	0.611	0.620	0.629	0.634	0.644	0.648	0.658	0.663	0.668	0.678	0.683	0.688	0.693	0.698
0.446	0.458	0.474	0.487	0.500	0.509	0.522	0.531	0.541	0.555	0.564	0.569	0.579	0.589	0.594	0.604	0.610	0.620	0.625	0.631	0.641	0.647	0.652	0.658	0.663
0.403	0.415	0.432	0.445	0.458	0.468	0.481	0.491	0.501	0.515	0.525	0.531	0.541	0.551	0.557	0.568	0.573	0.584	0.590	0.595	0.607	0.613	0.618	0.624	0.630
0.364	0.377	0.394	0.407	0.420	0.430	0.444	0.454	0.464	0.479	0.489	0.494	0.505	0.516	0.522	0.533	0.539	0.550	0.556	0.562	0.574	0.580	0.586	0.592	0.599
0.330	0.342	0.359	0.372	0.386	0.395	0.409	0.419	0.429	0.445	0.455	0.461	0.472	0.483	0.489	0.500	0.506	0.518	0.524	0.531	0.543	0.549	0.556	0.562	0.569
0.298	0.310	0.327	0.340	0.354	0.363	0.377	0.387	0.397	0.413	0.424	0.430	0.441	0.452	0.458	0.470	0.476	0.488	0.494	0.501	0.514	0.520	0.527	0.534	0.540
0.269	0.281	0.298	0.311	0.324	0.334	0.348	0.358	0.368	0.384	0.395	0.400	0.412	0.423	0.429	0.441	0.447	0.460	0.466	0.473	0.486	0.493	0.499	0.506	0.513
0.243	0.255	0.271	0.284	0.297	0.306	0.321	0.331	0.341	0.357	0.368	0.373	0.384	0.396	0.402	0.414	0.421	0.433	0.440	0.446	0.460	0.467	0.474	0.481	0.488
0.220	0.231	0.247	0.260	0.273	0.282	0.296	0.306	0.316	0.331	0.342	0.348	0.359	0.371	0.377	0.389	0.395	0.408	0.415	0.421	0.435	0.442	0.449	0.456	0.463
0.199	0.210	0.225	0.237	0.250	0.259	0.273	0.282	0.292	0.308	0.319	0.324	0.335	0.347	0.353	0.365	0.372	0.384	0.391	0.398	0.411	0.418	0.426	0.433	0.440
0.179	0.190	0.205	0.217	0.229	0.238	0.251	0.261	0.271	0.286	0.297	0.302	0.313	0.325	0.331	0.343	0.349	0.362	0.369	0.375	0.389	0.396	0.403	0.411	0.418
0.159	0.171	0.186	0.198	0.210	0.219	0.232	0.241	0.251	0.266	0.276	0.282	0.293	0.304	0.310	0.322	0.328	0.341	0.348	0.354	0.368	0.375	0.382	0.390	0.397
0.139	0.152	0.168	0.180	0.193	0.201	0.214	0.223	0.232	0.247	0.257	0.262	0.273	0.285	0.290	0.302	0.309	0.321	0.328	0.335	0.348	0.355	0.363	0.370	0.377
0.119	0.133	0.149	0.162	0.175	0.184	0.197	0.206	0.215	0.229	0.239	0.245	0.255	0.266	0.272	0.284	0.290	0.303	0.309	0.316	0.329	0.337	0.344	0.351	0.358
0.099	0.114	0.130	0.144	0.157	0.167	0.181	0.190	0.199	0.213	0.223	0.228	0.238	0.249	0.255	0.267	0.273	0.285	0.292	0.298	0.312	0.319	0.326	0.333	0.341
0.080	0.095	0.112	0.126	0.140	0.150	0.164	0.174	0.184	0.198	0.207	0.212	0.223	0.233	0.239	0.250	0.256	0.269	0.275	0.281	0.295	0.302	0.309	0.316	0.324
0.060	0.076	0.093	0.108	0.122	0.133	0.147	0.158	0.168	0.182	0.193	0.198	0.208	0.218	0.224	0.235	0.241	0.253	0.259	0.266	0.279	0.286	0.293	0.300	0.307
0.040	0.057	0.074	0.090	0.104	0.117	0.131	0.142	0.153	0.167	0.178	0.184	0.194	0.204	0.210	0.221	0.227	0.238	0.245	0.251	0.264	0.271	0.278	0.285	0.292
0.020	0.038	0.056	0.072	0.087	0.100	0.114	0.127	0.138	0.152	0.163	0.169	0.180	0.191	0.197	0.207	0.213	0.225	0.231	0.237	0.250	0.256	0.263	0.270	0.277
0.000	0.019	0.037	0.054	0.069	0.083	0.098	0.111	0.122	0.136	0.148	0.155	0.166	0.177	0.183	0.194	0.200	0.212	0.217	0.224	0.236	0.243	0.249	0.256	0.264
	0.000	0.018	0.036	0.051	0.066	0.081	0.095	0.107	0.121	0.133	0.141	0.152	0.163	0.170	0.181	0.188	0.199	0.205	0.211	0.223	0.230	0.237	0.243	0.250
		0.000	0.018	0.034	0.049	0.065	0.079	0.092	0.106	0.118	0.127	0.138	0.150	0.157	0.168	0.175	0.187	0.193	0.199	0.211	0.218	0.224	0.231	0.238
			0.000	0.016	0.032	0.048	0.063	0.076	0.090	0.103	0.112	0.124	0.136	0.144	0.155	0.162	0.174	0.181	0.187	0.199	0.206	0.213	0.219	0.226
				0.000	0.015	0.032	0.047	0.061	0.075	0.088	0.098	0.110	0.122	0.131	0.142	0.150	0.162	0.169	0.176	0.188	0.195	0.201	0.208	0.215
				31年	0.000	0.015	0.031	0.046	0.060	0.073	0.084	0.097	0.109	0.118	0.129	0.137	0.149	0.157	0.164	0.176	0.183	0.190	0.197	0.204
				32		0.000	0.016	0.030	0.044	0.058	0.070	0.083	0.095	0.104	0.116	0.124	0.137	0.145	0.152	0.164	0.172	0.179	0.186	0.193
				33			0.000	0.015	0.029	0.043	0.055	0.069	0.081	0.091	0.103	0.112	0.124	0.132	0.140	0.152	0.160	0.167	0.175	0.182
				34				0.000	0.014	0.028	0.041	0.055	0.067	0.078	0.090	0.099	0.112	0.120	0.129	0.140	0.148	0.156	0.164	0.171
				35					0.000	0.013	0.027	0.041	0.054	0.065	0.077	0.087	0.099	0.108	0.117	0.128	0.137	0.145	0.153	0.161
									36	0.000	0.013	0.027	0.040	0.052	0.064	0.074	0.087	0.096	0.105	0.117	0.125	0.134	0.142	0.150
									37		0.000	0.013	0.026	0.039	0.051	0.061	0.074	0.084	0.093	0.105	0.114	0.122	0.131	0.139
									38			0.000	0.013	0.025	0.038	0.049	0.062	0.072	0.082	0.093	0.102	0.111	0.120	0.128
									39				0.000	0.012	0.024	0.036	0.049	0.060	0.070	0.081	0.091	0.100	0.109	0.117
									40					0.000	0.011	0.024	0.037	0.048	0.058	0.069	0.079	0.089	0.098	0.107
														41年	0.000	0.011	0.024	0.036	0.046	0.057	0.068	0.077	0.087	0.096
														42		0.000	0.012	0.024	0.035	0.046	0.056	0.066	0.076	0.085
														43			0.000	0.011	0.023	0.034	0.045	0.055	0.065	0.074
														44				0.000	0.011	0.022	0.033	0.044	0.054	0.063
														45					0.000	0.010	0.021	0.032	0.043	0.053
														46						0.000	0.010	0.021	0.032	0.042
														47							0.000	0.010	0.021	0.031
														48								0.000	0.010	0.020
														49									0.000	0.009
														50										0.000

法人税申告書別表16(2)

㊶

★6　定率法未償却残額表（平成24年4月1日以後取得分）

経過年数＼耐用年数	3	4	5	6	7	8	9	10	11	12	13	14	15	16	17	18	19	20	21	22	23	24	25
償却率	0.667	0.500	0.400	0.333	0.286	0.250	0.222	0.200	0.182	0.167	0.154	0.143	0.133	0.125	0.118	0.111	0.105	0.100	0.095	0.091	0.087	0.083	0.080
改定償却率	1.000	1.000	0.500	0.334	0.334	0.334	0.250	0.250	0.200	0.200	0.167	0.167	0.143	0.143	0.125	0.112	0.112	0.112	0.100	0.100	0.091	0.084	0.084
1年	0.333	0.500	0.600	0.667	0.714	0.750	0.778	0.800	0.818	0.833	0.846	0.857	0.867	0.875	0.882	0.889	0.895	0.900	0.905	0.909	0.913	0.917	0.920
2	0.111	0.250	0.360	0.445	0.510	0.563	0.605	0.640	0.669	0.694	0.716	0.734	0.752	0.766	0.778	0.790	0.801	0.810	0.819	0.826	0.834	0.841	0.846
3	0.000	0.125	0.216	0.297	0.364	0.422	0.471	0.512	0.547	0.578	0.605	0.629	0.652	0.670	0.686	0.703	0.717	0.729	0.741	0.751	0.761	0.771	0.779
4		0.000	0.108	0.198	0.260	0.316	0.336	0.410	0.448	0.481	0.512	0.539	0.565	0.586	0.605	0.625	0.642	0.656	0.671	0.683	0.695	0.707	0.716
5			0.000	0.099	0.173	0.273	0.285	0.328	0.366	0.401	0.433	0.462	0.490	0.513	0.534	0.555	0.574	0.590	0.607	0.621	0.634	0.648	0.659
6				0.000	0.086	0.158	0.214	0.262	0.300	0.334	0.367	0.396	0.425	0.449	0.471	0.494	0.514	0.531	0.549	0.564	0.579	0.595	0.606
7					0.000	0.079	0.143	0.197	0.240	0.278	0.310	0.340	0.368	0.393	0.415	0.439	0.460	0.478	0.497	0.513	0.529	0.545	0.558
8						0.000	0.071	0.131	0.180	0.233	0.258	0.291	0.319	0.344	0.366	0.390	0.412	0.430	0.450	0.466	0.483	0.500	0.513
9							0.000	0.066	0.120	0.167	0.207	0.242	0.274	0.301	0.323	0.347	0.368	0.387	0.407	0.424	0.441	0.458	0.472
10								0.000	0.060	0.111	0.155	0.194	0.228	0.258	0.283	0.308	0.330	0.349	0.369	0.385	0.402	0.420	0.434
11								11年 0.000	0.056	0.103	0.145	0.182	0.215	0.242	0.269	0.293	0.314	0.334	0.350	0.367	0.386	0.400	
12								12年	0.000	0.051	0.097	0.137	0.172	0.202	0.230	0.256	0.279	0.300	0.318	0.335	0.354	0.368	
13								13年		0.000	0.048	0.091	0.129	0.162	0.191	0.219	0.244	0.267	0.286	0.305	0.324	0.338	
14								14年			0.000	0.045	0.086	0.121	0.153	0.182	0.208	0.233	0.255	0.274	0.294	0.310	
15								15年				0.000	0.043	0.081	0.114	0.145	0.173	0.200	0.233	0.244	0.264	0.281	
16								16年					0.000	0.040	0.075	0.108	0.138	0.167	0.191	0.213	0.235	0.253	
17								17年						0.000	0.036	0.071	0.103	0.133	0.159	0.183	0.205	0.225	
18								18年							0.000	0.034	0.068	0.100	0.127	0.152	0.175	0.196	
19								19年								0.000	0.033	0.067	0.095	0.122	0.146	0.168	
20								20年									0.000	0.033	0.064	0.091	0.116	0.139	
21																		21年 0.000	0.032	0.061	0.086	0.111	
22																		22年	0.000	0.030	0.057	0.083	
23																		23年		0.000	0.027	0.054	
24																		24年			0.000	0.026	
25																		25年				0.000	
26																		26年					
27																		27年					
28																		28年					
29																		29年					
30																		30年					
31																							
32																							
33																							
34																							
35																							
36																							
37																							
38																							
39																							
40																							
41																							
42																							
43																							
44																							
45																							
46																							
47																							
48																							
49																							
50																							

定率法未償却残額表の使い方（償却不足の推定方法）

事例

　平成24年4月1日以後に取得し事業の用に供した機械装置（電気業用設備）は、耐用年数17年、経過年数7年、取得価額100,000千円、前期末の帳簿価額は54,000千円です。

　償却不足の累計額は、いくらでしょうか？

償却不足の推定額

① 未償却残額割合…定率法未償却残額表の横軸（耐用年数）17年と縦軸（経過年数）7年の交差点の数字→0.415

② 理論上の簿価…100,000千円×0.415＝41,500千円

③ 償却不足の累計額…54,000千円－41,500千円＝12,500千円

26	27	28	29	30	31	32	33	34	35	36	37	38	39	40	41	42	43	44	45	46	47	48	49	50
0.077	0.074	0.071	0.069	0.067	0.065	0.063	0.061	0.059	0.057	0.056	0.054	0.053	0.051	0.050	0.049	0.048	0.047	0.045	0.044	0.043	0.043	0.042	0.041	0.040
0.084	0.077	0.072	0.072	0.072	0.067	0.067	0.063	0.063	0.059	0.059	0.056	0.056	0.053	0.053	0.050	0.050	0.048	0.046	0.046	0.044	0.044	0.044	0.042	0.042
0.923	0.926	0.929	0.931	0.933	0.935	0.937	0.939	0.941	0.943	0.944	0.946	0.947	0.949	0.950	0.951	0.952	0.953	0.955	0.956	0.957	0.957	0.958	0.959	0.960
0.852	0.857	0.863	0.867	0.870	0.874	0.878	0.882	0.885	0.889	0.891	0.895	0.897	0.901	0.903	0.904	0.906	0.908	0.912	0.914	0.916	0.916	0.918	0.920	0.922
0.786	0.794	0.802	0.807	0.812	0.817	0.823	0.828	0.833	0.839	0.841	0.847	0.849	0.855	0.857	0.860	0.863	0.866	0.871	0.874	0.876	0.876	0.879	0.882	0.885
0.726	0.735	0.745	0.751	0.758	0.764	0.771	0.777	0.784	0.791	0.794	0.801	0.804	0.811	0.815	0.818	0.821	0.825	0.832	0.835	0.839	0.839	0.842	0.846	0.849
0.670	0.681	0.692	0.699	0.707	0.715	0.722	0.730	0.738	0.746	0.750	0.758	0.762	0.770	0.774	0.778	0.782	0.786	0.794	0.799	0.803	0.803	0.807	0.811	0.815
0.618	0.630	0.643	0.651	0.660	0.668	0.677	0.685	0.694	0.703	0.708	0.717	0.721	0.730	0.735	0.740	0.744	0.749	0.759	0.763	0.768	0.768	0.773	0.778	0.783
0.571	0.584	0.597	0.606	0.615	0.625	0.634	0.644	0.653	0.663	0.668	0.678	0.683	0.693	0.698	0.704	0.709	0.714	0.724	0.730	0.735	0.735	0.741	0.746	0.751
0.527	0.541	0.555	0.564	0.574	0.584	0.594	0.604	0.615	0.625	0.631	0.641	0.647	0.658	0.663	0.669	0.675	0.680	0.692	0.698	0.704	0.704	0.709	0.715	0.721
0.486	0.501	0.515	0.525	0.536	0.546	0.557	0.568	0.579	0.590	0.595	0.607	0.613	0.624	0.630	0.636	0.642	0.648	0.661	0.667	0.673	0.673	0.680	0.686	0.693
0.449	0.464	0.479	0.489	0.500	0.511	0.522	0.533	0.544	0.556	0.562	0.574	0.580	0.592	0.599	0.605	0.611	0.618	0.631	0.638	0.644	0.644	0.651	0.658	0.665
0.414	0.429	0.445	0.455	0.466	0.477	0.489	0.500	0.512	0.524	0.531	0.543	0.549	0.562	0.569	0.575	0.582	0.589	0.603	0.610	0.617	0.617	0.624	0.631	0.638
0.382	0.397	0.413	0.424	0.435	0.446	0.458	0.470	0.482	0.494	0.501	0.514	0.520	0.534	0.540	0.547	0.554	0.561	0.575	0.583	0.590	0.590	0.598	0.605	0.613
0.353	0.368	0.384	0.395	0.406	0.417	0.429	0.441	0.454	0.466	0.473	0.486	0.493	0.506	0.513	0.520	0.528	0.535	0.550	0.557	0.565	0.565	0.572	0.580	0.588
0.326	0.341	0.357	0.368	0.379	0.390	0.402	0.414	0.427	0.440	0.446	0.460	0.467	0.481	0.488	0.495	0.502	0.510	0.525	0.533	0.540	0.540	0.548	0.557	0.565
0.298	0.315	0.331	0.342	0.353	0.365	0.377	0.389	0.402	0.415	0.421	0.435	0.442	0.456	0.463	0.471	0.478	0.486	0.501	0.509	0.517	0.517	0.525	0.534	0.542
0.271	0.288	0.305	0.318	0.330	0.341	0.353	0.365	0.378	0.391	0.398	0.411	0.418	0.433	0.440	0.448	0.455	0.463	0.479	0.487	0.495	0.495	0.503	0.512	0.520
0.244	0.262	0.280	0.293	0.306	0.318	0.331	0.343	0.356	0.369	0.375	0.389	0.396	0.411	0.418	0.426	0.433	0.441	0.457	0.465	0.474	0.474	0.482	0.491	0.500
0.216	0.236	0.254	0.268	0.282	0.295	0.309	0.321	0.335	0.348	0.354	0.368	0.375	0.390	0.397	0.405	0.413	0.420	0.437	0.445	0.453	0.453	0.462	0.471	0.480
0.189	0.210	0.228	0.244	0.258	0.273	0.286	0.300	0.314	0.327	0.335	0.348	0.355	0.370	0.377	0.385	0.393	0.401	0.417	0.425	0.434	0.434	0.443	0.451	0.460
0.162	0.183	0.203	0.219	0.235	0.250	0.264	0.278	0.293	0.307	0.315	0.329	0.337	0.351	0.358	0.366	0.374	0.382	0.398	0.407	0.415	0.415	0.424	0.433	0.442
0.134	0.157	0.177	0.194	0.211	0.227	0.242	0.257	0.271	0.286	0.295	0.309	0.318	0.332	0.341	0.348	0.356	0.364	0.380	0.389	0.397	0.397	0.406	0.415	0.424
0.107	0.131	0.151	0.170	0.187	0.204	0.220	0.235	0.250	0.266	0.275	0.290	0.299	0.314	0.323	0.331	0.339	0.347	0.363	0.372	0.380	0.380	0.389	0.398	0.407
0.079	0.105	0.126	0.145	0.164	0.181	0.198	0.213	0.229	0.245	0.256	0.270	0.280	0.295	0.304	0.313	0.322	0.330	0.346	0.355	0.364	0.364	0.373	0.382	0.391
0.052	0.078	0.100	0.120	0.140	0.158	0.176	0.192	0.208	0.225	0.236	0.251	0.261	0.277	0.286	0.296	0.305	0.313	0.330	0.339	0.348	0.348	0.357	0.366	0.375
0.025	0.052	0.074	0.096	0.116	0.135	0.153	0.170	0.187	0.204	0.216	0.231	0.242	0.258	0.268	0.279	0.288	0.297	0.313	0.323	0.332	0.333	0.342	0.351	0.360
0.000	0.026	0.049	0.071	0.092	0.113	0.131	0.149	0.166	0.184	0.196	0.212	0.223	0.239	0.250	0.261	0.271	0.280	0.296	0.306	0.316	0.318	0.327	0.336	0.346
	0.000	0.023	0.047	0.069	0.090	0.109	0.127	0.145	0.163	0.177	0.192	0.205	0.221	0.232	0.244	0.254	0.264	0.280	0.290	0.300	0.302	0.312	0.322	0.331
		0.000	0.022	0.045	0.067	0.087	0.105	0.124	0.143	0.157	0.173	0.186	0.202	0.214	0.226	0.237	0.247	0.263	0.274	0.284	0.287	0.297	0.307	0.317
			0.000	0.021	0.044	0.065	0.084	0.103	0.122	0.137	0.153	0.167	0.184	0.196	0.209	0.220	0.230	0.246	0.257	0.268	0.272	0.282	0.292	0.302
				0.000	0.021	0.043	0.062	0.082	0.102	0.117	0.134	0.148	0.165	0.178	0.192	0.203	0.214	0.230	0.241	0.252	0.256	0.267	0.277	0.288
				31年	0.000	0.021	0.040	0.061	0.081	0.098	0.114	0.129	0.146	0.160	0.174	0.186	0.197	0.213	0.225	0.236	0.241	0.252	0.263	0.273
				32年		0.000	0.019	0.039	0.061	0.078	0.095	0.110	0.128	0.142	0.157	0.169	0.180	0.196	0.208	0.220	0.226	0.237	0.248	0.259
				33年			0.000	0.018	0.040	0.058	0.075	0.092	0.109	0.124	0.139	0.152	0.164	0.179	0.192	0.204	0.210	0.222	0.233	0.244
				34年				0.000	0.019	0.038	0.056	0.073	0.091	0.106	0.122	0.136	0.147	0.163	0.176	0.188	0.195	0.207	0.218	0.230
				35年					0.000	0.019	0.036	0.054	0.072	0.088	0.104	0.119	0.130	0.146	0.159	0.172	0.180	0.192	0.204	0.215
				36年						0.000	0.017	0.035	0.053	0.070	0.087	0.102	0.114	0.129	0.143	0.156	0.164	0.177	0.189	0.201
				37年							0.000	0.016	0.035	0.052	0.070	0.085	0.097	0.113	0.126	0.140	0.149	0.161	0.174	0.186
				38年								0.000	0.016	0.034	0.052	0.068	0.080	0.096	0.110	0.124	0.134	0.146	0.159	0.172
				39年									0.000	0.016	0.035	0.051	0.064	0.079	0.094	0.108	0.118	0.131	0.145	0.157
				40年										0.000	0.017	0.034	0.047	0.062	0.077	0.092	0.103	0.116	0.130	0.143
														41年	0.000	0.017	0.031	0.046	0.061	0.076	0.088	0.101	0.115	0.128
														42年		0.000	0.014	0.029	0.045	0.060	0.072	0.086	0.100	0.113
														43年			0.000	0.012	0.028	0.044	0.057	0.071	0.086	0.099
														44年				0.000	0.012	0.028	0.042	0.056	0.071	0.084
														45年					0.000	0.012	0.026	0.041	0.056	0.070
														46年						0.000	0.011	0.026	0.041	0.055
														47年							0.000	0.011	0.027	0.041
														48年								0.000	0.012	0.026
														49年									0.000	0.012
														50年										0.000

法人税申告書別表16（2）

47

法人税申告書 別表16(6)

―繰延資産の償却過不足の有無がわかる―

別表16(6)の役割

　繰延資産の償却費は、減価償却資産の償却費と同様に「償却費として損金経理した金額」のうち「当期分の償却限度額」に達するまでの金額が損金の額に算入されます。

　この別表は、税法上の繰延資産の当期分の償却限度額と当期償却額とを比較し、次のとおり償却不足額の有無、または償却超過額の有無を明らかにすることを目的としています。

● 当期分の償却限度額

　均等償却を行うことが必要な繰延資産の当期分の償却限度額を計算します。

● 当期償却額

　均等償却を行うことが必要な繰延資産と一時償却が認められる繰延資産に区分し、決算書に費用として計上した繰延資産の当期償却額を記載します。

● 当期分の償却不足額または償却超過額

　当期分の償却限度額と当期償却額を比較し、償却不足額または償却超過額を算出します。具体的な解説は、『別表16(1)』などの解説と同じです。

PICK UP
1 繰延資産の種類

繰延資産の償却額の計算に関する明細書

事業年度	令和 ５．４．１ 令和 ６．３.31	法人名	ＡＢＣ卸販売株式会社

I　均等償却を行う繰延資産の償却額の計算に関する明細書

項目							合 計
繰 延 資 産 の 種 類	1	権利金					
支 出 し た 年 月	2	令和 ３．４	．	．	．	．	
支 出 し た 金 額	3	円 4,000,000	円	円	円	円	4,000,000
償 却 期 間 の 月 数	4	月 60	月	月	月	月	
当 期 の 期 間 の う ち に 含 ま れ る 償 却 期 間 の 月 数	5	12					
当期分の普通償却限度額 (3)×(5)/(4)	6	円 800,000	円	円	円	円	800,000
租税特別措置法適用条項	7	条 項 ( )	条 項 ( )	条 項 ( )	条 項 ( )	条 項 ( )	
特 別 償 却 限 度 額	8	外 円	外 円	外 円	外 円	外 円	
前期から繰り越した特別償却不足額 又は合併等特別償却不足額	9						
合　計 (6)+(8)+(9)	10	800,000					800,000
当 期 償 却 額	11	300,000					300,000
差引 償 却 不 足 額 (10)-(11)	12	500,000					500,000
償 却 超 過 額 (11)-(10)	13						
償却超過額 前 期 か ら の 繰 越 額	14	外	外	外	外	外	
同上のうち当期損金認容額 ((12)と(14)のうち少ない金額)	15						
差引合計翌期への繰越額 (13)+(14)-(15)	16						
特別償却不足額 翌期に繰り越すべき特別償却不足額 ((12)と((8)+(9))のうち少ない金額)	17						
当期において切り捨てる特別償却 不足額又は合併等特別償却不足額	18						
差 引 翌 期 へ の 繰 越 額 (17)-(18)	19						
翌期への繰越額の内訳 ・ ・	20						
当 期 分 不 足 額	21						
適格組織再編成により引き継ぐべき 合併等特別償却不足額 ((12)と(8)のうち少ない金額)	22						

II　一時償却が認められる繰延資産の償却額の計算に関する明細書

項目							合 計
繰 延 資 産 の 種 類	23						
支 出 し た 金 額	24	円	円	円	円	円	
前 期 ま で に 償 却 し た 金 額	25	外	外	外	外	外	
当 期 償 却 額	26						
期 末 現 在 の 帳 簿 価 額	27						

別表16(6)の重要項目とその解説

PICK UP 1 繰延資産の種類 （1および23欄）

　繰延資産とは、法人税法では法人が支出する費用のうち、その支出の効果が支出日以後1年以上に及ぶもので、次のような支出額をいいます。

　なお、少額な繰延資産（支出金額20万円未満）については、支出事業年度においてその全額を損金経理（費用計上）により処理することができます。

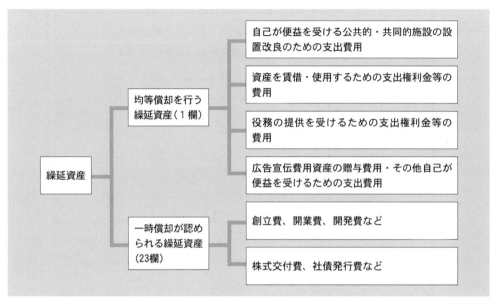

（注）一時償却とは、取得価額の全額を一時に損金算入することをいいます。

PICK UP **2** 均等償却を行う繰延資産の償却額の計算

繰延資産の償却額の計算に関する明細書		事業年度 令和 5. 4. 1 令和 6. 3.31	法人名	ＡＢＣ卸販売株式会社	別表十六(六)

I 均等償却を行う繰延資産の償却額の計算に関する明細書

繰 延 資 産 の 種 類	1	権利金				合 計
支 出 し た 年 月	2	令和 3. 4	.	.	.	.
支 出 し た 金 額	3	円 4,000,000	円	円	円	円 4,000,000
償 却 期 間 の 月 数	4	月 60	月	月	月	月
当期の期間のうちに含まれる償却期間の月数	5	12				
当期分の普通償却限度額 (3) × (5)/(4)	6	円 800,000	円	円	円	円 800,000
租税特別措置法適用条項	7	条 項 ( )	条 項 ( )	条 項 ( )	条 項 ( )	条 項 ( )
特 別 償 却 限 度 額	8	外 円	外 円	外 円	外 円	外 円
前期から繰り越した特別償却不足額又は合併等特別償却不足額	9					
合 計 (6)＋(8)＋(9)	10	800,000				800,000
当 期 償 却 額	11	300,000				300,000
償 却 不 足 額 (10)－(11)	12	500,000				500,000
償 却 超 過 額 (11)－(10)	13					
前 期 か ら の 繰 越 額	14	外	外	外	外	外
同上のうち当期損金認容額 ((12)と(14)のうち少ない金額)	15					
差引合計翌期への繰越額 (13)＋(14)－(15)	16					
翌期に繰り越すべき特別償却不足額 ((12)と((8)＋(9))のうち少ない金額)	17					
当期において切り捨てる特別償却不足額又は合併等特別償却不足額	18					
差 引 翌 期 へ の 繰 越 額 (17)－(18)	19					
翌越期額への内訳 ・ ・	20					
当 期 分 不 足 額	21					
適格組織再編成により引き継ぐべき合併等特別償却不足額 ((12)と(8)のうち少ない金額)	22					

II 一時償却が認められる繰延資産の償却額の計算に関する明細書

繰 延 資 産 の 種 類	23					合 計
支 出 し た 金 額	24	円	円	円	円	円
前 期 ま で に 償 却 し た 金 額	25	外	外	外	外	外
当 期 償 却 額	26					
期 末 現 在 の 帳 簿 価 額	27					

令五・四・一以後終了事業年度分

PICK UP **3** 一時償却が認められる繰延資産の償却額の計算

≫ 別表16(6)の重要項目とその解説

PICK UP
2 **均等償却を行う繰延資産の償却額の計算** （3～13欄）

① 償却期間の月数（4欄）

繰延資産の償却期間は、法人税法の基本通達に定められています。

たとえば、実務でよく出てくるものを例示すると次のとおりです。

種類	細目	償却期間
公共的施設等の負担金	その施設等が、その法人にもっぱら使用される場合	その施設等の耐用年数の70%の年数
	上記以外の負担金の場合	その施設等の耐用年数の40%の年数
資産賃借権利金等	事務所や社宅を賃借するための通常の権利金等の場合	5年（契約期間が5年未満で、契約更新時に再び権利金を要することが明らかな場合には、契約期間）

② 当期分の償却限度額（10欄）

繰延資産は、次の算式で当期分の償却限度額を計算します。

この事例では、償却限度額は、800,000円です。

$$（繰延資産の額） \times \frac{当期の月数（支出年度は支出から期末までの月数）}{償却期間の月数} = \boxed{償却限度額}$$

③ 当期償却額（11欄）

当期償却額は、決算書において繰延資産の償却費として費用計上した金額を記載します。この事例では、当期償却額は300,000円です。

④ 差引（償却不足額または償却超過額）（12、13欄）

当期分の償却限度額と当期償却額とを比較し、当期償却額が償却限度額に満たない場合（償却不足額）や当期償却額が償却限度額を上回る場合（償却超過額）の取扱いや対応については、『別表16(1)』など減価償却資産の償却費と同じです。

この事例では、償却不足額が500,000円あります。

PICK UP
3 **一時償却が認められる繰延資産の償却額の計算** （24～27欄）

一時償却が認められる繰延資産は、会社法上（企業会計上）、資産として計上することが認められた費用をいいます。もともと資産性が乏しい資産ですから、収益力がある企業は即時に償却するか、3～5年以内程度に償却するのが通常です。

したがって、一時償却が認められる繰延資産を償却しないで資産計上したまま放置している企業は、債務の返済能力の低い企業と判断してよいと考えられます。

K先生 & イチロー　イチロー君が別表16(6)で留意すべき点

イチロー　先生！ 『別表16(6)』の繰延資産というのは、貸借対照表の資産の部の一番下にある繰延資産と同じものでしょうか？

K先生　同じものではないんです。この点は、プロの会計事務所でも間違っていることがよくあります。

イチロー　ぜひ、教えてください。どう違うのでしょうか？

K先生　『別表16(6)』に記載される繰延資産、すなわち税法でいう繰延資産は、大きく分けて2つのものが含まれているんです。1つは会社法上の繰延資産として企業会計でいう創立費、開業費、株式交付費、社債発行費、開発費の5つで、貸借対照表の一番下にある繰延資産に計上されるものです。もう1つは、税法固有の繰延資産である賃借権利金、公共的施設の負担金などで、決算書では「投資その他の資産」のなかで長期前払費用などの科目で計上されるものです。

イチロー　賃借権利金は、中小企業の決算書によく出てきますが、これは貸借対照表の固定資産の部における「投資その他の資産」に計上することが正しいのでしょうか？

K先生　そうなんです。賃借権利金は、会社法上の繰延資産に含まれていないんです。

イチロー　なるほど、よくわかりました。ところで、『別表16(6)』の着眼点は、減価償却と同じと考えてよいのでしょうか？

K先生　同じように考えてよいでしょうね。ただ、一時償却できる創立費、開業費、開発費などを何年も償却しないで放置しておきながら、決算書は黒字にしているようなケースにはとくに注意をすることが必要ですね。

法人税申告書 別表16(7)

19

—当期に費用計上した少額減価償却資産の明細がわかる—

別表16(7)の役割

中小企業者等が、平成18年4月1日から令和8年3月31日までの間に、取得価額30万円未満の減価償却資産（以下、「少額減価償却資産」という）を取得した場合には、事業の用に供した期において取得価額の合計額のうち年300万円に達するまでの金額を限度として損金の額に算入することができます。

ただし、この特例の適用を受けるためには、少額減価償却資産を取得し、事業の用に供した期に損金経理（費用計上すること）をするとともに、その明細をこの『別表16(7)』に記載し、法人税申告書に添付することが必要です。

● 適用対象となる法人

この規定が適用となるのは、中小企業者等です。中小企業者等とは、期末資本金が1億円以下の中小法人ですが、実質的には大法人の子会社に該当する場合は適用されないことになっています。

すなわち、発行済株式等[注1]の2分の1以上が同一の大規模法人（資本金1億円超の法人[注1]）に所有されている場合や3分の2以上が複数の大規模法人に所有されている場合は、中小企業者等に該当しないことになっています。

(注1) 平成31年度税制改正により、資本金5億円以上の法人の100%子法人等が大規模法人に追加されるとともに、発行済株式から自己株式が除外されています。

(注2) 平成31年4月1日以後に開始する事業年度より、中小企業者であっても、その事業年度開始日前3年以内の各事業年度の年平均所得金額が15億円を超える法人は適用除外事業者に該当し、この規定が適用されないことになっています。

● 10万円未満の少額減価償却資産

取得価額10万円未満の減価償却資産を少額減価償却資産という場合がありますが、これらの減価償却資産は取得し、事業の用に供した期に損金経理をすることによって損金の額に算入され、明細書の添付の必要はありません。

● 貸付用の少額資産の適用除外

令和4年度税制改正により、主要な事業として行われる場合を除き、貸付けの用に供したものは、少額資産について短期に損金算入が認められるという以下の制度の対象外とされています。

① 中小企業者等の少額減価償却資産の取得価額の損金算入の特例（別表16(7)）

② 一括償却資産の損金算入制度（別表16(8)）

③ 10万円未満の少額の減価償却資産の取得価額の損金算入制度（上記参照）

PICK UP 1 資産区分・取得価額

少額減価償却資産の取得価額の損金算入の特例に関する明細書			事業年度	令和 5. 4. 1 令和 6. 3.31	法人名	ABC卸販売株式会社				別表十六(七)

別表十六(七) 令五・四・一以後終了事業年度分

資産区分	種 類	1	工具器具備品				
	構 造	2					
	細 目	3	パ ソ コ ン				
	事 業 の 用 に 供 し た 年 月	4	令和 5.11				
取得価額	取 得 価 額 又 は 製 作 価 額	5	円 250,000	円	円	円	円
	法人税法上の圧縮記帳による積立金計上額	6					
	差引改定取得価額 (5)-(6)	7	250,000				
資産区分	種 類	1					
	構 造	2					
	細 目	3					
	事 業 の 用 に 供 し た 年 月	4					
取得価額	取 得 価 額 又 は 製 作 価 額	5	円	円	円	円	円
	法人税法上の圧縮記帳による積立金計上額	6					
	差引改定取得価額 (5)-(6)	7					
資産区分	種 類	1					
	構 造	2					
	細 目	3					
	事 業 の 用 に 供 し た 年 月	4					
取得価額	取 得 価 額 又 は 製 作 価 額	5	円	円	円	円	円
	法人税法上の圧縮記帳による積立金計上額	6					
	差引改定取得価額 (5)-(6)	7					
当 期 の 少 額 減 価 償 却 資 産 の 取 得 価 額 の 合 計 額 ((7)の計)		8				250,000	円

PICK UP 2 当期の少額減価償却資産の取得価額の合計額

》》 別表16(7)の重要項目とその解説

1 資産区分・取得価額 (1〜7欄)

　会社が費用処理した1台30万円未満の減価償却資産の種類、事業の用に供した年月、取得価額が記載されます。

　なお、1件当たり10万円未満の減価償却資産は、記載する必要はありませんので、10万円以上30万円未満の減価償却資産が記載されることになります。

2 当期の少額減価償却資産の取得価額の合計額 (8欄)

　当期に取得した取得価額10万円以上30万円未満の減価償却資産で損金経理により費用処理したもののうち、取得価額の合計額が300万円に達するまでの金額が記載されます。

　この事例では、取得価額250,000円のパソコンが1台しか記載されていないため、損金に計上できる枠300万円の大半が未使用の状態になっています。そのため、これ以外に取得価額10万円以上の少額減価償却資産が取得されたにもかかわらず、資産計上されている場合は、その会社は収益力が乏しいことを示していますので、これ以外に30万円未満の減価償却資産が取得されていないか確認することが必要です。

K先生 & イチロー イチロー君が別表16(7)で留意すべき点

イチロー この別表のタイトルが「少額減価償却資産」となっていますから、私は、10万円未満の減価償却資産を記載する別表のことと思っていましたが、この別表には10万円以上である25万円のパソコンが載っていますね。

K先生 イチロー君が言う「10万円未満の減価償却資産」は、この別表には記載しません。10万円以上30万円未満のものを記載するんですよ。

イチロー こんな別表があるのですね。私はノーマークでしたが、どんな点に留意したらよいのでしょうか？

K先生 30万円未満のパソコンなどを購入した場合、この別表に記載して取得年度にその全額を損金の額に算入するか（費用計上するか）、資産計上して4年（サーバー用のものは5年）で償却するかは選択です。当然、収益力のある会社は、すべて費用に計上するのに対して、儲かっていない企業は資産計上するでしょうね。

イチロー なるほどー。こんなところにも会社の本当の収益力が垣間見られるのですね。

K先生 そうです。業績のよい企業は、300万円の枠をできるだけ、いっぱいいっぱい使っているケースが多いですね。

イチロー ということは、逆にこの『別表16(7)』がないということは、30万円未満のものを資産計上しているということなんですね。

K先生 確かに、粉飾するような企業は、『別表16(7)』を利用しないことが多いでしょうね。

法人税申告書 別表16(8)

―3年間の均等償却の状況がわかる―

別表16(8) の役割

　1台当たりの取得価額が10万円以上20万円未満の資産については、個々に資産計上してそれぞれの法定耐用年数で減価償却を行うことに代えて、取得し事業の用に供した年以後3年間で均等償却することができることとされており、これを一括償却資産といいます。

　この別表は、3年間で均等償却する一括償却資産について、当期の償却額や過不足の状況を次のとおり明らかにすることを目的にしています。

　なお、少額減価償却資産（141頁参照）は中小企業者等においてのみ適用されるのに対し、一括償却資産はすべての会社において認められています。

● 当期分の損金算入限度額

　　取得した資産を取得年度ごとに分けて、3年均等償却の当期分の損金算入限度額を計算します。

● 当期損金経理額

　　当期の決算書に費用計上した金額を記載します。

● 当期の損金算入不足額または損金算入限度超過額

　　当期分の損金算入限度額と当期損金算入額とを比較し、損金算入不足額の有無、または損金算入限度超過額の有無を把握します。

　　なお、損金算入不足額の見方などは、『別表16(1)』の償却不足額と同じですから『別表16(1)』の解説を参照してください。

● 貸付用の少額資産の適用除外

　　令和4年度の税制改正により、主要な事業として行われる場合を除き、貸付けの用に供されたものは、この一括償却資産の規定の対象外とされています（141頁参照）。

PICK UP **1** 当期分の損金算入限度額

PICK UP **2** 当期損金経理額

PICK UP **3** 差引（損金算入不足額または損金算入限度超過額）

一括償却資産の損金算入に関する明細書		事業年度	令和 5 . 4 . 1 令和 6 . 3.31	法人名	ＡＢＣ卸販売株式会社			別表十六(八)

事 業 の 用 に 供 し た 事 業 年 度	1	令 4. 4. 1 令 5. 3.31	. . . .	. . . .	. . . .	. . . .	(当期分)	
同上の事業年度において事業の用に供した一括償却資産の取得価額の合計額	2	円 352,500	円	円	円	円	円	
当 期 の 月 数 (事業の用に供した事業年度の中間申告の場合は、当該事業年度の月数)	3	月 12	月	月	月	月	月	
当 期 分 の 損 金 算 入 限 度 額 (2) × (3)/36	4	円 117,500	円	円	円	円	円	
当 期 損 金 経 理 額	5							
差引	損 金 算 入 不 足 額 (4) － (5)	6	117,500					
	損 金 算 入 限 度 超 過 額 (5) － (4)	7						
損金算入限度超過額	前 期 か ら の 繰 越 額	8						
	同上のうち当期損金認容額 ((6)と(8)のうち少ない金額)	9						
	翌 期 へ の 繰 越 額 (7) ＋ (8) － (9)	10						

別表十六(八)

令五・四・一以後終了事業年度分

146

別表16(8)の重要項目とその解説

PICK UP 1　当期分の損金算入限度額（4欄）

　当期または当期以前に事業の用に供した10万円以上20万円未満の減価償却資産の取得価額を合計（2欄）して、一括して次の算式で計算した金額が損金算入限度額となります。

　この損金算入限度額は、減価償却限度額と同じ意味をもっています。

$$\left[\begin{array}{l}\text{当期または当期以前に事}\\\text{業の用に供した一括償却}\\\text{資産の取得価額の合計額}\end{array}\right] \times \frac{\text{当期の月数}}{36月} = \boxed{\text{損金算入限度額}}$$

　なお、当期の損金算入限度額は117,500円です。

PICK UP 2　当期損金経理額（5欄）

　1台10万円以上20万円未満の減価償却資産のうち、当期の決算書において費用計上した額を合計して記載します。

　この一括償却資産の場合は、資産計上して償却費などの費用に計上した額のみならず、購入した額を消耗品費などにストレートに費用計上した金額を合計した金額が、当期損金経理額となります。

　なお、この事例では、当期の損金経理額は0円です。

PICK UP 3　差引（損金算入不足額または損金算入限度超過額）（6、7欄）

　当期分の損金算入限度額に対して当期損金経理額が満たないため、損金算入不足額が生じている場合は、無理をして利益計上しているなど利益調整を行っているケースといってもよく、業績不振企業にしばしば見られます。

　したがって、このように損金算入不足額がある会社については、粉飾の有無を十分にチェックすることが必要です。

　一方、当期分の損金算入限度額に対して当期損金経理額が大きい場合は、損金算入限度超過額となり、限度超過額が『別表4』（30頁参照）において申告加算されます。当然、このようなケースは業績好調の企業の決算書で見られます。

法人税申告書別表16(8)

20

147

K先生 & イチロー イチロー君が別表16(8)で留意すべき点

イチロー 初歩的な質問で恐縮ですが、この別表のタイトルは、一括償却資産となっていますね。一括償却資産って何のことでしょうか?

K先生 一括償却資産というのは、取得価額が10万円以上20万円未満の減価償却資産をまとめて、3年間で償却する資産をいいますが、取得した資産のなかでどの資産を一括償却の対象とするかは、任意になっているんですよ。

イチロー なるほどー。法人税には、10万円未満の少額減価償却資産、20万円未満の一括償却資産、30万円未満の少額減価償却資産の3種類があるんですね。でも、この『別表16(8)』は損金算入限度額や当期損金経理額を記載する欄がありますから、着眼点などは減価償却と同じと考えてよいでしょうか?

K先生 別表の読み方としては、同じですね。ただ通常の減価償却とは違う点があります。たとえば、業績のよい企業や大手企業は会計方針として20万円未満の減価償却資産をすべて費用に落としていることが多く、損金算入限度超過額が多額に生じているケースがあるという点ですね。

イチロー なるほどー。『別表16(8)』の損金算入限度超過額が多い企業は、業績好調企業とみることもできるんですね。

法人税申告書 別表16(10)

―資産に係る控除対象外消費税額の処理がわかる―

別表16(10)の役割

消費税額は、販売先から受け取った売上高に係る消費税額（税抜経理において仮受消費税額という）から、購入先に支払った仕入高に係る消費税額（税抜経理において仮払消費税額という）を控除した残額を税務署に支払います。

しかし、消費税の課税売上割合が95％未満の場合、または、課税売上割合が95％以上でも課税売上高が5億円超の場合は、非課税売上高に対応する課税仕入高に係る消費税額は税額控除できない（この税額控除できない消費税額を「控除対象外消費税額」という）ものとされています。

そのため、消費税の税込経理とのバランス上、控除対象外消費税額のなかで資産（棚卸資産、固定資産、繰延資産）に係る金額は、法人税法上は次のように処理するものとされており、その処理状況を明らかにする役割を担っています。

● 次のいずれかの場合は、損金経理を要件に損金に算入する

① その期の課税売上割合が80％以上である場合

② 棚卸資産に係る控除対象外消費税額である場合

③ 1つの資産に係る控除対象外消費税額が20万円未満である場合

● 上記に該当しない場合は、繰延消費税額として資産計上し、60か月で償却する（ただし、資産を取得した事業年度においては、12/60の2分の1）

なお、資産に係るもの以外の控除対象外消費税額は、損金に算入されますが、交際費に係る控除対象外消費税額は『別表15』の交際費の損金不算入額の対象となります。

PICK UP 1　繰延消費税額等の損金算入

資産に係る控除対象外消費税額等の損金算入に関する明細書

	事業年度 令和 5. 4. 1 / 令和 6. 3.31	法人名 ＡＢＣ卸販売株式会社	別表十六（十）令五・四・一以後終了事業年度分

繰 延 消 費 税 額 等（発生した事業年度）	1	（ ： ）	（ ： ）	（ ： ）	（ ： ）	（ ： ） 当 期 分	0
当 期 の 損 金 算 入 限 度 額　$(1)\times\dfrac{当期の月数}{60}\left(当期発生分については\ (1)\times\dfrac{当期の月数}{60}\times\dfrac{1}{2}\right)$	2						
当 期 損 金 経 理 額	3						
差引 損 金 算 入 不 足 額 (2) － (3)	4						0
損 金 算 入 限 度 超 過 額 (3) － (2)	5						
損金算入限度超過額 前 期 か ら の 繰 越 額	6						
同上のうち当期損金認容額 ((4)と(6)のうち少ない金額)	7						
翌 期 へ の 繰 越 額 (5) ＋ (6) － (7)	8						

当期に生じた資産に係る控除対象外消費税額等の損金算入額等の明細

課税標準額に対する消費税額等（税抜経理分）	9	199,077,752	(12) のうち当期損金算入額	14	959,962
課税仕入れ等の税額等（税抜経理分）	10	173,577,310	同上のうち	(13)の割合が80％以上である場合の資産に係る控除対象外消費税額等の合計額	15	959,962
同上の額のうち課税標準額に対する消費税額等から控除されない部分の金額	11	1,041,463		資産に係る控除対象外消費税額等で棚卸資産に係るものの合計額	16	
同上の額のうち資産に係るものの金額（資産に係る控除対象外消費税額等の合計額）	12	959,962		資産に係る控除対象外消費税額等で特定課税仕入れに係るものの合計額	17	
				資産に係る控除対象外消費税額等で20万円未満のものの合計額	18	
当期の消費税の課税売上割合	13	99.40 %	当 期 の 繰 延 消 費 税 額 等 ((12)－(15)) 又は((12)－(16)－(17)－(18))	19	0

PICK UP 2　資産に係る控除対象外消費税額

PICK UP 3　資産に係る控除対象外の損金算入額と資産計上額

別表16(10)の重要項目とその解説

PICK UP 1 繰延消費税額等の損金算入 (1～8欄)

　消費税の課税売上割合（下記算式参照：13欄）が80%未満で、かつ、1つの固定資産や繰延資産に係る控除対象外消費税額が20万円以上のものについては、その資産に係る控除対象外消費税額は「繰延消費税額等」として資産に計上されます。繰延消費税額等は、発生事業年度ごとに1欄に記載され、当期の損金算入限度額（2欄）の範囲内で損金経理（3欄）すれば、損金の額に算入されます。

$$\frac{課税売上高}{課税売上高＋非課税売上高} = \boxed{課税売上割合}$$

PICK UP 2 資産に係る控除対象外消費税額 (9～12欄)

　消費税申告書に記載されている「課税標準額に対する消費税額」（売上に対する消費税額）が9欄（課税標準額に対する消費税額等）に、「課税仕入に係る控除税額」が10欄（課税仕入れ等の税額等）にそれぞれ転記され、10欄の「課税仕入れ等の税額等」のなかで「課税標準額に対する消費税額から控除されない部分の金額」（控除対象外消費税額）が11欄に記載されます。この事例では、「10欄の金額×（1－0.994）＝1,041,463円」です。この控除対象外消費税額1,041,463円のうち「棚卸資産、固定資産、繰延資産など資産に係る金額」が抽出されて12欄に記載されます。

PICK UP 3 資産に係る控除対象外の損金算入額と資産計上額 (14～19欄)

　資産に係る控除対象外消費税額のうち「当期損金算入額（14欄）」とその内訳が記載（15～18欄）され、残りの金額は「当期の繰延消費税額等」（19欄）として1欄に転記され、それぞれ償却期間60か月で損金の額に算入されます。

　この事例では、課税売上割合が80%以上（99.4%）であるため、繰延消費税額として資産計上されるべき額はありません。

法人税申告書別表16(10)

21

K先生 & イチロー　イチロー君が別表16(10)で留意すべき点

イチロー 先生！　ときどき、この別表をみることがありますが、この別表の意味するところは全くわかっていないんです。

K先生 無理もありませんね。プロの税理士先生だって理解していない人がいるくらいですから……ところで、イチロー君は、消費税の経理処理方法には税抜経理と税込経理とがあることはご存知ですね。

イチロー はい、一応知っています。非課税売上が多い医療法人などは税込経理ですから……。

K先生 さすがですねー。そのように税込経理をしている医療法人は、購入した医療機器に含まれている消費税額は、耐用年数にわたって償却して費用化していますね。一方、税抜経理の場合は、医療機器に係る消費税額を仮払消費税として経理し、仮受消費税と相殺して一時に償却をしていますね。そのため、ある程度金額が大きい資産に係る控除対象外消費税額は、繰延消費税として資産計上し、５年で償却させようとしているわけです。

イチロー なるほどー。税込経理と税抜経理とのバランスを取るための税制なんですね。だから、棚卸資産は資産であっても、繰延消費税の対象にしていないんですね。

K先生 そうなんですよ。課税売上割合が80％以上であろうとなかろうと棚卸資産に係る控除対象外消費税額は、『別表16(10)』に記載しておけば、すべて損金に算入されることになるわけです。

イチロー ところで、先生。この別表では、どこに注意すべきなんでしょうか？

K先生 そうですねー。『別表16(10)』の９欄や10欄は消費税の申告書との整合性をチェックすることができますね。それと、繰延消費税の償却に係る過不足額（４欄や５欄）については、減価償却の別表と同じように見ることができます。

イチロー ありがとうございました。やっと、『別表16(10)』の意味を理解することができました。

適用額明細書

22

―租税特別措置法の適用で儲けの状況がわかる―

適用額明細書の役割

　この「適用額明細書」は、法人税に関する租税特別措置法の適用実態を把握するための調査およびその結果の国会への報告等を行うことで、適用の状況の透明化を図るとともに、適宜、適切な見直しを推進することを目的として平成23年４月１日以後に終了する期から添付が義務付けられています。

● 適用額明細書が意味するもの

　租税特別措置法とは、適用期限を区切って一定期間に限って所得金額や法人税額を軽減あるいは重課するなど政策的な特例が定められている法律です。この特例のうち所得金額や法人税額が軽減されている税制の適用を受ける場合には、この適用額明細書にその法律の条項と適用金額を記載し、法人税申告書に添付することが特例の適用要件となっています。

　そのため、適用額明細書に多くの条項や適用金額が記載されている会社は、収益力のある会社であると判断材料にすることができます。

● 主な租税特別措置法の内容

・中小企業者等の法人税率の特例（42条の３の２）

・試験研究を行った場合の法人税額の特別控除（42条の４）

・中小企業者等が機械等を取得した場合の特別償却または法人税額の特別控除（42条の６）

・給与等の支給額が増加した場合等の法人税額の特別控除（42条の12の５）

・中小企業者等が特定経営力向上設備等を取得した場合の特別償却又は法人税額の特別控除（42条の12の４）

・収用等に伴い代替資産を取得した場合の課税の特例（64条）

・特定の資産の買換えの場合の課税の特例（65条の７）

・中小企業者等の少額減価償却資産の取得価額の損金算入の特例（67条の５）　など

PICK UP **2** 区分番号

（控用）

別記様式

令和　年　月　日

名古屋　　税務署長殿

収受印

自 平成・令和 **5** 年 **4** 月 **1** 日
至 平成・令和 **6** 年 **3** 月 **31** 日

事業年度分の適用額明細書
（当初提出分）・ 再提出分）

この用紙は控用です

当該適用額明細書を再提出する場合には、訂正箇所のみ記載するのでなく、すべての租税特別措置について記載してください。

納　税　地　名古屋市中区丸の内　電話（　　　）　－

（フリガナ）エービーシーオロシハンバイカブシキガイシャ

法　人　名　ＡＢＣ卸販売株式会社

法 人 番 号　［　　　　　　　　　　　　　］

期末現在の資本金の額又は出資金の額　億 十万 百万 千 円　10000000

所得金額又は欠損金額　十億 百万 千 円　9314022

整 理 番 号　1 2 3 4 5 6 7 8

提 出 枚 数　**1** 枚　うち **1** 枚目

事 業 種 目　卸売業　業種番号 **4 9**

※税務署処理欄　提出年月日　令和　年　月　日

PICK UP **1** 租税特別措置法の条項

PICK UP **3** 適用額

租 税 特 別 措 置 法 の 条 項	区 分 番 号	適　　用　　額（十億 百万 千 円）
第　67条の5　第　1　項第　　号	0 0 2 7 7	2 5 0 0 0 0
第　42条の3の2第　1　項第　1　号	0 0 3 8 0	8 0 0 0 0 0 0
第　42条の12の5第　2　項第　　号	0 0 6 7 8	3 0 0 9 6 9
第　条　第　項第　号		
第　条　第　項第　号		
第　条　第　項第　号		
第　条　第　項第　号		
第　条　第　項第　号		
第　条　第　項第　号		
第　条　第　項第　号		
第　条　第　項第　号		
第　条　第　項第　号		
第　条　第　項第　号		
第　条　第　項第　号		
第　条　第　項第　号		
第　条　第　項第　号		
第　条　第　項第　号		
第　条　第　項第　号		
第　条　第　項第　号		
第　条　第　項第　号		

適用額明細書の重要項目とその解説

PICK UP 1　租税特別措置法の条項

　租税特別措置法の条項が記載されていますが、条項だけでは何について定められているか判断することができませんので、153頁の主な租税特別措置法の条項と照らし合わせて内容をつかむしかありません。

　しかし、収益力がある会社は、適用している条項が多く、かつ、適用額が大きいケースが大半ですから、それだけでも会社の担税力を判断することは可能です。

PICK UP 2　区分番号

　区分番号とは、国税庁が租税特別措置法の利用状況を把握するために付した番号です。この番号は公表されているため、適用額明細書を作成する会社はこの番号を国税庁のホームページ等で把握して記載しています。

PICK UP 3　適用額

　租税特別措置法の特例を適用した場合、どのような特例をいくら適用したかが記載されます。黒字の中小法人の場合は、少なくとも次の①と②の特例の適用を受けていることが一般的です。そのため、これらの基本的な特例を受けているかどうか、適用額はいくらかを確認することが必要です。

　①　措置法42条の3の2（法人税率の軽減）

　中小法人の年800万円までの所得金額は、15％の軽減税率が適用されますので、いくらまで適用されたかチェックできます。

　②　措置法67条の5（少額減価償却資産の特例）

　1台30万円未満の少額減価償却資産は、その取得価額の合計額が年300万円に達するまで損金に算入することができますので、いくらまで枠を使用したかチェックできます。

　さらに、「成長と分配の好循環」によってコロナ禍でのデフレ脱却を目指す日本経済にとって、国内雇用者の給与をアップすることは重要なテーマとなっています。そのため、措置法42条の12の5の「給与等の支給額が増加した場合の法人税額の特別控除」の適用要件を満たしているかどうかをチェックすることも人手不足のなかで人材を確保できるかどうかという観点から重要な着眼点です。

適用額明細書

22

K先生 & イチロー　イチロー君が適用額明細書で留意すべき点

イチロー こんな明細書があるのですね。今まで気付かなかったんですが、『適用額明細書』って、何でしょうか？

K先生 この適用額明細書は、法人税の時限立法である租税特別措置法の政策減税（税額又は所得の金額を減少させるもの）がどの程度利用されているかの調査を行うために新たに設けられたものですが、平成23年4月期から添付が義務付けられ、添付されていないと減税を認めないものとされています。

イチロー そうなんですか？　ということは、この適用額明細書にいろいろな政策減税を利用している旨の記載がある企業は、儲かっている企業であるとみることもできますね。

K先生 イチロー君のおっしゃるとおりです。収益力は低いものの、なんとか黒字申告をしている中小法人は、措置法42条の3の2の「法人税率の軽減」と措置法67条の5「少額減価償却資産の特例」の2つくらいしか適用を受けていないのが一般的です。

　　しかし、この会社は措置法42条の12の5の「中小企業者等が給与等の支給額が増加した場合の法人税額の特別控除」の適用を受けていますので、人材を確保しようとしている経営者の意欲が感じられますね。

イチロー なるほどー。この適用額明細書は、金融機関にとって着眼点の一つになりますね。ところで、先ほど、先生はこの明細書を添付させることによって、政策減税がどのように利用されているか調査することになっているとおっしゃいましたが、調査結果はどのようになっているのでしょうか？

K先生 令和4年度分の調査結果が国会に報告されましたが、提出された法人税申告書3,128千件のうち約46%の1,462千件の申告書に適用額明細書が添付されていたようです。そのうち利用度がダントツに多いのは、1,068千件の「中小法人の法人税率の軽減」と653千件の「少額減価償却資産の特例」でした。やはり、この会社も利用している2つの特例が圧倒的に利用されているという報告でした。

イチロー ありがとうございます。よくわかりました。これからは、必ずマークしたいと思います。

決 算 報 告 書

自 令和 5 年 4 月 1 日
至 令和 6 年 3 月 31 日

Ａ Ｂ Ｃ 卸 販 売 株 式 会 社

名 古 屋 市 中 区 丸 の 内 × × ×

貸借対照表

ＡＢＣ卸販売株式会社

令和 6年 3月31日 現在　　　　　　　　　　　　　　　単位：円

資　産　の　部		負　債　の　部	
科　　目	金　　額	科　　目	金　　額
【流　動　資　産】	【　882,959,153】	【流　動　負　債】	【　872,370,634】
現 金 及 び 預 金	158,259,664	支　払　手　形	260,372,778
受　取　手　形	89,089,924	買　　掛　　金	140,252,686
売　　掛　　金	325,077,740	短 期 借 入 金	412,765,262
商　　　　品	239,889,380	未　　払　　金	39,886,027
貯　蔵　品	3,225,840	未　払　費　用	6,791,736
前　払　費　用	1,853,005	未 払 法 人 税 等	934,500
短 期 貸 付 金	52,500,000	未 払 消 費 税 等	8,116,500
未　収　入　金	13,563,600	預　　り　　金	3,251,145
仮　　払　　金	3,500,000	【固　定　負　債】	【　442,279,491】
貸 倒 引 当 金	△4,000,000	社　　　　債	40,000,000
【固　定　資　産】	【　581,822,439】	長 期 借 入 金	402,279,491
（有 形 固 定 資 産）	（　444,210,823）	負　債　合　計	1,314,650,125
建　　　　物	145,600,247		
構　　築　　物	5,687,441		
機　械　装　置	11,409,726	純　資　産　の　部	
車 両 運 搬 具	26,853,654	【株　主　資　本】	【　150,131,467】
工 具 器 具 備 品	19,899,305	資　　本　　金	10,000,000
土　　　　地	234,760,450	（利　益　剰　余　金）	（　140,131,467）
（無 形 固 定 資 産）	（　3,954,412）	利　益　準　備　金	2,500,000
ソ フ ト ウ ェ ア	3,230,412	そ の 他 利 益 剰 余 金	137,631,467
電 話 加 入 権	724,000	別 途 積 立 金	100,000,000
（投資その他の資産）	（　133,657,204）	繰 越 利 益 剰 余 金	37,631,467
投 資 有 価 証 券	41,996,184		
会　　員　　権	35,800,000		
差 入 保 証 金	3,500,000		
長 期 前 払 費 用	3,000,000		
保 険 積 立 金	49,361,020	純　資　産　合　計	150,131,467
資　産　合　計	1,464,781,592	負債・純資産合計	1,464,781,592

損益計算書

ＡＢＣ卸販売株式会社

自 令和 5年 4月 1日

至 令和 6年 3月31日　　　　　　　　　　　　　　　単位：円

科　　目		金　　額	
【売　　上　　高】			
売　　上　　高			2,478,466,172
【売　上　原　価】			
期　首　棚　卸　高		225,285,460	
仕　　入　　高		1,992,522,000	
＊＊合　計＊＊		2,217,807,460	
期　末　棚　卸　高		△239,889,380	1,977,918,080
	売 上 総 利 益 金 額		500,548,092
【販売費及び一般管理費】			497,434,875
	営 業 利 益 金 額		3,113,217
【営　業　外　収　益】			
受　取　利　息		30,506	
受　取　配　当　金		738,998	
雑　　収　　入		25,643,728	26,413,232
【営　業　外　費　用】			
支　払　利　息		16,387,715	
手　形　譲　渡　損		2,015,709	
雑　　損　　失		205,848	18,609,272
	経 常 利 益 金 額		10,917,177
【特　別　利　益】			
貸倒引当金戻入益		800,000	
固　定　資　産　売　却　益		985,542	1,785,542
【特　別　損　失】			
固　定　資　産　除　却　損			2,049,423
	税引前当期純利益金額		10,653,296
	法人税、住民税及び事業税		2,112,668
	当 期 純 利 益 金 額		8,540,628

販売費及び一般管理費

ＡＢＣ卸販売株式会社

自 令和 5年 4月 1日

至 令和 6年 3月31日　　　　　　　　　　単位：円

科 目		金	額
役 員 報 酬		64,800,000	
給 与 手 当		184,259,088	
法 定 福 利 費		30,939,840	
福 利 厚 生 費		25,215,308	
旅 費 交 通 費		13,105,031	
通 信 費		11,053,397	
交 際 費		9,548,063	
減 価 償 却 費		17,367,716	
賃 借 料		8,181,000	
保 険 料		9,446,109	
修 繕 費		6,633,326	
水 道 光 熱 費		3,447,554	
寄 附 金		209,520	
消 耗 品 費		18,361,235	
租 税 公 課		10,437,220	
運 賃		52,985,246	
事 務 用 品 費		2,424,634	
広 告 宣 伝 費		6,639,549	
支 払 手 数 料		7,237,061	
諸 会 費		1,060,000	
新 聞 図 書 費		1,962,531	
教 育 研 修 費		1,560,000	
リ ー ス 料		8,202,000	
雑 費		2,359,447	
	合 計		497,434,875

個別注記表

ＡＢＣ卸販売株式会社

自 令和 5年 4月 1日

至 令和 6年 3月31日

この計算書類は、中小企業の会計に関する指針によって作成しています。

重要な会計方針に係る事項に関する注記

資産の評価基準及び評価方法

棚卸資産の評価基準及び評価方法 … 最終仕入原価法を採用しています。

有価証券の評価基準及び評価方法 … 移動平均法による原価法を採用しています。

固定資産の減価償却の方法

有形固定資産 … 定率法を採用しています。ただし、平成１０年４月１日以降取得の
建物と、平成２８年４月１日以後取得の建物付属設備については法
人税法の規定により定額法を採用しています。

無形固定資産 … 定額法を採用しています。

引当金の計上基準

貸倒引当金 … 債権の貸倒れによる損失に備えるため、法人税法に規定する法定繰入率
により計上するほか、取引先の内容を個別に検討して計上しています。

その他計算書類の作成のための基本となる重要な事項

消費税等の会計処理

消費税等の会計処理は、税抜方式によっています。

貸借対照表等に関する注記

保証債務などの当該債務の金額

受取手形割引高   100,000,000円

株主資本等変動計算書に関する注記

発行済株式の種類及び総数に関する事項

前期末株式数（発行済普通株式）   200,000株

当期増加株式数（発行済普通株式）   0株

当期減少株式数（発行済普通株式）   0株

当期末株式数（発行済普通株式）   200,000株

前期末株式数（発行済優先株式）   0株

当期増加株式数（発行済優先株式）   0株

当期減少株式数（発行済優先株式）   0株

当期末株式数（発行済優先株式）   0株

ABC卸販売株式会社

株主資本等変動計算書

自 令和 5年 4月 1日
至 令和 6年 3月31日

単位：円

	株主資本					株主資本合計	純資産合計
	資本金	利益剰余金					
		利益準備金	その他利益剰余金		利益剰余金合計		
			別途積立金	繰越利益剰余金			
当期首残高	10,000,000	2,500,000	90,000,000	39,090,839	131,590,839	141,590,839	141,590,839
当期変動額							
別途積立金積立			10,000,000	△10,000,000	0	0	0
当期純利益				8,540,628	8,540,628	8,540,628	8,540,628
当期変動額合計	－		10,000,000	△1,459,372	8,540,628	8,540,628	8,540,628
当期末残高	10,000,000	2,500,000	100,000,000	37,631,467	140,131,467	150,131,467	150,131,467

K先生 & イチロー

K先生 今まで勉強した「法人税申告書の見方・読み方」をまとめますと、大きく分けて2つの着眼点がありましたね。1つ目は決算書と法人税申告書との間に整合性があるかどうかチェックすること、2つ目は決算書が粉飾されていないかどうか意識して読むことでしたね。

イチロー はい、本当に勉強になりました。とくに、1つ目の着眼点である「決算書と申告書の整合性のチェック」における損益計算書の税引前当期純利益の下に記載されている「法人税・住民税・事業税額」と「法人税申告書の別表5(2)、6(1)の合計額」とが一致しているかどうかの確認（50～51頁参照）は今まで行ったことはありませんでしたから、これからは活用したいと思います。

K先生 そのチェックは、整合性のキーポイントですね。さらに、貸借対照表の面から「決算書と申告書の整合性のチェック」が必要でしたね。

イチロー そうでした。貸借対照表の純資産の部の各金額が、『別表5(1)』の金額と一致しているかチェックする必要がありました（42頁参照）。さらに、前期の『別表5(1)』と当期の『別表5(1)』との間に連続性があるかどうか、不一致の場合は修正申告が行われているかどうか確認（43～44頁）することがポイントであると思います。

≪ 初歩的な粉飾は法人税申告書のチェックで簡単に把握できる ≫

K先生 いやー。すばらしいです。キチンとポイントをつかんでいますね。

次に、法人税申告書の2つ目の着眼点である粉飾決算を確認しましょう。粉飾決算というのは、初歩的な粉飾とオーソドックスな粉飾に大別されますが、初歩的な粉飾である貸倒引当金や減価償却費の計上不足は、法人税申告書から簡単にピック・アップできましたね。

それでは、イチロー君。法人税申告書の『別表11』や『別表16』などから初歩的な粉飾額の合計額をまとめてみてください。

イチロー はい、先生。貸倒引当金の引当不足と償却費の計上不足を合計すると、次のように27,050,448円にもなるのです。

事例の別表		繰入限度額 償却限度額	当期繰入額 当期償却額	繰入不足額 償却不足額
別表11(1)	個別評価貸倒引当金	3,500,000円	2,000,000円	1,500,000円
別表11(1の2)	一括評価貸倒引当金	5,601,208円	2,000,000円	3,601,208円
別表16(1)	定額法の償却計算	3,327,400円	990,000円	2,337,400円
別表16(2)	定率法の償却計算	35,072,056円	16,077,716円	18,994,340円
別表16(6)	繰延資産の償却計算	800,000円	300,000円	500,000円
別表16(8)	一括償却資産の償却計算	117,500円	0円	117,500円
計		48,418,164円	21,367,716円	27,050,448円

ということは、この会社の税引前当期純利益は10,653,296円ですから、これらの初歩的粉
飾額をきちんと決算書に織り込むと税引前当期純利益はマイナス16,397,152円という大き
な赤字になってしまいます。

K先生 しかも、この会社の営業外収益の雑収入は異常に膨らんでいますね。その中味も科目内訳
の「雑益、雑損失等の内訳書」（202頁参照）を見れば、わかりますでしょう？

イチロー はい。雑益の内訳を見ると、雑益2,564万円のうち生命保険解約金1,200万円、子会社株式
譲渡益500万円、合計1,700万円は臨時・異常な利益ですから、これも無理して利益を捻出
したものと考えることができますね。

《 初歩的な粉飾のみならず、オーソドックスな粉飾もしている 》

K先生 さすがに、鋭くなってきましたね。先ほどの数字、1,639万円の赤字にこの1,700万円を加
えると、本当の赤字は3,339万円と膨らんできましたが、おそらく粉飾はこれだけではない
でしょうね。少なくとも、いわゆるオーソドックスな粉飾もしているでしょうね。

イチロー オーソドックスな粉飾というのは、「在庫のかさ上げ」「売上債権の上乗せ」「仕入債務の
カット」の3つでしたね。この会社もやっていそうですね。具体的にはどこを見たらよい
のでしょうか？

K先生 前にお話したことですが（6頁参照）、オーソドックスな粉飾をすると、売上総利益率が上
昇しますね。この会社の前期の売上総利益率のデータは手元にありますか？（注：本書に
は令和5年3月期の決算書は掲載していません）

イチロー はい、あります。えーと……。（手元の資料を確認して）令和5年3月期の売上高は2,582
百万円で、売上総利益は503百万円ですから、前期の売上総利益率は19.5％です。これに対
して令和6年3月期の損益計算書（159頁参照）によると、売上総利益率は20.2％ですか
ら、やはり0.7ポイント上昇しています。

K先生 この会社の売上高は、前年に比べて4.7％減っていますね。売上高が減るということは、厳
しい過当競争のなかでビジネスをしていると想像できますね。そのような環境のなかで売
上総利益率を改善することは並大抵のことではないでしょうね。イチロー君、なぜ、売上
総利益率が改善したのか、その原因がわかっていますか？

イチロー 前に先生は商品構成や販売ルートが変わらないのに、売上総利益率が上昇するのはおかし
いとおっしゃっていましたが（6頁参照）、残念ながら、私はこの会社の経営者からその点
に関して十分なヒヤリングをしていませんでした。

K先生 それでは、粗利益率がよい新商品を発売したり、コロナ禍で販売手法に変化が生じてネッ

ト販売などによる消費者への直販が増加したために本当に売上総利益率が上昇したのか、それとも粉飾の結果上昇したのか判断がつきませんでしょう？　ですから、本来ならば、令和5年3月期の決算書を入手したときに、「令和6年3月期においては経営方針として商品構成や販売ルートをどのように変えようとしているのか、その結果業績はどのように変わる見込みであるのか」などの見通しを経営者からヒヤリングしておくことが、金融機関の担当者の重要な仕事であると思いますよ。

イチロー　いやー。面目ありません。粉飾を見破るためには、日頃から経営者へのヒヤリングが不可欠であることが、よくわかりました。

≪ 粉飾は貸借対照表に累積し、運転資金が増加傾向にある ≫

K先生　このように損益計算書を粉飾しますと、当然ながら貸借対照表の数字にも影響しますね。もともと粉飾というのは、損益計算書上では単年度に完結しますが、貸借対照表には累積しますから、資産は増加傾向に、負債は減少傾向に、黒字にもかかわらず借入金は増加傾向にあるのが普通です。

　　たとえば、オーソドックスな粉飾をしますと、売上債権や在庫が増え、仕入債務が減少しますので、運転資金が増加する傾向にあるんです。イチロー君。この会社の前期の運転資金の額はわかりますか？　おそらく運転資金が増加していると思いますよ。

イチロー　（手元の資料を確認して）はい、わかります。令和5年3月期の受取手形・割引手形・売掛金の合計は508百万円、商品・貯蔵品の合計は227百万円、支払手形・買掛金の合計は405百万円ですから、令和5年3月期の運転資金は330百万円です。一方、令和6年3月期の運転資金を貸借対照表（158頁参照）から計算しますと、受取手形・割引手形・売掛金・商品・貯蔵品の合計は757百万円、支払手形・買掛金の合計は401百万円ですから、運転資金は356百万円です。やはり26百万円増えていました。

K先生　そうでしょうね。ご承知のように、売上高が増えているときに運転資金が増えるのは当たり前ですが、このケースのように売上高が減っているときに運転資金が増えるのは、不良債権や不良在庫が累積した場合を除いておかしいですね。

イチロー　確かに異常ですね。やはり、オーソドックスな粉飾をしているんでしょうね。そうなると、オーソドックスな粉飾の中味を検討することが必要ですが、申告書のどこを見ればよいのでしょうか？

K先生　オーソドックスな粉飾の中味をチェックすることは難しいことですが、法人税申告書の末尾に添付されている勘定科目内訳書の中味を1つ1つ検討していけば、疑問が解明されて

いくと思いますよ。

イチロー 大変参考になりました。では次に、法人税申告書の科目内訳の見方を教えてください。

勘定科目内訳書

―勘定科目の中味から決算書の実態をつかむ―

勘定科目内訳書の役割

　税収を確保するために、税務当局は税務調査を行っています。しかしながら、312万件（令和4年度）もの申告件数すべてに対して定期的に調査を行うことは困難ですから、税務当局は申告書や決算書を分析し異常点や不審点などがある法人に絞って税務調査を行っています。そのため、税務調査は申告書を提出している法人の1～2％（令和4年度税務調査件数62千件）程度しか行われていません。

　このような事情から税務調査の対象者を選定するという目的で下表（様式一覧）のような貸借対照表の主な資産と負債の内訳書、損益計算書や販売費一般管理費などの特定科目の内訳書の様式が定められ、作成が義務付けられています。そのため、これらの内訳書をチェックすることによって、税務当局と同様に金融機関サイドにおいても決算書の実態をつかむことができます。

勘定科目内訳書の様式一覧（○数字は内訳書の右上に記載されている番号です）

①	預貯金等の内訳書
②	受取手形の内訳書
③	売掛金（未収入金）の内訳書
④	仮払金（前渡金）の内訳書、貸付金及び受取利息の内訳書
⑤	棚卸資産（商品又は製品、半製品、仕掛品、原材料、貯蔵品）の内訳書
⑥	有価証券の内訳書
⑦	固定資産（土地、土地の上に存する権利及び建物に限る。）の内訳書
⑧	支払手形の内訳書
⑨	買掛金（未払金・未払費用）の内訳書
⑩	仮受金（前受金・預り金）の内訳書、源泉所得税預り金の内訳
⑪	借入金及び支払利子の内訳書
⑫	土地の売上高等の内訳書
⑬	売上高等の事業所別の内訳書
⑭	役員給与等及び人件費の内訳書
⑮	地代家賃等の内訳書、工業所有権等の使用料の内訳書
⑯	雑益、雑損失等の内訳書

（注）　令和5年10月1日からインボイス制度が開始されたことに伴い、令和6年3月1日以後終了事業年度から勘定科目内訳明細書の様式が一部改正されました。
　　　具体的には、一部科目において取引先の「インボイス番号（登録番号）」または「法人番号」を記載する欄が設けられ、記載した場合には、勘定科目内訳明細書への「取引先の名称（氏名）」および「所在地（住所）」の記載を省略できるようになっています（インボイス番号または法人番号の記載は任意）。

預貯金等の内訳書

①

預貯金等の内訳書

1 頁

金 融 機 関 名	支 店 名	種　類	口 座 番 号	期 末 現 在 高 円	摘　　要
○○銀行	○○支店	当座預金	1234567	78,568,547	
○×銀行	○×支店	〃	2345678	15,865,980	
○○銀行	○○支店	普通預金	0987654	35,236,888	
○×銀行	○×支店	〃	9876543	3,554,680	
××銀行	××支店	〃	8765432	5,715,728	
○○銀行	○○支店	定期預金		15,000,000	
		現金		4,317,841	
合　　　　計				158,259,664	

(注) 1. 取引金融機関別に、かつ、預貯金の種類別に記入してください。
　　　なお、記載口数が100口を超える場合には、期末現在高の多額なものから100口についてのみ記入しても差し支え
ありません。
　　2. 預貯金等の名義人が代表者になっているなど法人名と異なる場合には、「摘要」欄に「名義人○○○○」のように
その名義人を記入してください。

>> 預貯金等の内訳書の重要項目とその解説

PICK UP 1 預貯金等の内訳書

　この内訳書に記載される預貯金とは、金融機関に対する預金、貯金および掛け金、郵便貯金ならびに郵便為替貯金をいい、この合計額に現金を加えたものが貸借対照表の「現金・預金」に一致します。

　なお、契約期間が1年を超える預金で1年以内に期限の到来するものは現金および預金に含まれますが、1年を超えて期限が到来するものは固定資産である「投資その他の資産」に記載されます。

PICK UP 2 金融機関名・種類・口座番号・期末現在高

　金融機関名には、金融機関名と支店名を記載するとともに預貯金等の種類・口座番号ごとに期末現在高を記載します。

K先生 & イチロー　イチロー君が預貯金等の内訳書で留意すべき点

イチロー　先生！　初歩的な質問ですが、この勘定科目内訳書の様式は決められているのでしょうか？

K先生　そうなんです。税務当局から申告書の別表とともに勘定科目の内訳書も送付されてきますので、ほとんどの会社は定められたこの様式で資産や負債などの勘定科目の内訳書を作成していますね。しかも、それぞれの内訳書ごとに記入上の留意点が記載されていますから、会社ごとの違いはあまりないはずです。

イチロー　なるほど、よくわかりました。ところで、この預貯金等の内訳書は、ライバルの金融機関の動向をみるために必ず見るようにしていますが、どんな点に注意したらよいのでしょうか？

K先生　赤字や業績不振の会社の現預金の特徴は、売上高や資産総額の規模に比べて現預金が少ないという点ですね。たとえば、この会社の現金預金は……（電卓をたたいて……）回転期間が23.3日で総資産の10.8％しかありませんね。

　卸売業界の平均は43.0日で総資産の21.4％ですから、資金繰りがかなり苦しいことが鮮明になっていますね。ですから、資金繰り表を提出してもらって今後の資金繰りの見通しをつかむことが必要ですね。

イチロー　そうでしょうね。早速、資金繰り表を出してもらいますが、預貯金では粉飾はないと思いますが……。

K先生　イチロー君、粉飾というのは資産を膨らませることですから、預貯金だって水増しがありますよ。粉飾がないか金融機関別に借入金と預金のバランスや、受取利息とのバランスをチェックすることも必要です。

イチロー　わかりました。預貯金もチェックがいるんですね……。

PICK UP 1　受取手形の内訳書

PICK UP 2　振出人・振出年月日・支払期日・支払銀行名・金額

②

受取手形の内訳書

1 頁

登録番号 (法人番号)	振出人	振出年月日 支払期日	支払銀行 名称	支払銀行 支店名	金額	割引銀行名 及び支店名等	摘要
	株式会社中四国○ ◇産業	令 5. 7.31 令 5.10.31	○○信用金庫	○○支店	2,000,000		
	株式会社中央△△ 工業	令 6. 1.31 令 6. 4.30	□□銀行	□□支店	15,000,000		
	中部○○製造株式 会社	令 6. 1.31 令 6. 4.30	◎△信用金庫	◎△支店	10,000,000		
	関東□□物販株式 会社	令 6. 1.31 令 6. 4.30	◇◇銀行	◇◇支店	12,000,000		
	関西◎◇製販株式 会社	令 6. 1.31 令 6. 4.30	ＡＢ銀行	ＡＢ支店	4,500,000		
	株式会社中央△△ 工業	令 6. 1.31 令 6. 4.30	□□銀行	□□支店	6,700,000		
	関西◎◇物販株式 会社	令 6. 1.31 令 6. 4.30	ＡＢ銀行	ＡＢ支店	4,000,000		
	株式会社中央△△ 工業	令 6. 2.28 令 6. 4.30	□□銀行	□□支店	7,500,000		
	中部○○製造株式 会社	令 6. 2.28 令 6. 4.30	◎△信用金庫	◎△支店	8,000,000		
	関東□□物販株式 会社	令 6. 2.28 令 6. 4.30	◇◇銀行	◇◇支店	6,800,000		
	九州沖縄卸連合組 合	令 6. 3.31 令 6. 4.30	ＣＤ信用金庫	ＣＤ支店	2,589,924		
	名静◇◇産業株式 会社	令 6. 3.31 令 6. 4.30	ＥＦ銀行	ＥＦ支店	10,000,000		
	手持手形計				89,089,924		
	株式会社関東海△ □商工	令 6. 1.31 令 6. 4.30	ＧＨ銀行	ＧＨ支店	20,000,000	○○銀行 ○○支店	
	○○北海産工社株 式会社	令 6. 1.31 令 6. 4.30	北海信用金庫	○店	25,000,000	〃	
	株式会社関東海△ □商工	令 6. 2.28 令 6. 4.30	ＧＨ銀行	ＧＨ支店	20,000,000	○×銀行 ○×支店	
	○○北海産工社株 式会社	令 6. 2.28 令 6. 4.30	北海信用金庫	○店	25,000,000	〃	
	九四沖商社株式会 社	令 6. 2.28 令 6. 4.30	九沖銀行	□◇支店	10,000,000	○○銀行 ○○支店	
	割引手形計				100,000,000		
合　計					189,089,924		

(注)　1．一取引先からの受取手形の総額が100万円以上のもの（100万円以上のものが５口未満のときは期末現在高の多額なものから５口程度）
　　　　　　については各別に記入し、その他は一括して記入してください。
　　　　　　なお、一括して記入するもののうち、割引したものについては割引銀行ごとに区分して記入してください。
　　　　2．上記１により記載すべき口数が100口を超える場合には、次の①又は②の方法により記入しても差し支えありません。
　　　　　①　金額の多額なものから100口についてのみ記入（この場合、100口目には100万円未満のものも含む残額全てを一括して記入）
　　　　　②　金額を自社の支店又は事業所別等で記入（支店又は事業所等の名称を「振出人」欄に記入するとともに、「金額」欄にその支店又は
　　　　　　事業所等の合計金額（100万円未満のものも含む合計金額）を記入）
　　　　3．上記2の②の記載方法による場合には、次の４．５．６を記入しなくても差し支えありません。
　　　　4．融通手形については、各別に記入し「摘要」欄にその旨を記入してください。
　　　　5．為替手形の場合は、引受人の氏名及び住所を「摘要」欄に記入してください。
　　　　6．差出人と債務者とが異なる場合には、その債務者の氏名及び住所を「摘要」欄に記入してください。
　　　　7．「登録番号（法人番号）」欄に登録番号又は法人番号を記載した場合には、「振出人」欄の記載を省略しても差し支えありません。
　　　　　　なお、登録番号を記載する際には、「Ｔ」を含めて記載してください。
　　　　8．「割引銀行名及び支店名等」欄には、割引銀行名及び支店名又は裏書譲渡先名を記入してください。

>> 受取手形の内訳書の重要項目とその解説

1 受取手形の内訳書

　この内訳書に記載される受取手形とは、通常の営業取引に基づいて得意先との間に発生した手形債権が記載されるため、割賦販売の手形債権など支払期日が1年を超えるものも含まれます。ただし、破産債権、再生債権、更生債権などは、固定資産である「投資その他の資産」に記載されます。

　なお、通常の営業取引以外により発生した手形債権は、決算期末から1年を超えて期限が到来するものは「投資その他の資産」に記載されます。

2 振出人・振出年月日・支払期日・支払銀行名・金額

　一取引先からの受取手形の総額が100万円以上のものが各別に記入され、その他は一括して記載されます。

K 先 生 & イチロー　イチロー君が受取手形の内訳書で留意すべき点

イチロー　受取手形の内訳書のどこに注意したらよいのでしょうか？

K 先 生　一取引先からの受取手形の総額が100万円以上のものは個別に記載する必要がありますが、それ以外の受取手形は「その他」として一括して記載することになっています。そのため、ある程度まとまった金額が「その他」として一括計上されているような場合は、その計上額は粉飾の可能性が高いと考えてよいでしょうね。

イチロー　なるほど、金額が大きくて明細がない場合はあやしいというわけですね。でも、この会社の内訳書はすべて振出人が記載されていますよ。

K 先 生　この会社のように内訳書にすべての受取手形が記載されている場合には、記載内容をまずチェックすべきですね。たとえば、明細にある中四国○◇産業のように支払期日が既に到来している不良債権がないかどうか、支払いまでのサイトが異常に長い手形がないか、支払手形（184頁参照）のなかに同一の会社宛の融通手形はないかをチェックすることが必要ですね。

イチロー　（受取手形と支払手形（184頁参照）を比べて……）あっ！　先生、ありました。名静◇◇産業の受取手形と同一会社宛の支払手形がありました！　これは融通手形ですね。

K 先 生　そうでしょうね。資金繰りの苦しい中小企業は、親しい取引先と手形を融通しあって金のやりくりをしているケースが多いんですよ。

イチロー　本当に中小企業の経営は大変なんですねー。ますますこの会社の資金繰りの厳しさがわかってきました。

売掛金（未収入金）の内訳書

PICK UP 1 売掛金（未収入金）の内訳書

PICK UP 2 相手先・期末現在高

③

売掛金（未収入金）の内訳書

1頁

科　目	登録番号 (法人番号)	相手先 名称（氏名）	相手先 所在地（住所）	期末現在高	摘要
売掛金		株式会社中央△△工業	名古屋市東区徳川	42,587,600	
〃		中部○○製造株式会社	岐阜県岐阜市	38,965,800	
〃		関東□□物販株式会社	東京都千代田区	36,589,450	
〃		関西◎◇製販株式会社	大阪市北区	30,568,540	
〃		九州沖縄卸連合組合	福岡市博多区	25,658,740	
〃		◇△東北企業株式会社	仙台市青葉区	20,000,000	
〃		株式会社××北海社	札幌市中央区	12,500,500	
〃		上越◇□販売株式会社	新潟県新潟市	8,565,400	
〃		大和○○株式会社	奈良県大和郡山市	6,555,200	
〃		東広島△□株式会社	広島県東広島市	5,225,520	
〃		南国○□物販株式会社	宮崎県日南市	3,520,000	
〃		セントラル◇◇流通有限会社	岐阜県多治見市	1,250,000	
〃		株式会社つくば□△販社	茨城県つくば市	865,000	
〃		浜名△△株式会社	静岡県浜松市	758,500	
〃		阿波◎□有限会社	徳島県徳島市	582,500	
〃		琵琶湖○×株式会社	滋賀県彦根市	525,000	
〃		その他		90,359,990	
計				325,077,740	
未収入金		株式会社ＡＢＣ運輸		7,200,000	子会社貸付利息累計
〃		名古屋太郎		4,200,000	貸付金利息累計
〃		株式会社東海○○製造		163,600	販売手数料
〃		その他		2,000,000	
計				13,563,600	

（注）1．「科目」欄には、売掛金、未収入金の別を記入してください。
2．相手先別期末現在高が50万円以上のもの（50万円以上のものが5口未満のときは期末現在高の多額なものから5口程度）については各別に記入し、その他は一括して記入してください。
3．上記2により記載すべき口数が100口を超える場合には、次の①又は②の方法により記入しても差し支えありません。
　①　期末現在高の多額なものから100口についてのみ記入（この場合、100口目は50万円未満のものも含む残額全てを一括して記入）
　②　期末現在高を自社の支店又は事業所別等で記入（支店又は事業所等の名称を「名称（氏名）」欄に記入するとともに、「期末現在高」欄にその支店又は事業所等の合計金額（50万円未満のものも含む合計金額）を記入）
　なお、口数が100口を超えるか否かは、売掛金と未収入金との合計口数で判断してください。
4．「登録番号（法人番号）」欄に登録番号又は法人番号を記載した場合には、「名称（氏名）」欄及び「所在地（住所）」欄の記載を省略しても差し支えありません。
　なお、登録番号を記載する際には、「T」を含めて記載してください。
5．未収入金については、その取引内容を「摘要」欄に記入してください。
　なお、上記3②の記載方法による場合には、記入しなくても差し支えありません。

172

≫ 売掛金（未収入金）の内訳書の重要項目とその解説

 PICK UP 1 売掛金（未収入金）の内訳書

　この内訳書に記載される売掛金とは、得意先との間の通常の営業取引に基づいて発生した営業上の未収入金をいいます。ただし、破産債権、再生債権、更生債権などは「投資その他の資産」に記載されます。

　一方、未収入金とは、通常の営業取引以外の取引から発生した未回収の債権のうち決算期末から1年以内に回収期限が到来するものが記載されます。

PICK UP 2 相手先・期末現在高

　相手先別に期末現在高が50万円以上のものが各別に記入され、その他は一括して記載されます。なお、未収入金については、その取引内容が摘要欄に記載されます。

K先生 & **イチロー** イチロー君が売掛金の内訳書で留意すべき点

イチロー 先生！　売掛金の内訳書の「その他」が、異常に大きいですね。受取手形の内訳書を検討したときに「まとまった金額が一括計上されているような場合は、粉飾の可能性が高い」と先生が言われましたが、まさにこのことですね。

K先生 そうです。これは、間違いなくオーソドックスな粉飾でしょうね。売掛金の内訳書は、相手先別の期末残高が50万円以上のものを記載するわけですから、このような9,000万円超の一括計上額なら50万円未満が相当数なければならないでしょう？

イチロー 本当ですね。明らかに粉飾ですね。金額の大小はありますが、このように「その他」が多額にある内訳書を見たことがあります。粉飾だったのかもしれないですね。

K先生 ここがオーソドックスな粉飾をチェックするポイントですから、意識して内訳書を見ていただきたいと思います。もちろん、相手先が記載されていても不良債権である場合もありますから、前期の内訳書と見比べて残高が同額になっていないかなど、中味もチェックすることが必要です。

イチロー 未収入金も同じように見ればよいのでしょうか？

K先生 チェック・ポイントは同じですが、未収入金の場合は期末から1年以内に回収期限が到来しないものや、オーナー一族に対するもので実質的に回収期間が長期にわたると見込まれるものは、流動資産ではないことも意識しておくことが必要ですね。

イチロー なるほどー。ポイントが、よくわかりました。

仮払金（前渡金）の内訳書、貸付金及び受取利息の内訳書

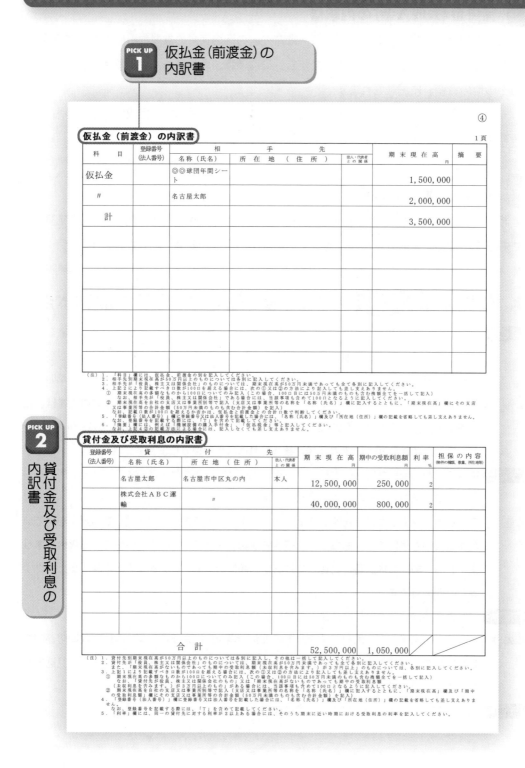

PICK UP 1 仮払金（前渡金）の内訳書

PICK UP 2 貸付金及び受取利息の内訳書

④

仮払金（前渡金）の内訳書

1頁

科　目	登録番号 （法人番号）	相　　　手　　　先		法人・代表者 との関係	期末現在高	摘　要
		名称（氏名）	所在地（住所）		円	
仮払金		◎◎球団年間シート			1,500,000	
〃		名古屋太郎			2,000,000	
計					3,500,000	

(注) 1．「科目」欄には、仮払金、前渡金の別を記入してください。
2．相手先別期末現在高が50万円以上のものについては各別に記入してください。
3．相手先が「役員又は関係会社」のものについては、期末現在高が50万円未満であっても全て各別に記入してください。
4．上記2により記載すべき口数が100口を超える場合には、次の①又は②の方法により記入しても差し支えありません。
　①　期末現在高が高額なものから100口についてのみ記入（この場合、100口以上には50万円未満のものも各別の機械全てを一括して記入）
　なお、相手先が「役員、株主又は関係会社」である場合には、当該事項も含めて100口となるように記入してください。
　②　期末現在高の合計額（50万円未満のものも含む合計金額）を記入
　なお、記載口数が100口を超える合か合かは、仮払金と前渡金との合計口数で判断してください。
5．「登録番号（法人番号）」欄に登録番号又は法人番号を記載した場合には、「名称（氏名）」欄及び「所在地（住所）」欄の記載を省略しても差し支えありません。
　なお、登録番号を記載する際には、「T」を含めて記載してください。
6．「摘要」欄には、「機械設備の購入手付金」、「仮払税金」等を記入してください。
　なお、上記4の記載は、記入しなくても差し支えありません。

貸付金及び受取利息の内訳書

登録番号 （法人番号）	貸　付　先		法人・代表者 との関係	期末現在高	期中の受取利息額	利率	担保の内容 (物件の種類、数量、所在、地積)
	名称（氏名）	所在地（住所）		円	円	%	
	名古屋太郎	名古屋市中区丸の内	本人	12,500,000	250,000	2	
	株式会社ＡＢＣ運輸	〃		40,000,000	800,000	2	
	合　計			52,500,000	1,050,000		

(注) 1．貸付先別期末現在高が50万円以上のものについては各別に記入し、その他は一括して記入してください。
2．貸付先が「役員、株主又は関係会社」のものについては、期末現在高が50万円未満であっても全て各別に、また、「期中の受取利息額」が3万円以上のものについては、各別に記入してください。
3．上記1により記載すべき口数が100口を超える場合には、次の①又は②の方法により記入しても差し支えありません。
　①　期末現在高が高額なものから100口についてのみ記入（この場合、100口以上には50万円未満のものも各別の機械全てを一括して記入）
　なお、貸付先が「役員、株主又は関係会社」のものも各別に記入のもので期末現在高がそれである場合には、当該事項も含めて100口となるように記入してください。
　②　期末現在高の合計額（50万円未満のものも含む合計金額）が3万円以上のものは「期中の受取利息額」の各別記載を含みます。）が3万円以上のもの）が当該事項も含めて100口となるよう記入してください。
　②　期末現在高の合計額（50万円未満のものも含む合計金額）を記入
4．「登録番号（法人番号）」欄に登録番号又は法人番号を記載した場合には、「名称（氏名）」欄及び「所在地（住所）」欄の記載を省略しても差し支えありません。
　なお、登録番号を記載する際には、「T」を含めて記載してください。
5．「利率」欄には、同一の貸付先に対する利率が2以上ある場合には、そのうち期末に近い時期における受取利息の利率を記入してください。

174

仮払金（前渡金）の内訳書、貸付金及び受取利息の内訳書の重要項目とその解説

PICK UP 1 仮払金（前渡金）の内訳書

　この内訳書に記載される仮払金や前渡金とは、当期末現在では未確定ですが翌期以降に旅費交通費や仕入高などとして精算される予定の短期債権です。いずれも、相手先別に期末残高50万円以上のものが記載されますが、役員、株主、関係会社などについては50万円未満でもすべて記載されます。

PICK UP 2 貸付金及び受取利息の内訳書

　この内訳書に記載される貸付金とは、契約等に基づく金銭債権が長短を問わず記載されます。しかし貸借対照表では、１年基準によって流動資産である短期貸付金と投資その他の資産である長期貸付金に区分表示されます。また、貸付金としての特性上、期中の受取利息額や利率も記載されることになっています。

　なお、内訳書の記載方法は、仮払金と同じ基準です。

K先生 & イチロー　イチロー君が仮払金と貸付金等の内訳書で留意すべき点

イチロー 先生、仮払金や貸付金の内訳書について留意する点は、何でしょうか？

K先生 ポイントは２つあります。１つは、これらの債権について回収の可能性があるかどうか、２つ目は、これらの債権が流動資産か固定資産かの区別ですね。

　このうち名古屋太郎社長への仮払金は一時的なものかもしれませんが、貸付金は社長と関係会社に対するものですから、回収の可能性の判断は別としても、流動資産か固定資産かの区分はできますね？

イチロー もちろんです。短期貸付金も貸付金の未収利息も流動資産に計上されていますが、毎年徐々に残高が増えており、「あるとき払いの催促なし」で実質的には固定資産に計上すべき債権だと思います。

K先生 そうでしょうね。先ほどお話したように（４頁参照）流動比率を100％以上にみせるために流動資産にしているのでしょうね。そうなら、それらの債権を固定資産として流動比率を計算するとどうなりますか？

イチロー 現在の流動比率は、101.2％とギリギリ100％を上回っていますが、短期貸付金の5,250万円、未収入金である貸付金未収利息の1,140万円を固定資産に振替えて流動比率を計算すると、93.8％と100％を下回ってしまいますね。

K先生 しかも、売掛金のうち9,000万円が粉飾とすると、この額を流動資産から除くと流動比率は83.5％になりますね。いつ倒産しても不思議ではない水準ということになりますよ。

イチロー いやー……。参った。冷や汗が出てきました。

棚卸資産の内訳書

PICK UP 1 棚卸資産の内訳書

⑤

棚卸資産（商品又は製品、半製品、仕掛品、原材料、貯蔵品）の内訳書

1 頁

科　　目	品　　　　目	数　　量	単　価円	期　末　現　在　高円	摘　　　　要
商品				239,889,380	内訳明細別途会社保管
貯蔵品				3,225,840	〃
合　計				243,115,220	

(注) 1．「科目」欄には、商品又は製品、半製品、仕掛品（半成工事を含みます。）、原材料、貯蔵品、作業くず、副産物等のように記入してください。
　　　　　なお、記載口数が100口を超える場合には、期末現在高の多額なものから100口についてのみ記入しても差し支えありません。
　　　2．「品目」欄には、例えば「紳士用革靴」のように記入し、それ以上細分して記入しなくても差し支えありません。
　　　3．評価換えを行った場合には、「摘要」欄に「評価損○○○円」のようにその評価増減額を記入してください。

棚卸資産の内訳書の重要項目とその解説

PICK UP 1 **棚卸資産の内訳書**

この内訳書に記載される棚卸資産には、商品、製品、半製品、仕掛品、原材料、貯蔵品などがあります。このうち商品は、商業を営む会社が販売の目的をもって所有する物品をいい、貯蔵品は消耗品、消耗工具などのうち貯蔵中のものをいいます。

K先生 & イチロー イチロー君が棚卸資産の内訳書で留意すべき点

イチロー オーソドックスな粉飾は、売掛金のかさ上げとならんで棚卸資産のかさ上げでしたが、このような棚卸資産の内訳書では、どのように判断するのでしょうか？

K先生 正直に申し上げて、いくら粉飾しているか推定することは難しいです。しかし、この会社の「棚卸資産の回転期間」や「総資産に占める棚卸資産の割合」を計算すると……回転期間は35.8日、総資産に占める棚卸資産の割合は16.6％となります。この数値は、卸売業の平均値である棚卸資産の回転期間24.0日、総資産に占める棚卸資産の割合11.3％と比べて異常に高いですね。

イチロー 異常ですね。資金繰りが苦しくて現金預金が少ないのに棚卸資産が過剰にあるということですね。このように同業他社の平均値と比べると、棚卸資産が多過ぎることがクローズ・アップされるんですね。

K先生 そうです。しかし、売掛金の一括計上額のように確信をもって指摘することは難しいですが、この会社の棚卸資産が同業他社並みの回転期間であるとすると、棚卸資産残高に24.0日を乗じて35.8で除しますと、推定在庫は162,982千円となり、約8,000万円も粉飾しているものと推定することができます。

イチロー 参ったなー。先生の推定が正しいとなると、初歩的な粉飾の2,705万円（163頁参照）と売掛金の粉飾9,000万円、棚卸資産の粉飾8,000万円を合計すると、なんと粉飾額は1億9,705万円とほぼ2億円になります。当然、これだけで債務超過してしまいますね。

K先生 会社の約3分の2が赤字という環境ですから、このような会社がたくさんあっても不思議ではないと思います。

イチロー ……ショックですねー。

棚卸資産の内訳書

有価証券の内訳書

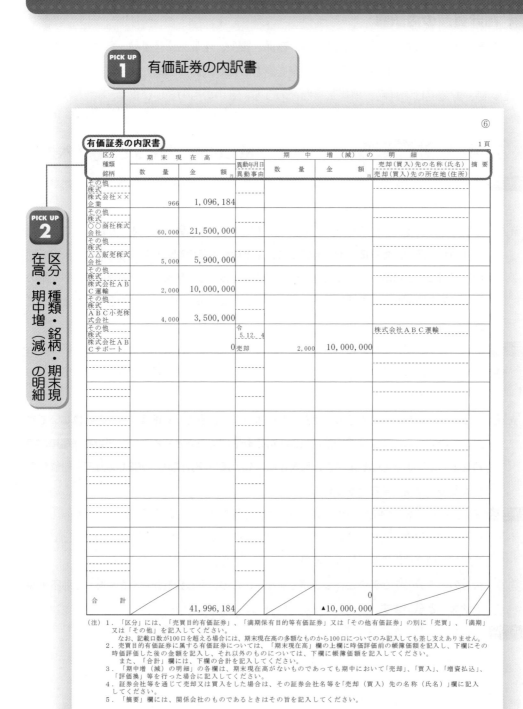

PICK UP 1 有価証券の内訳書

PICK UP 2 区分・種類・銘柄・期末現在高・期中増（減）の明細

⑥

有価証券の内訳書

1頁

区分 種類 銘柄	期末現在高		期中増（減）の明細				摘要
	数　量	金　額	異動年月日 異動事由	数　量	金　額	売却（買入）先の名称（氏名） 売却（買入）先の所在地（住所）	
その他 株式 株式会社××企業	966	1,096,184					
その他 株式 ○○商社株式会社	60,000	21,500,000					
その他 株式 △△販売株式会社	5,000	5,900,000					
その他 株式 株式会社ABC運輸	2,000	10,000,000					
その他 株式 ABC小売株式会社	4,000	3,500,000					
その他 株式 株式会社ABCサポート	0		令 5.12. 4 売却	2,000	10,000,000	株式会社ABC運輸	
合　　計		41,996,184			▲10,000,000	0	

(注) 1．「区分」には、「売買目的有価証券」、「満期保有目的等有価証券」又は「その他有価証券」の別に「売買」、「満期」
　　　又は「その他」を記入してください。
　　　なお、記載口数が100口を超える場合には、期末現在高の多額なものから100口についてのみ記入しても差し支えありません。
　　2．売買目的有価証券に属する有価証券については、「期末現在高」欄の上欄に時価評価前の帳簿価額を記入し、下欄にその
　　　時価評価した後の金額を記入し、それ以外のものについては、下欄に帳簿価額を記入してください。
　　　また、「合計」欄には、下欄の合計を記入してください。
　　3．「期中増（減）の明細」の各欄は、期末現在高がないものであっても期中において「売却」、「買入」、「増資払込」、
　　　「評価換」等を行った場合に記入してください。
　　4．証券会社等を通じて売却又は買入をした場合は、その証券会社名等を「売却（買入）先の名称（氏名）」欄に記入
　　　してください。
　　5．「摘要」欄には、関係会社のものであるときはその旨を記入してください。

》》有価証券の内訳書の重要項目とその解説

PICK UP 1 有価証券の内訳書

　この内訳書に記載される有価証券とは、売買目的有価証券、満期保有目的の債券、子会社株式、関連会社株式、その他有価証券などをいい、このうち売買目的有価証券および1年以内に満期の到来する有価証券は、流動資産である「有価証券」に計上されます。

　一方、投資有価証券、関係会社株式・社債、出資金、関係会社出資金などは「投資その他の資産」に計上されますが、いずれも有価証券の内訳書に記載されます。

PICK UP 2 区分・種類・銘柄・期末現在高・期中増(減)の明細

　有価証券を税法に定める区分である①売買目的有価証券（時価法により評価）、②満期保有目的等有価証券（償却原価法により評価）、③その他有価証券（原価法による評価）に区分し、種類・銘柄別に期末現在高が記載されます。

　さらに、期中に購入や売却が行われた場合には、増減明細が記載されます。

K先生 & イチロー イチロー君が有価証券の内訳書で留意すべき点

イチロー 先生、初歩的な質問で恐縮ですが、時価のある有価証券の貸借対照表計上額は原則として時価と考えてよいのでしょうか？

K先生 鋭い質問ですね。有価証券の内訳書の区分欄に「売買」と記載されていれば、時価評価されていますが、そのような会社は滅多にありません。

　大半の会社の内訳書には、この会社のように「その他」という記載があり、有価証券を取得時の価額である原価で計上しています。ただし、その会社が時価会計を採用している場合は、評価差額が純資産の部に「その他有価証券評価差額金」として表示されていますから、時価評価されていることがわかりますね。

イチロー しかし、先生。私の担当している会社はほとんど中小企業ですから、そのようなケースはなさそうです。

K先生 確かに、そうでしょうね。時価会計と無縁である中小企業をみる場合は、有価証券を上場株式など時価のあるものと時価のないものに分類し、時価のあるもので金額がある程度大きいものは、必ず時価を確認し含み損益を把握すべきですね。

イチロー 時価のあるものは、含み損益の把握は可能ですが、この会社のように有価証券についてすべて時価がない場合は、どうしたらよいでしょうか？

K先生 仕方がありませんから、グループ会社や簿価の大きい有価証券の発行会社の決算書の提示を求めて、簿価純資産でもよいですから時価を推定するしかないでしょうね。

イチロー やはり、そうでしょうね。

固定資産の内訳書

PICK UP 1 固定資産の内訳書

⑦

固定資産（土地、土地の上に存する権利及び建物に限る。）の内訳書

1 頁

種類・構造	用途	面積 ㎡	期末現在高 円	期中取得（処分）の明細			売却物件の取得年月
物件の所在地				異動年月日 / 異動事由	取得(処分)価額 / 異動直前の帳簿価額 円	売却(購入)先の名称(氏名) / 売却(購入)先の所在地(住所)	
土地	物流倉庫	376					昭 62. 4
北名古屋市×××			7,934,900				
土地	本社敷地	290					平 4. 7
名古屋市中区			161,515,370				
土地	物流倉庫	410					平 24. 9
△△市×××			65,310,180				
	計		234,760,450				
建物	物流倉庫	890					昭 62. 4
北名古屋市×××			24,690,425				
建物	本社事務所	751					平 13. 4
名古屋市中区			73,449,127				
建物	物流倉庫	500					平 24. 9
△△市×××			47,460,695				
	計		145,600,247				
合 計			380,360,697				

（注）1．「期中取得（処分）の明細」の各欄は、期末現在高がないものであっても期中において売却、購入又は評価換えを
　　　　行った場合に記入してください。
　　　　なお、記載口数が100口を超える場合には、期末現在高の多額なものから100口についてのみ記入しても差し支えありません。
　　　2．同一種類又は同一所在地のものについて、多数の売却先又は購入先がある場合には、売却先又は購入先ごとに記入
　　　　してください。
　　　3．外国法人又は非居住者から購入したものについては、「売却（購入）先の所在地（住所）」欄には、国外の所在地
　　　　（住所）を記入してください。

固定資産の内訳書の重要項目とその解説

PICK UP 1 固定資産（土地、土地の上に存する権利及び建物に限る。）の内訳書

　この内訳書に記載される固定資産とは、貸借対照表に計上されている有形固定資産のうち土地、建物（建物付属設備を含む）および無形固定資産に計上されている借地権（地上権を含む）に限定されています。

PICK UP 2 種類・構造・用途・面積・期末現在高

　土地、建物の区分のほか用途や面積、所在場所、期末現在高、取得年月日などが物件ごとに記載されます。

K 先 生 & イチロー　イチロー君が固定資産の内訳書で留意すべき点

イチロー 先生、固定資産の内訳書には土地と建物が記載されていますので、時価貸借対照表の純資産額の大きさに最も影響を与える土地と建物の時価を推定し、その含み損益をつかむことが留意点なのでしょう？

K 先 生 そのとおりです。さすがにポイントを押さえていますね。

　　　　　とくに土地の含み損益をつかむことが大切ですね。バブルが崩壊してから一部を除き土地は下がり続けてきましたから、土地の含み損によって債務超過になるケースは多いと思います。この会社の場合は、金額が大きい本社の土地に含み損がありそうですね。

イチロー なるほど。その場合、時価として路線価と比較すればよいでしょうか？

K 先 生 実態を概算把握するわけですから、路線価でも公示価格でもよいと思います。

イチロー 土地は、比較的簡単に時価をつかむことができますが、建物は難しいですね。

K 先 生 そうですね。建物は、賃貸物件ですと収益還元価値で計算することができますが、自社使用の場合には、税法の規定どおりキチンと償却していたと仮定して、現在のあるべき帳簿価額を時価と考えればよいと思います。

イチロー 現在のあるべき帳簿価額というのは、減価償却のところで教えていただいた未償却残額表（128頁・130頁・132頁参照）を使って計算する方法ですね。その場合、取得価額はどこを見ればわかるのでしょうか？

K 先 生 『別表16(2)』に取得価額あるいは取得価額の5％または償却保証額の記載があれば、それを利用すればよい（127頁参照）のですが、記載がないときは、取引先に「固定資産の内訳書の物流倉庫の取得価額はいくらでしたでしょうか？」とズバリ質問をして、データを入手するしかないでしょうね。

イチロー やはり、そうでしょうね。これからは、そのように対応したいと思います。

その他の内訳書

その他の内訳書

1 頁

科　目	相　　手　　先		金　　　額	摘　　要
	名称（氏名）	所在地（住所）	円	
会員権	山奥谷川ゴルフ倶楽部	愛知県	20,000,000	
〃	風雲星月カントリー倶楽部	岐阜県	12,000,000	
〃	田園の森ＣＧＣ	三重県	3,800,000	
計			35,800,000	
差入保証金	△▽不動産株式会社	名古屋市中区	3,500,000	
計			3,500,000	
保険積立金	△×生命保険株式会社		25,000,000	
〃	×□生命保険株式会社		15,000,000	
〃	◇×生命保険相互会社		9,361,020	
計			49,361,020	

≫ その他の内訳書の重要項目とその解説

PICK UP 1 その他の内訳書

　「その他の内訳書」は、税務当局から交付される勘定科目内訳書の様式（①～⑯）にはありません。しかし、ほとんどの法人は、税務当局の指定様式以外に貸借対照表の資産の勘定科目のなかで重要性の高い勘定科目について、独自に内訳書を作成しています。

PICK UP 2 科目

　「その他の内訳書」に記載される科目は、指定様式に記載されていない「投資その他の資産」である会員権、差入保証金、保険積立金などが記載されていることが多いといえます。

K先生 & イチロー　イチロー君がその他の内訳書で留意すべき点

イチロー この内訳書は、税務署の指定様式にはないのですか？　しかし、このような勘定科目はよく見ますから、どの法人も自主的に作成しているんですね。

K先生 そうなんです。会社の経理担当者は、決算の時に貸借対照表の各勘定科目の残高が合っているか必ず明細書を作成して確認します。そのため、このような内訳書を作成して記録として残しているわけです。

イチロー やはり、経理担当者は几帳面なのですね。ところで、この内訳書のポイントは、時価と比較して含み損がないか確かめることでしょう？

K先生 そのとおりです。とくに、ゴルフの会員権は大幅に値下がりして多額の含み損が発生している場合が多いですから、時価バランス・シートの作成にはゴルフ会員権の時価のチェックが不可欠ですね。

　最近では、ゴルフ場のオーナーが変更となり、それに伴って預託金が切り捨てられたにもかかわらずプレー権が維持されているため、資産計上を続けているケースも多いようです。特に簿価の大きな会員権については、運営会社の状況を定期的に確認することも必要でしょうね。

イチロー ゴルフ会員権の時価チェックは、いつもやっていますが、保険積立金の時価は、わかるのでしょうか？

K先生 会社が保険会社に解約返戻金の明細を請求すれば、入手が可能ですよ。必要なら会社に依頼をすれば、時価はすぐにわかりますよ。

イチロー どうしても必要な場合は、依頼することにします。

支払手形の内訳書

PICK UP 1 支払手形の内訳書

⑧

1 頁

PICK UP 2 支払先・振出年月日・支払銀行名・金額

支払手形の内訳書

登録番号 (法人番号)	支　払　先	振出年月日 支 払 期 日	支　払　銀　行 名　称	支 店 名	金　　　額 円	摘　　要
	株式会社東海○○製造	令 5.12.31 令 6. 4.10	○○銀行	○○支店	25,000,000	
	北陸△△商事株式会社	令 5.12.31 令 6. 4.10	○×銀行	○×支店	24,000,000	
	株式会社東海○○製造	令 6. 1.31 令 6. 4.30	○○銀行	○○支店	30,000,000	
	北陸△△商事株式会社	令 6. 1.31 令 6. 4.30	○×銀行	○×支店	28,500,000	
	株式会社東海○○製造	令 6. 2.28 令 6. 4.30	○○銀行	○○支店	24,000,000	
	北陸△△商事株式会社	令 6. 2.28 令 6. 4.30	○×銀行	○×支店	22,800,000	
	城西×○物販株式会社	令 6. 2.28 令 6. 4.30	○○銀行	○○支店	5,870,000	
	株式会社東海○○製造	令 6. 1.31 令 6. 4.30	〃	〃	22,000,000	
	北陸△△商事株式会社	令 6. 1.31 令 6. 4.30	○×銀行	○×支店	18,200,000	
	名静◇◇産業株式会社	令 6. 1.31 令 6. 4.30	〃	〃	10,000,000	
	宮城有限会社	令 6. 1.31 令 6. 4.30			10,000,000	
	北九州株式会社	令 6. 1.31 令 6. 4.30			10,000,000	
	その他４１件	------------			30,002,778	

合　計					260,372,778	

(注) 1.　一取引先に対する支払手形の総額が100万円以上のもの（100万円以上のものが５口未満のときは期末現在高の多額なものから５口程度）については各別に記入し、その他は一括して記入してください。
　　　2.　上記1により記載すべき口数が100口を超える場合には、次の①又は②の方法により記入しても差し支えありません。
　　　　①　金額の多額なものから100口についてのみ記入（この場合、100口目には100万円未満のものも含む残額全てを一括して記入）
　　　　②　金額を自社の支店又は事業所別等で記入（支店又は事業所等の名称を「支払先」欄に記入するとともに、「金額」欄にその支店又は事業所等の合計金額（100万円未満のものも含む合計金額）を記入）
　　　3.　「登録番号（法人番号）」欄に登録番号又は法人番号を記載した場合には、「支払先」欄の記載を省略しても差し支えありません。
　　　　なお、登録番号を記載する際には、「Ｔ」を含めて記載してください。
　　　4.　融通手形については、各別に記入し、「摘要」欄にその旨を記入してください。
　　　　なお、上記2②の記載方法による場合には、記入しなくても差し支えありません。

支払手形の内訳書の重要項目とその解説

PICK UP 1 支払手形の内訳書

　この内訳書に記載される支払手形とは、仕入先との間に通常の営業取引に基づいて発生した手形債務がすべて記載されます。一方、通常の営業取引以外の取引によって発生した支払手形で期末から1年を超えて期限が到来するものは、固定負債に計上されます。

PICK UP 2 支払先・振出年月日・支払銀行名・金額

　1つの取引先に対する支払手形の総額が100万円以上のものについては、各別に記入し、その他のものについては一括してまとめて記載されます。

K先生 & イチロー イチロー君が支払手形の内訳書で留意すべき点

イチロー 先ほど受取手形の留意点として、記載されている取引先を確認して、同一の取引先に支払手形が発行されている場合は、融通手形の可能性が高いと説明されましたが、この支払手形の内訳書にある名静◇◇産業がそうですね。

K先生 このように同一の会社名で金額と支払期日が近いケースは融通手形とすぐわかりますが、金融機関に発見されないように手形を複数に分けて発行している場合もかなりありますね。

イチロー しかし、仮に同一の取引先との間に売上と仕入と両方ある場合でも、本来なら売掛金と買掛金を相殺処理すべきものでしょう？　そうしないでお互いに手形を発行していることは、実質的な融通手形を発行しているのと同じですよね。

K先生 ご指摘のとおりです。いずれにしても資金繰りが厳しいことを示していますから資金繰りの見通しをマークすることが必要ですね。

イチロー ところで、先生。オーソドックスな粉飾には、仕入債務の減額というのがありましたが、どこを見ればわかるのでしょうか？

K先生 仕入債務の減額というのは、支払手形や買掛金を簿外にすることですから、内訳書ではわかりませんね。仕入債務の回転期間が前期に比べて短くなっているかどうかで判断せざるを得ませんから、正直に申し上げて難しいですね。

イチロー やはり回転期間でチェックするしかないのですね。小さな変化ですと見逃しそうですね。

K先生 それからもう一つ、仕入債務の回転期間が短くなっているケースとして、仕入先に警戒されて手形サイトを短くせざるを得なくなっている場合もありますね。

イチロー なるほど、そうすると取引先別に手形サイトをチェックすることも必要ですね。

K先生 よい着眼点ですね。

買掛金（未払金・未払費用）の内訳書

| PICK UP 1 | 買掛金の内訳 |

| PICK UP 2 | 科目・相手先・期末現在高 |

=1枚目=

⑨

買掛金（未払金・未払費用）の内訳書   1頁

| 科 目 | 登録番号
（法人番号） | 相　　手　　先 || 期 末 現 在 高 | 摘　要 |
		名称（氏名）	所 在 地（住 所）	円	
買掛金		株式会社東海○○製造	愛知県東海市	24,500,055	
〃		北陸△△商事株式会社	石川県金沢市	22,584,008	
〃		越後□□販売株式会社	新潟県燕市	15,005,220	
〃		三奈◇◇産業株式会社	奈良県奈良市	13,250,005	
〃		株式会社愛滋××物産	滋賀県彦根市	10,825,060	
〃		有限会社名古屋○	愛知県名古屋市	9,580,000	
〃		清浜◇◇株式会社	静岡県浜松市	8,850,500	
〃		株式会社○□鈴鹿	三重県鈴鹿市	7,575,000	
〃		株式会社商社××	大阪府大阪市	4,200,000	
〃		株式会社○○販売商社	兵庫県豊岡市	2,580,000	
〃		大和○○株式会社	奈良県大和郡山市	1,555,200	
〃		北福島○◇株式会社	福島県郡山市	1,258,500	
〃		広島○開発株式会社	広島県東広島市	953,600	
〃		有限会社博多□□	福岡県博多市	850,020	
〃		北海○×物産有限会社	北海道帯広市	758,500	
〃		四国販売○○合資会社	徳島県徳島市	658,200	
〃		吉野開発◇◇株式会社	和歌山県和歌山市	525,000	
〃		株式会社○□販売倉敷	岡山県倉敷市	525,000	
〃		○△神戸商社株式会社	兵庫県神戸市	510,000	
〃		その他２７件		13,708,818	
計				140,252,686	

（注）　1．「科目」欄には、買掛金、未払金、未払費用の別を記入してください。
　　　　2．相手先別期末現在高が50万円以上のもの（50万円以上のものが５口未満のときは期末現在高の多額なものから５口程度）については各別に記入し、その他は一括して記入してください。
　　　　　　上記２により記載すべき口数が100口を超える場合には、次の①又は②の方法により記入しても差し支えありません。
　　　　　　① 期末現在高の多額なものから100口についてのみ記入（この場合、100口目は50万円未満のものも含む残額全てを一括して記入）
　　　　　　② 期末現在高を自社の支店又は事業所別等で記入（支店又は事業所等の名称を「名称（氏名）」欄に記入するとともに、「期末現在高」欄にその支店又は事業所等の合計金額（50万円未満のものも含む合計金額）を記入）
　　　　　　なお、記載口数が100口を超えるか否かは、買掛金、未払金及び未払費用の合計口数で判断してください。
　　　　3．「登録番号（法人番号）」欄に登録番号又は法人番号を記載した場合には、「名称（氏名）」欄及び「所在地（住所）」欄の記載を省略しても差し支えありません。
　　　　　　なお、登録番号を記載する際には、「T」を含めて記載してください。
　　　　4．未払金については、その取引内容を「摘要」欄に記入してください。なお、上記②の記載方法による場合には、記入しなくても差し支えありません。
　　　　5．配当金又は法人税法第２条第15号に規定する役員に対する賞与（使用人兼務役員に対する使用人職務分の賞与を除きます。）のうち未払となっているものがある場合には、次の欄にその内訳を記入してください。

未払配当金	支払確定年月日	期末現在高 円	未払役員賞与	支払確定年月日	期末現在高 円

186

≫ 買掛金の内訳の重要項目とその解説

PICK UP 1 買掛金の内訳

　この内訳書に記載される買掛金とは、仕入先との間の通常の取引に基づいて発生した営業上の未払金をいい、役務の受入れによる営業上の未払金を含めて記載されます。

PICK UP 2 科目・相手先・期末現在高

　科目欄は、買掛金、未払金、未払費用の別を記入し、そのうえで相手先別に期末現在高が50万円以上のものについては各別に記入され、その他は一括して記載されます。

K先生 & イチロー　イチロー君が買掛金の内訳で留意すべき点

イチロー 買掛金も支払手形と同様にオーソドックスな粉飾の対象となるのでしたね？　そうすると、支払手形のように買掛金の一部を簿外にしても、内訳書ではいくら粉飾しているかわからないのですね。

K先生 そのとおりです。資産のかさ上げは、架空資産が内訳書に記載されるため粉飾の痕跡が残りますが、負債を簿外にした場合は内訳書で発見することは難しいというのは事実です。

イチロー ということは、支払手形と併せて仕入債務の回転期間を算出し、仕入債務の回転期間が短くなっているということから粉飾の判断をせざるを得ないのですね。

K先生 そうです。ですから、財務諸表全体としてオーソドックスな粉飾をしているという確証を得るためには、先ほどお話したとおり（6頁参照）「なぜ、売上総利益率が改善されたのか？」「なぜ、運転資金が増加しているのか？」という本質的な原因追究が不可欠なのですよ。

イチロー 確かに、個々の運転資金の変化を追うだけでは、疑惑があっても確信がもてないわけですね。

K先生 今までオーソドックスな粉飾疑惑として仕入債務の回転期間が短くなっているケースについて検討しましたが、逆に仕入債務の回転期間が長くなっている場合もあります。そのようなケースは、何を意味しているかおわかりですか？

イチロー うーん……。資金繰りが苦しいため、支払いを伸ばしているのでしょうか？

K先生 正解です！　さすがですね。資金繰りに行き詰まってくると、仕入先にお願いして支払条件を変更したり、支払いを待ってもらうようになります。そうなると、仕入先も警戒するようになりますから、破綻が近づいてきますね。

イチロー なるほどー。仕入債務は短くなっても長くなっても要注意ということですね。

買掛金（未払金・未払費用）の内訳書

買掛金（未払金・未払費用）の内訳書

PICK UP 1	未払金・未払費用の内訳

PICK UP 2	科目・相手先・期末現在高

＝2枚目＝

⑨

買掛金（未払金・未払費用）の内訳書

2 頁

科　目	登録番号 (法人番号)	相　手　先 名称（氏名）　所在地（住所）		期 末 現 在 高 円	摘　要
未払金		従業員給料		11,732,792	(20日〆翌月5日払)
〃		×○運送株式会社		4,255,800	
〃		△□事務販売株式会社		2,555,480	
〃		○×設備管理株式会社		2,482,250	
〃		○○社会保険事務所		1,584,790	
〃		□×建築株式会社		1,258,650	
〃		○○物流株式会社		1,255,040	
〃		株式会社◇◇通信		1,225,220	
〃		□□印刷株式会社		852,500	
〃		○□△電機株式会社		785,200	
〃		○×□株式会社		650,000	
〃		○□×石油販売有限会社		633,500	
〃		株式会社中央△△工業		525,000	
〃		株式会社△△		522,000	
〃		その他４７件		9,567,805	
計				39,886,027	
未払費用		名古屋太郎		3,280,000	賃借料
〃		××リース		1,500,000	リース料
〃		△△広告		1,231,000	看板広告
〃		その他		780,736	
計				6,791,736	

(注)　1.　「科目」欄には、買掛金、未払金、未払費用の別を記入してください。
　　　2.　相手先別期末現在高が50万円以上のもの（50万円以上のものが５口未満のときは期末現在高の多額なものから５口程度）については各別に記入し、その他は一括して記入してください。
　　　3.　上記２により記載すべき口数が100を超える場合には、次の①又は②の方法により記入しても差し支えありません。
　　　　　①　期末現在高の多額なものから100口についてのみ記入（この場合、100口目には50万円未満のものも含む残額全てを一括して記入）
　　　　　②　期末現在高を自社の支店又は事業所別等で記入（支店又は事業所等の名称を「名称（氏名）」欄に記入するとともに、「期末現在高」欄にその支店又は事業所等の合計金額（50万円未満のものも含む合計金額）を記入）
　　　　　なお、記載口数が100口を超えるか否かは、買掛金、未払金及び未払費用との合計口数で判断してください。
　　　4.　「登録番号（法人番号）」欄に登録番号又は法人番号を記載した場合には、「名称（氏名）」欄及び「所在地（住所）」欄の記載を省略しても差し支えありません。
　　　　　なお、登録番号を記載する際には、「T」を含めて記載してください。
　　　5.　未払金については、その取引内容を「摘要」欄に記入してください。なお、上記３②の記載方法による場合には、記入しなくても差し支えありません。
　　　6.　配当金又は法人税法第２条第15号に規定する役員に対する賞与（使用人兼務役員に対する使用人職務分の賞与を除きます。）のうち未払となっているものがある場合には、次の欄にその内訳を記入してください。

未払配当金	支払確定年月日	期末現在高 円	未払役員賞与	支払確定年月日	期末現在高 円

≫ 未払金・未払費用の内訳の重要項目とその解説

PICK UP 1 未払金・未払費用の内訳

この内訳書に記載される未払金とは、仕入先以外との間の取引に基づいて発生した代金の未払額をいい、仕入先との間の取引に基づく「買掛金」とは区別されます。

一方、未払費用とは、一定の契約に従い継続的に役務の提供を受ける場合、既に提供された役務に対していまだその対価の支払いが終わらないものをいい、役務提供以外の契約等による未払金とは区別されます。

PICK UP 2 科目・相手先・期末現在高

科目欄には、未払金と未払費用の別を記入し、そのうえで相手先別に期末現在高が50万円以上のものについては各別に記入され、その他は一括して記載されます。

K先生 & イチロー　イチロー君が未払金・未払費用の内訳で留意すべき点

イチロー 先生、残念ながら私は未払金と未払費用の違いがわからないのですが、どう違うのでしょうか？

K先生 仕入先以外との取引による未払いを未払金とか未払費用とよんでいますが、このうち未払費用というのは、賃借料のように一定の契約に従って継続して役務の提供を受けている場合、既に提供された役務に対してその対価が支払われていないものをいいます。

この会社の内訳書に記載されている賃借料、リース料など時の経過によって費用になるものが未払費用です。

イチロー 説明を伺うと納得できますが、違いがわかりにくいですね。ところで、この未払金や未払費用の内訳書の留意点は何でしょうか？

K先生 やはり簿外負債の有無を見ることが必要ですが、内訳書だけでは判断できませんね。そのため、前年同期の内訳書と比べて、未払金や未払費用に計上されるべきものが未計上になっていないかという観点でチェックするしかないと思います。

イチロー やはり、そうなんですね。簿外負債の発見が金融機関にとって重要なテーマになりますね。

仮受金の内訳書、源泉所得税預り金の内訳

PICK UP 1 仮受金（前受金・預り金）の内訳書

⑩

仮受金（前受金・預り金）の内訳書

1 頁

PICK UP 2 科目・相手先・期末現在高

科　目	登録番号 (法人番号)	相　　手　　先			期末現在高 円	摘　要
		名称（氏名）	所在地（住所）	法人・代表者 との関係		
預り金		源泉所得税			898,650	
〃		住民税特別徴収			658,000	
〃		社会保険			1,694,495	
計					3,251,145	

(注) 1. 「科目」欄には、仮受金、前受金、預り金の別を記入してください。
　　 2. 相手先別期末現在高が50万円以上のものについては各別に記入してください。
　　 3. 相手先が「役員、株主又は関係会社」のものについては、期末現在高が50万円未満であっても全て各別に記入してください。
　　 4. 上記2による記載すべき口数が100口を超える場合には、次の①又は②の方法により記入しても差し支えありません。
　　　 ① 期末現在高の多額なものから100口についてのみ記入（この場合、100口目には50万円未満のものも含む残額全てを一括して記入）
　　　　 なお、相手先が「役員、株主又は関係会社」である場合には、当該事項も含めて100口となるように記入してください。
　　　 ② 期末現在高を自社の支店又は事業所別等で記入（支店又は事業所等の名称を「名称（氏名）」欄に記入するとともに、「期末現在高」欄にその支店又は事業所等
　　　　 の合計金額（50万円未満のものも含む合計金額）を記入）
　　　　 なお、記載口数が100口を超えるか否かは、仮受金、前受金及び預り金との合計口数で判断してください。
　　 5. 「登録番号（法人番号）」欄に登録番号又は法人番号を記載した場合には、「名称（氏名）」欄及び「所在地（住所）」欄の記載を省略しても差し支えありません。
　　　 なお、登録番号を記載する際には、「T」を含めて記載してください。
　　 6. 「摘要」欄には、例えば「受注工事の前受金」、「源泉所得税預り金」等と記入してください。
　　　 なお、上記4・②の記載方法による場合には、記入しなくても差し支えありません。
　　 7. 社内預金である場合には、「相手先」欄に「社内預金」と、「期末現在高」欄に期末現在高の合計額を、「摘要」欄には期中の支払利子額（未払利子を含みます。）
　　　 をそれぞれ記入してください。

PICK UP 3 源泉所得税預り金の内訳

源泉所得税預り金の内訳

支払年月 年　月分	所得の種類	期末現在高 円	支払年月 年　月分	所得の種類	期末現在高 円
令 6　3	給与所得	883,650			
	報酬・料金	15,000			

(注) 「所得の種類」欄には、給与所得は「給」、退職所得は「退」、報酬・料金等は「報」、利子所得は「利」、配当所得は
　　 「配」、非居住者等所得は「非」と簡記してください。

≫ 仮受金の内訳書、源泉所得税預り金の内訳の重要項目とその解説

PICK UP 1 　仮受金（前受金・預り金）の内訳書

　　この内訳書に記載される仮受金・前受金・預り金は、流入した資金を当期末現在では仮勘定に計上していますが、翌期以降に精算される予定の短期債務のことです。

PICK UP 2 　科目・相手先・期末現在高

　　科目欄は、仮受金、前受金、預り金の別に記入し、そのうえで相手先別に期末現在高が50万円以上のものについては各別に記入されますが、相手先が役員、株主、関係会社などの場合、50万円未満のものでもすべて記載されます。

PICK UP 3 　源泉所得税預り金の内訳

　　仮受金の内訳書には、下欄に「源泉所得税預り金の内訳」があります。この内訳は、いつのどのような所得に対する源泉所得税であるかが記載されています。

K 先 生 & イチロー 　イチロー君が仮受金の内訳書で留意すべき点

イチロー この内訳書は、金額も少なく遠からず精算されるものですから、金融機関からみると重要性が低いと思いますが、いかがでしょうか？

K 先 生 取引先の実態をみるという観点から言えば、重要性は低いですが、粉飾を意図する会社は、流入した資金を仮受金とか前受金にしないで収益の入金として処理することがあります。

　　そういう意味では、これらの科目は要注意の科目なのです。

イチロー たとえば、収益の前受金を当期の売上高にしてしまうということでしょうか？

K 先 生 ズバリ正解です。会社の実態をみようとする金融機関にとっては、決算書や申告書では発見できない粉飾になってしまいますね。その場合、対応する原価や費用の計上は遅れがちになりますから、粗利益率等の変動に異常がないかという観点から検討することになるでしょうね。

イチロー 簿外負債の発見は難しいとのことでしたが、このケースは負債を簿外にするどころか収益に振替えるわけですから悪質ですね。

K 先 生 中小企業の経営者は、破綻すれば仕事も財産も名誉も失うことになりますから、粉飾してでも破綻を先送りしようとしています。ですから、違法であろうと資金調達ができるならと悪質な粉飾に手を染める経営者もいるわけです。

イチロー 先生、このようにキチンと決算書や申告書を勉強すると、私は今までたくさんの粉飾を見逃してきたのではないかと痛感しています。

借入金及び支払利子の内訳書

PICK UP 1 借入金及び支払利子の
内訳書

⑪

借入金及び支払利子の内訳書

1 頁

PICK UP 2 借入先、法人・代表者との関係、期末現在高

借　　入　　先			期末現在高	期中の支払利子額	利率	担保の内容
名称（氏名）	所在地（住所）	法人・代表者との関係	円	円	％	（物件の種類、数量、所在地等）
○○銀行○○支店	名古屋市中区		300,000,000			
○×銀行○×支店	〃		70,663,613			
××信用金庫○○支店	北名古屋市×××		42,101,649			
短期借入金計			412,765,262			
○○銀行○○支店	名古屋市中区		205,325,040			
○×銀行○×支店	〃		165,954,451			
名古屋太郎			31,000,000			
長期借入金計			402,279,491			
○○銀行支店	名古屋市中区		40,000,000			
その他計			40,000,000			
合　　計			855,044,753			

（注）1．借入先別期末現在高が50万円以上のものについては各別に記入し、その他は一括して記入してください。
2．借入先が「役員、株主又は関係会社」のものについては、期末現在高が50万円未満であっても全て各別に記入してください。
　　また、「期末現在高がないものであっても期中の支払利子額（未払利子を含みます。）が3万円以上」のものについては、各別に記入してください。
3．上記1により記載すべき口数が100口を超える場合には、次の①又は②の方法により記入しても差し支えありません。
　　①　期末現在高の多額なものから100口についてのみ記入（この場合、100口目には50万円未満のものも含む残額全てを一括して記入）
　　　　なお、「借入先が役員、株主又は関係会社のもの」又は「期末現在高がないものであっても期中の支払利子額（未払利子を含みます。）が3万円以上のもの」がある場合には、当該事項も含めて100口となるように記入してください。
　　②　期末現在高を自社の支店又は事業所別等で記入（支店又は事業所等の名称を「名称（氏名）」欄に記入するとともに、「期末現在高」欄及び「期中の支払利子額」欄にその支店又は事業所等の合計金額（50万円未満のものも含む合計金額）を記入）してください。
4．「利率」欄には、同一の借入先に対する利率が2以上ある場合には、そのうち期末に近い時期における支払利子の利率を記入してください。
5．外国法人又は非居住者から借り入れたものについては、「所在地（住所）」欄には、国外の所在地（住所）を記入してください。

≫ 借入金及び支払利子の内訳書の重要項目とその解説

 借入金及び支払利子の内訳書

　この内訳書に記載される借入金とは、短期借入金（金融手形、当座貸越を含む）、長期借入金、社債を問わず、あるいは金融機関、株主、役員、従業員、関係会社など相手先を問わず、すべての借入金が記載されます。

　なお、借入金は、期末から1年以内に期限が到来するものは流動負債に、1年を超えるものは固定負債に計上されます。

PICK UP 2　借入先、法人・代表者との関係、期末現在高

　相手先別に期末現在高が50万円以上のものについては各別に記入され、その他は一括して記載されます。ただし、相手先が役員・株主および関係会社の場合は、期末現在高が50万円未満であってもすべて記載されます。

K先生 & イチロー　イチロー君が借入金及び支払利子の内訳書で留意すべき点

イチロー　支払手形や買掛金などと同じように借入金がらみの粉飾は、やはり借入金残高を減額する簿外負債のパターンでしょうか？

K先生　そのとおりです。会社サイドも金融機関に提出する決算書と借入金の内訳書は、金融機関別に作成していますので、粉飾が発覚しにくい状況になっています。
　しかも、ほとんどの会社は、支払利子を一括表示していますので、支払利子との対応関係で簿外借入金を発見することは難しいと思います。

イチロー　そうでしょうね。ところで、取引先が破綻する前に実際に簿外借入金を発見したというような事例は、ないのでしょうか？

K先生　ありますよ。最近の大きな倒産の契機となった事例は、別々の金融機関の担当者がお互いに情報交換をした結果、それぞれの金融機関の融資残高が会社の説明と不一致であることに気付いたというケースや、金融機関が合併したため、お互いに提示を受けていた決算書が異なることから粉飾に気付いたというパターンもありますね。

イチロー　そのようなイレギュラーな場合しか、粉飾が発見されていないのですね。

K先生　ところで、この会社は資金繰りが苦しい割に社長一族からの借入金はありませんね。社長一族からの借入金は自己資本とみなされるのに、この会社の自己資本比率は10％程度ですから、個人資産の投入を求めるべきでしょうね。

イチロー　なるほど、社長一族からの借入金を増やすように助言することは、自己資本比率が低い会社に対する着眼点ですね。

土地の売上高等の内訳書

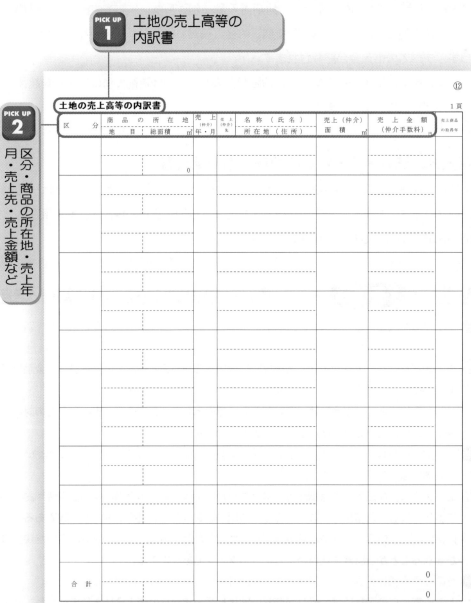

⑫

土地の売上高等の内訳書

1 頁

区　分	商品の所在地 地　目	総面積　㎡	売　上 (仲介) 年・月	売上 (仲介) 先	名　称　(氏　名) 所在地　(住所)	売上 (仲介) 面　積　㎡	売　上　金　額 (仲介手数料) 円	売上商品 の取得年
		0						
合　計							0　0	

(注) 1．棚卸資産として保有している土地（土地の上に存する権利を含みます。）を売却した場合又は、土地等を仲介した場合に、取引金額の多額なものから各別に記入してください。
　　　　なお、記載口数が多い場合には、売上金額（仲介手数料）の多額なものから20口についてのみ記入しても差し支えありません。
　　2．「区分」欄には、売上、仲介手数料の別を記入してください。
　　3．土地付建物を売却又は仲介した場合で土地と建物の価額を区分経理していないときは、「売上金額（仲介手数料）」欄の上段にその価額の総額を記入してください。

≫ 土地の売上高等の内訳書の重要項目とその解説

 土地の売上高等の内訳書

　この内訳書に記載される土地の売上高とは、不動産会社などが棚卸資産として保有している土地（借地権を含む）を売却した場合、または、土地等を仲介した場合に、その取引金額が記載されます。しかし、この会社は不動産会社ではありませんので、内訳書に記載されるべき金額はありません。

　なお、販売の目的をもって所有する土地、建物その他の不動産は、流動資産である棚卸資産として取扱われます。

2 区分・商品の所在地・売上年月・売上先・売上金額など

　区分欄には、売上、仲介手数料の別が記入されるとともに、商品である土地の所在地、売上先、売上金額などが取引金額の多額のものから各別に記載されます。

K先生 & イチロー　イチロー君が土地の売上高等の内訳書で留意すべき点

イチロー この内訳書は、土地を棚卸資産として保有している不動産会社や建設会社などが売却した土地や仲介した土地だけ記載されるのですね。

K先生 そうです。土地の売買は、税務当局からみると不正が発生しやすい取引ですから明細の記載が求められているわけです。

イチロー 私は、このような内訳書があることを知りませんでしたが、不動産会社の決算書上の売上高の裏付けをつかむためには、この内訳書は使えそうですね。

K先生 確かに、どこの分譲地の土地がどれだけ売れたかチェックできますね。

売上高等の事業所別の内訳書

PICK UP
1

売上高等の事業所別の
内訳書

⑬

売上高等の事業所別内訳書

1 頁

PICK UP
2

事業所の名称・責任者氏名・
売上高・期末棚卸高など

事業所の名称 所在地	責任者氏名 代表者との関係	事業等の内容	売上高 円	期末棚卸高 円	期末従事員数 人	源泉所得税納付署	摘要
本社 名古屋市中区丸の内	名古屋太郎 本人	××卸売業	1,746,948,215	227,273,970	45	名古屋××	
東京支店 東京都××区	名古屋太一郎 長男	〃	731,517,957	12,615,410	10	東京××	
合　　計			2,478,466,172	239,889,380	55		

(注) 1. 期中に開設又は廃止した事業所については、「摘要」欄にその旨及び年月日を記入してください。
　　 2. 「合計」欄は、損益計算書の該当金額と一致するように記入してください。
　　 3. 「事業等の内容」欄には、事業所において営んでいる事業等の内容を具体的に記入してください。

PICK UP 1 売上高等の事業所別の内訳書

この内訳書に記載される事業所別売上高とは、会社が有している本店、支店、営業所、店舗などの売上高であり、その合計額は損益計算書の売上高に一致しています。

PICK UP 2 事業所の名称・責任者氏名・売上高・期末棚卸高など

事業所ごとの名称、所在地、責任者氏名、売上高、期末棚卸高、期末従業員数などが記載されます。事業所別の売上高、期末棚卸高、期末従業員数によって、事業所ごとの生産性などが把握されます。

K先生 & イチロー イチロー君が売上高等の事業所別の内訳書で留意すべき点

イチロー この内訳書の留意点は、何でしょうか？

K先生 事業所別に売上高や従業員数が記載されていますから、事業所別の1人当たりの売上高がわかりますね。たとえば、本社の売上高は1人当たり3,882万円、東京支店は7,315万円ですね。東京支店は間接人員が少ないこともあり、生産性がかなり高いことがわかりますね。

イチロー 確かに、在庫の大半は本社にあるうえ、経理部などの間接部門も本社にあることを考慮しても、東京支店は黒字でしょうね。

K先生 この会社の売上総利益率は約20%ですから、東京支店は7億3,100万円の20%である1億4,600万円の売上総利益を10人であげていることになり、1人当たりの生産性は1,460万円。この会社は東京支店で稼いで、本社で赤字を出していると推定できますね。

イチロー なるほど……。わかりました。事業所別などの売上高がわかれば、今のような切り口で事業所別や店舗別の損益や効率性をみていくことで、経営助言に活用することができるのですね。早速、現場で活かしたいですね。

役員給与等及び人件費の内訳書

PICK UP 1　役員給与等及び人件費の内訳書

⑭

役員給与等の内訳書

1 頁

PICK UP 2　役職名・氏名・役員給与計・退職給与

役　員　給　与　等　の　内　訳

役職名 担当業務	氏　　名 住　　所	代表者との関係	常勤・非常勤の別	役員給与計	使用人職務分	左の内訳				退職給与
						使用人職務分以外				
						定期同額給与 円	事前確定届出給与 円	業績連動給与 円	その他 円	
代表取締役	名古屋太郎	本人	常勤	24,000,000		24,000,000				
	名古屋市中区									
取締役	名古屋太一郎	長男	〃	14,400,000		14,400,000				
	東京都××区									
取締役	名古屋次郎	二男	〃	12,000,000		12,000,000				
	名古屋市中区									
取締役	中部一郎		〃	12,000,000		12,000,000				
	名古屋市東区									
監査役	名古屋花子	妻	非常勤	2,400,000		2,400,000				
	名古屋市中区									
合　計				64,800,000	0	64,800,000	0	0	0	0

人　件　費　の　内　訳

区　　　　　分		総　　額	総額のうち代表者及びその家族分
役　　員　　給　　与		64,800,000 円	52,800,000 円
従　業　員	給　与　手　当	184,259,088	
	賃　金　手　当		
計		249,059,088	52,800,000

(注) 1．役員給与等の内訳の記載に当たっては、最上段には代表者分を記入してください（他の役員についての記入順は任意）。
2．「役員給与計」欄には、役員に対して支給する給与の金額のほか賞与の金額を含み、退職給与の金額を除いた金額を記入してください。
3．「左の内訳」の「使用人職務分」欄には、使用人兼務役員に支給した使用人職務分給与の金額を記入してください。
4．「使用人職務分以外」の「定期同額給与」欄には、その支給時期が1月以下の一定期間ごとであり、かつ、当該事業年度の各支給時期における支給額が同額である給与など法人税法第34条第1項第1号に掲げる給与の金額を記入してください。
5．「使用人職務分以外」の「事前確定届出給与」欄には、その役員の職務につき所定の時期に確定した額の金銭又は確定した数の株式若しくは新株予約権若しくは確定した額の金銭債権に係る法人税法第54条第1項に規定する特定譲渡制限付株式若しくは同法第54条の2第1項に規定する特定新株予約権を交付する旨の定めに基づいて支給する同法第34条第1項第2号に掲げる給与の金額を記入してください。
6．「使用人職務分以外」の「業績連動給与」欄には、業務を執行する役員に対して支給する法人税法第34条第1項第3号に掲げる給与の金額を記入してください。
7．「使用人職務分以外」の「その他」欄には、上記4．5．6以外の給与の金額を記入してください。
8．「従業員」の「給与手当」欄には、事務員の給料・賞与等一般管理費に含まれるものを記入し、「賃金手当」欄には、工員等の賃金等製造原価（又は売上原価）に算入されるものを記入してください。

≫ 役員給与等及び人件費の内訳書の重要項目とその解説

役員給与等及び人件費の内訳書

　この内訳書に記載される役員給与等とは、取締役や監査役などの役員に支給する使用人職務分（使用人兼務役員の使用人分）、定期同額給与（毎月定額に支給する給与）、事前確定届出給与（事前に届出しておく役員賞与）、業績連動給与（一定の非同族会社が利益等に連動して支給する役員賞与）、その他の給与がすべて記載されます。

　一方、人件費の内訳には、上記の役員給与等以外の従業員給料手当の総額が記載されます。

役職名・氏名・役員給与計・退職給与

　取締役、監査役などの氏名とともに常勤・非常勤の区別、役員それぞれの各人別の役員給与が、使用人職務分、使用人職務分以外（定期同額給与・事前確定届出給与・業績連動給与など）に区分されて記載されます。

K先生 & イチロー　イチロー君が役員給与等及び人件費の内訳書で留意すべき点

イチロー この内訳書では、どのような点に留意すべきでしょうか？

K先生 まず、役員給与の多寡に注目すべきですね。役員給与が比較的少ないのに会社は儲かっていない場合は、かなり収益力が低い会社と判断できますね。

　逆に、役員給与を比較的高額にとっていても会社の利益も大きいケースは、本当に収益力がある会社と判断してもよいでしょうね。

イチロー 役員給与を高額にとっているためか会社の利益が少ないという中小企業が、かなりあると思います。このような場合には、どう指導したらよいのでしょうか？

K先生 私なら長寿企業の話をしますね。創業100年以上の長寿企業は「内部留保が厚い」という特徴があります。ですから、その会社の自己資本比率を確認して、その業界の平均値以上を目指すように助言しますね。

イチロー 具体的には、どうしたらよいのでしょうか？

K先生 自己資本比率が低い場合は、役員給与を世間水準まで下げることによって当期純利益を大きくし、それによって徐々に内部留保を高めていくことを勧めるべきであると思います。

イチロー 要は、税金を払わなければ、税引後利益である当期純利益は大きくならないし、内部留保も厚くならないというわけですね。

K先生 さらに、この内訳書には従業員給与の総額が記載されていますから、1人当たりの平均給与を計算すると会社の給与水準もつかむことができますね。

イチロー 金融機関としては、その情報も重要ですね。

地代家賃等の内訳書、工業所有権等の使用料の内訳書

PICK UP 1 地代家賃等の内訳書

⑮

PICK UP 2

地代家賃の区分・借地（借家）物件の用途・貸主の名称など

地代家賃等の内訳書

1 頁

地 代 家 賃 の 内 訳

地代・家賃の区分	借地（借家）物件の用途 所 在 地	登録番号（法人番号）	貸主の名称（氏名） 貸主の所在地（住所）	支払対象期間 支払賃借料 円	摘 要
家賃	事務所 東京都××区		△▽不動産株式会社 東京都××区	令 5. 4. 1～令 6. 3.31 5,400,000	
地代	駐車場 北名古屋市		名古屋太郎 名古屋市中区	令 5. 4. 1～令 6. 3.31 2,781,000	
合 計				8,181,000	

権 利 金 等 の 期 中 支 払 の 内 訳

登録番号（法人番号）	支払先の名称（氏名） 支払先の所在地（住所）	支払年月日	支 払 金 額 円	権利金等の内容	摘 要

(注) 1. 借地又は借家に際して支払った権利金等がある場合には、「権利金等の期中支払の内訳」の各欄に記入してください。
　　　　なお、記載口数が100口を超える場合には、支払賃借料又は支払金額の多額なものから100口についてのみ記入しても差し支えありません。
　　　2. 権利金等を数回に分けて支払っている場合には、支払年月日ごとに記入してください。
　　　3. 「登録番号（法人番号）」欄に登録番号又は法人番号を記載した場合には、「貸主の名称（氏名）」欄及び「貸主の所在地（住所）」欄、「支払先の名称（氏名）」欄及び「支払先の所在地（住所）」欄の記載を省略しても差し支えありません。
　　　　なお、登録番号を記載する際には、「T」を含めて記載してください。
　　　4. 外国法人又は非居住者に支払うものについては、「貸主の所在地（住所）」及び「支払先の所在地（住所）」の各欄には、国外の所在地（住所）を記入してください。

工業所有権等の使用料の内訳書

名 称	登録番号（法人番号）	支払先の名称（氏名） 支払先の所在地（住所）	契 約 期 間	使 用 料 等		摘 要
				支払対象期間	支 払 金 額 円	
			自 至	自 至		
			自 至	自 至		
			自 至	自 至		

(注) 1. 「名称」欄には、特許権、実用新案権、意匠権及び商標権等の名称を記入してください。
　　　　なお、記載口数が100口を超える場合には、支払金額の多額なものから100口についてのみ記入しても差し支えありません。
　　　2. 「登録番号（法人番号）」欄に登録番号又は法人番号を記載した場合には、「支払先の名称（氏名）」欄及び「支払先の所在地（住所）」欄の記載を省略しても差し支えありません。　なお、登録番号を記載する際には、「T」を含めて記載してください。
　　　3. 外国法人又は非居住者に支払うものについては、「支払先の所在地（住所）」欄には、国外の所在地（住所）を記入してください。

≫ 地代家賃等の内訳書、工業所有権等の使用料の内訳書の重要項目とその解説

PICK UP 1 地代家賃等の内訳書

この内訳書に記載される地代家賃等とは、土地や建物を賃借することによって発生した地代や家賃の金額が記載されます。借地や借家の際に支払った権利金の額は、「権利金等の期中支払の内訳」に記載されます。

PICK UP 2 地代家賃の区分・借地（借家）物件の用途・貸主の名称など

地代家賃の区分とともに物件の用途・所在地、貸主の名称、支払対象期間、支払賃借料などが記載されます。この支払賃借料の合計が、損益計算書の販売費及び一般管理費などの賃借料勘定の金額と一致します。

K 先生 ＆ イチロー イチロー君が地代家賃等の内訳書で留意すべき点

イチロー この内訳書は、取引先の会社の事務所などが賃借物件であるのか、経営者一族の所有物件なのかの確認のために利用していますが、どんな点に注意すべきでしょうか？

K先生 イチロー君の活用の仕方でよいと思いますが、ご承知のように中小企業をみるときは、会社と個人を一体としてみることが必要ですね。そのためには、会社が使っている不動産が経営者一族の個人資産であるかどうか、役員報酬以外の賃貸収入はどのくらいあるかなどは重要な着眼点ですね。経営者一族の個人資産に対する賃借料が、近隣相場と比較して高額である場合には、実質的には役員報酬が別の形で支出されていると見ることもできるでしょう。

さらに、その不動産は相続で取得したのか、あるいは借金をして購入し、その借金はどのくらい残っているのかなどの情報収集のスタートとして活用することが必要ですね。

イチロー 先生に指摘されて再認識しましたが、中小企業の査定においては、個人資産の大きさは重要なポイントですから、この内訳書を実態把握のための突破口として活用したいと思います。

雑益、雑損失等の内訳書

PICK UP 1 雑益、雑損失等の内訳書

科目・取引の内容・相手先・金額など (PICK UP 2)

	科　目	取引の内容	登録番号 (法人番号)	相　手　先 名　称（氏名）	所　在　地（住　所）	金　額 円
雑益等	雑収入	生命保険解約金		◇×生命保険相互会社名古屋支店	名古屋市中区	12,000,000
	〃	子会社株式譲渡益		株式会社ＡＢＣ運輸		5,000,000
	〃	販売手数料		株式会社東海○○製造		2,977,832
	〃			北陸△△商事株式会社		2,899,140
	〃	助成金		高齢者雇用助成金		1,200,000
	〃	貸付利息		株式会社ＡＢＣ運輸		800,000
	〃	〃		名古屋太郎		250,000
	〃	その他				516,756
	計					25,643,728
	固定資産売却益	車輌買換え		××モーター	××市××区	985,542
	計					985,542
雑損失等	雑損失	商品破損補填		株式会社中央△△製造株式会社	名古屋市東区	200,000
	〃	現金過不足				5,848
	計					205,848
	固定資産除却損	器具備品等				2,049,423
	計					2,049,423

（注）1．雑収入、雑益（損失）、固定資産売却益（損）、税金の還付金、貸倒損失等について、科目別かつ相手先別の金額が10万円以上のものについて記入してください。
なお、土地の売却益（損）を「⑰固定資産（土地、土地の上に存する権利及び建物に限る。）の内訳書」に記入している場合には、記入しなくても差し支えありません。
2．取引の内容が「税金の還付金」のものについては、期末現在高が10万円未満であっても全て各別に記入してください。
3．上記1により記載すべき口数が100口を超える場合は、金額の多額なものから100口についてのみ記入しても差し支えありません。
なお、取引の内容が「税金の還付金」である場合には、当該事項も含めて100口となるように記入してください。
4．「登録番号（法人番号）」欄に登録番号又は法人番号を記載した場合には、「名称（氏名）」欄及び「所在地（住所）」欄の記載を省略しても差し支えありません。
なお、登録番号を記載する際には、「T」を含めて記載してください。

》》 雑益、雑損失等の内訳書の重要項目とその解説

 1 **雑益、雑損失等の内訳書**

　この内訳書に記載される雑益、雑損失等とは、税務当局からみて税務上の問題点を秘めている可能性があるにもかかわらず、科目のうえからはその実態がわかりにくいものが記載されます。そのため、営業外収益に計上されている「雑益または雑収入」や営業外費用に計上されている「雑損または雑損失」、あるいは、固定資産の売却損益、除却損、税金の還付金、貸倒損失などが記載されます。

PICK UP 2 **科目・取引の内容・相手先・金額など**

　雑収入、雑損失などのうち科目別、かつ、相手先別の金額が10万円以上のものが記載されますが、税金の還付金については10万円未満であってもすべて記載されます。

K先生 & イチロー　イチロー君が雑益、雑損失等の内訳書で留意すべき点

イチロー 私は、この内訳書はほとんど見ることはなかったのですが、先ほどのチェック（164頁参照）で重要性に気付いたばかりです。

K先生 そうでしたか？　この内訳書は、重要ですよ。前に粉飾会社の経理部長は、経常利益をプラスにすることと流動比率を100％以上にすることにこだわると申し上げましたね。

イチロー 伺いました……。雑収入を増やして経常利益の粉飾に利用するんですね？

K先生 そうです。さすがに理解が早いですね。本来ならば、特別損益で処理すべきものを営業外収益である「雑収入」に放り込んで経常利益をかさ上げする粉飾に利用しているんですね。

イチロー 雑収入のなかに特別利益に計上すべき生命保険解約金1,200万円、子会社株式譲渡益500万円、合計1,700万円ありますが、これですね。

K先生 それですよ。たとえば、この会社の経常利益は1,091万円ですから、特別利益に計上すべき1,700万円を除くと、マイナス609万円の赤字になりますね。

　このように本当の収益力をチェックするためには、この内訳書を吟味することが必要なんですね。

　なお、いわゆる過年度遡及修正会計基準の導入により、上場会社等の一部の会社においては、保険解約益や貸倒引当金戻入益を営業外収益として計上する会計処理も見られるようになっています。

イチロー 先生に言われてみれば納得です。本当に今日は勉強になりました。

　ありがとうございました。

雑益、雑損失等の内訳書

執筆者紹介

小島 興一（こじま こういち）

　元　税理士法人中央総研　代表社員　会長　公認会計士・税理士

　中央総研グループとして金融機関、上場会社等約2,800社の企業顧問として実務にあたるかたわら、経営セミナー、相続税対策、法人税節税セミナーなどの講師として活躍。

著書『コンサルティング機能強化のための決算書の見方・読み方』『ディスクロージャー時代の企業会計と連結納税』『税金入門』『わかりやすい決算書の作り方』『法人税パーフェクト・マスター』『給与賞与退職金の会社税務Ｑ＆Ａ』『法人税入門』他、多数

小島 浩司（こじま こうじ）

　監査法人東海会計社　代表社員　公認会計士・税理士

　現在、公開支援業務、グループ企業の経営戦略コンサルティング業務、日系企業の海外進出支援・会計税務業務等に携わるかたわら、ＩＦＲＳや連結経営セミナーなどの講師として活躍中。

著書『ディスクロージャー時代の企業会計と連結納税』『給与賞与退職金の会社税務Ｑ＆Ａ』『事例で分かる税務調査の対応Ｑ＆Ａ』『コンサルティング機能強化のための決算書の見方・読み方』『金融機関のための中小企業海外展開支援実務のポイント』他

松本 幸代（まつもと ゆきよ）

　税理士法人中央総研　所属税理士　コンサルティング部

　2007年税理士法人中央総研に入社。

　コンサルティング部に所属し、創業支援からグループ企業の組織再編の提案までさまざまな会計税務業務等に携わる。

図解でわかる 提案融資に活かす「法人税申告書」の見方・読み方 2024年度版

2007年11月9日　初版第1刷発行 2024年6月18日　2024年度版第1刷発行	編　者　税理士法人 中央総研 発行者　髙 橋 春 久 発行所　㈱経済法令研究会 〒162-8421　東京都新宿区市谷本村町3-21 電話 代表 03(3267)4811　制作 03(3267)4823 https://www.khk.co.jp/

営業所／東京03(3267)4812　大阪06(6261)2911　名古屋052(332)3511　福岡092(411)0805

カバーデザイン／清水裕久　イラスト／園部多恵子
制作／櫻井寿子　印刷・製本／富士リプロ㈱

Ⓒ Chuo-soken 2024　　Printed in Japan　　　　　　　ISBN978-4-7668-3513-7